Sandra María Gómez

Comp.

JÓVENES
EN LA UNIVERSIDAD

Editorial Brujas

Título: *Jóvenes en la universidad*
Compiladora: Sandra María Gómez
Autorxs: Mariana Etchegorry, María Inés Barilá, Laura Andrea Bustamante
María Laura Lesta, Daniel H. Cabrera, Sandra María Gómez
Rosana Carina Enrico, María Eugenia Marull, S. Celeste Botta
Claudia Pereyra, Leonor Tulián, Liliana Rian, Mónica Alejandra Tello
María Carolina Caón, Renata Pons Daghero, Soledad Aguilar

Gómez, Sandra
  Jóvenes en la universidad / Sandra Gómez. - 1a ed. - Córdoba :
Brujas, 2019.
  224 p. ; 25 x 17 cm.

1. Psicopedagogía. 2. Carrera Profesional. 3. Desarrollo de la
Carrera. I. Título.
  CDD 378.198

© De todas las ediciones, lxs autorxs
© 2019 Editorial Brujas
1° Edición.
Impreso en Argentina

www.editorialbrujas.com.ar publicaciones@editorialbrujas.com.ar
Tel/fax: (0351) 4606044 / 4691616– Pasaje España 1486 Córdoba–Argentina.

Índice

Prólogo 7

Capítulo 1
Sentidos que los jóvenes construyen en torno a la formación práctica en el marco del dispositivo pedagógico universitario 9
Mariana Etchegorry

Capítulo 2
Estudiar Psicopedagogía, aprender las prácticas clínicas y narrar sus experiencias 33
María Inés Barilá

Capítulo 3
Selección de carrera y trayectoria universitaria: construcción subjetiva en la modernidad líquida 51
Laura Andrea Bustamante

Capítulo 4
Jóvenes imaginados. La juventud en el imaginario de la Universidad 69
María Laura Lesta, Daniel H. Cabrera

Capítulo 5
Las experiencias migratorias de jóvenes estudiantes y su inclusión a la universidad 93
Sandra María Gómez

Capítulo 6
Capitales culturales y escolares puestos en juego durante el primer año de la carrera universitaria 105
Rosana Carina Enrico

Capítulo 7
Juventudes doctorales. Una experiencia de abordaje psicopedagógico en trayectorias de posgrado 119
María Eugenia Marull

Capítulo 8
**Estudiantes No Tradicionales en la Universidad Nacional de Córdoba:
"Soy mamá, soy estudiante, soy trabajadora, soy todo…"** 135

S. Celeste Botta

Capítulo 9
Reflexiones en torno al concepto de Juventudes 151

Claudia Pereyra, Leonor Tulián, Liliana Rian

Capítulo 10
**Apreciaciones de los estudiantes en torno a la relación pedagógica en el
espacio universitario.** 167

Sandra María Gómez

Capítulo 11
Los estudiantes tutores. Relatos de trayectoria. 183

Mónica Alejandra Tello

Capítulo 12
**Trayectorias universitarias y tránsito inicial: un dispositivo
psicopedagógico de acompañamiento al estudiante.** 199

María Carolina Caón

Capítulo 13
**Departamento de tutorías para estudiantes universitarios
del primer año. Aporte a una línea de investigación.** 207

Renata Pons Daghero

Capítulo 14
**Intervenciones psicopedagógicas en el marco
de un proyecto de investigación.** 215

Sandra María Gómez, Rosana Enrico, Soledad Aguilar

Nos reunimos en una nueva producción, distintos autores, con la intención de compartir nuestras reflexiones en un objeto material tan preciado como es el libro. Éste concreta la posibilidad de socializar ideas y discusiones, desde distintas trayectorias formativas y profesionales, en diversos espacios educativos universitarios. En esta ocasión nos convocan dos ejes de análisis, los jóvenes y los estudios superiores.

En estas últimas décadas se han multiplicado los estudios sobre y con los jóvenes. Ha crecido el interés en general, y en el mundo académico en particular, por el conocimiento de las juventudes, por sus formas de expresión, de participación, de decisión, de palabra y de acción. Nosotros hacemos foco en aquellos sujetos jóvenes para los cuales la universidad es parte de su proyecto de vida.

Actualmente no se piensa en la juventud como una totalidad homogénea, sino que, en tanto noción, se la define como un constructo sociohistórico. Hablamos de jóvenes en tanto categoría socialmente constituida, que no se entiende solo como una circunstancia cronológica, sino que se reconocen distintas condiciones juveniles según sean los aspectos materiales, fácticos, históricos y políticos, que marcan diferencias y desigualdades en la juventud (Margulis, 2008) Son sujetos, jóvenes, singulares, que ocupan posiciones en el espacio social. Pretendemos articular y relacionar categorías teóricas, en una lectura particular de la realidad subjetiva y social, poniendo el acento en la interpretación y en la comprensión, pensando al sujeto como "yo situado" en un horizonte intersubjetivo.

Desde un punto de vista psicosocial, los jóvenes tienen una captación activa del mundo y construyen una percepción de él bajo condiciones estructurales que no son fáciles de captar en las interacciones manifiestas, dado que se inscriben inconscientemente en los cuerpos, en el lenguaje y en el tiempo, hablamos de habitus. El mundo social es percibido como evidente, estructurando disposiciones mentales duraderas en los sujetos agentes, a través de las cuales aprehenden el mundo social en una interiorización de las estructuras de este último. Los trabajos presentados en este libro dan mayor relevancia a las vivencias, a las formas particulares en que los sujetos habitan la universidad, sin ignorar los aspectos estructurales del mundo social de pertenencia. Para

Vommaro (2016) "el sujeto joven está constituido en y por la trama material y simbólica en el marco de correlaciones de fuerza -también materiales y simbólicas-, en el seno de formaciones sociales concretas. Por ende, no existe *un* sujeto joven sino una multiplicidad de posibilidades de constitución, aparición y presentación de ese sujeto en el mundo social" (p. 18)

Nos interesan estos sujetos para los que los estudios superiores son parte de sus experiencias vitales. En este sentido, en los diferentes capítulos, se van abordando preguntas como las siguientes:

- desde qué perspectivas se han estudiado las formas de lo juvenil, cómo se han ido modificando históricamente los modos de concebir a la juventud y a los jóvenes, considerando abordajes disciplinares distintos y convergentes;
- qué características tienen los procesos de subjetivación, de socialización y construcción cognoscente de las juventudes, particularmente lo vinculado a los jóvenes estudiantes universitarios
- cómo llegan los jóvenes a la universidad, cuáles son sus itinerarios educativos previos y actuales, qué carreras eligen, qué universidades, con qué expectativas, con qué temores, qué construcciones vocacionales tienen, cómo se han generado esas inclinaciones y propensiones según las pertenencias sociales, cómo se va dando ese proceso decisorio y qué características tiene para cada caso
- qué experiencias tienen durante el tránsito en la universidad, qué aspectos son facilitadores y cuáles no en estos procesos
- cómo son los vínculos en la universidad
- qué instancias han sido posibles o pueden ser generadas desde las universidades como dispositivos de acompañamiento en estos procesos de inclusión de los jóvenes a la vida universitaria, tanto en la formación de grado como de posgrado.

Desde distintos lugares, inscriptos situacionalmente en diversas instituciones, las y los autores hemos escrito sobre temas que venimos investigando y-o interviniendo. Compartimos, todos los que somos parte de este libro, el ejercicio de la docencia y la inquietud por la investigación en las universidades. Cada uno lo hace desde sus trayectorias formativas y sus particulares decisiones epistémicas, encontrando algunas afinidades en las formas de pensar los sujetos, las instituciones, la educación y los jóvenes en la universidad.

Sandra María Gómez.
Córdoba, febrero de 2019.

---

* Vommaro, P. (2016*) Juventudes y políticas en la Argentina y en América Latina.* Buenos Aires: Grupo editor universitario

Sentidos que los jóvenes construyen en torno a la formación práctica en el marco del dispositivo pedagógico universitario

Mariana Etchegorry

I.- Introducción

Los jóvenes que transitan los espacios universitarios interpelan y desafían las propuestas de formación, instando a pensar cómo acompañar sus trayectorias en el marco de una universidad pública. La educación universitaria no es obligatoria, pero su sentido de pública (en nuestro país) da cuenta de la responsabilidad del estado de ofrecer educación superior para todos los sujetos que decidan asumir un proceso educativo en este nivel. Esta particularidad presenta retos que demandan la democratización de la educación universitaria, y generan prácticas pedagógicas que dejan profundas huellas en la vida de los jóvenes. La masividad en las aulas, la precarización del claustro docente, la formación académica, los recursos y muchos otros componentes, constituyen una trama en la que este dispositivo formativo se construye. El formato de la propuesta universitaria actual, replica en muchos sentidos aquellas maneras de pensar la transmisión y producción del conocimiento que instaron a los protagonistas de la reforma en 1918 (Ministerio de Educación y Justicia, 1985) a reclamar otras formas de hacer universidad. La tensión aumenta, al pensar las diferentes maneras en las que los jóvenes inician sus estudios, y así como la educación secundaria no termina de construir estrategias de acogimiento para las nuevas juventudes, la universidad también se encuentra en permanente tensión. El dispositivo pedagógico universitario, es significado por los jóvenes, vivenciado y la "experiencia" (Larrosa, 2002) no siempre positiva, incluso termina con el abandono de los estudios.

Podemos dar cuenta de las marcadas dificultades que este "tránsito" reviste para los jóvenes. Este tema de interés se constituyó entre los años 2013 y

2018[1] en objeto de investigación del equipo del cual formamos parte. A partir de esa fecha, se trabajaron aspectos, que posibilitaron hacer el foco en diferentes aristas; en un primer momento el tránsito al nivel universitario, para luego ajustar el zoom sobre situaciones específicas que refieren a migrantes y las particularidades que revisten los desafíos de esa doble adaptación a un espacio social y a un espacio universitario.

En este sentido, el foco está sobre los estudiantes, y asumimos una perspectiva relacional y sociohistórica que, a partir de la recuperación de los discursos, nos posibilite pensar la trama de dimensiones: lo subjetivo, lo cognoscente, lo social y lo corporal que constituyen al entendimiento, el encuentro entre profesores y estudiantes. En relación con esto, consideramos un punto de partida algunos supuestos que elaboramos en el marco de las investigaciones, y que posibilitaron pensar un caso particular. La propuesta de formación que pondremos en tensión se erige como una estrategia universitaria diferente y configura particularidades de sentido desde el mismo dispositivo que la propone. La Universidad Provincial de Córdoba da continuidad a la formación superior no universitaria del Instituto Dr. Domingo Cabred con reconocida trayectoria en el medio provincial y nacional, que en el año 2015 transforma su propuesta en universitaria.

En el presente trabajo, se busca profundizar en un aspecto particular que anuda desde un caso específico, la propuesta de formación práctica de la Universidad Provincial de Córdoba, un dispositivo diferente que permite pensar otras maneras de acompañar estas trayectorias. Para esto, recobramos en primer lugar significados del tránsito universitario, surgidos de las investigaciones mencionadas, para tras una contextualización del dispositivo específico de la Universidad Provincial de Córdoba en la Licenciatura en

---

[1] En 2006 se comienza a trabajar en un proyecto de investigación a cargo de Dora Laino (2010), que profundizaba en la realización de un estudio descriptivo, radicado en la UNC, sobre los estudiantes universitarios en Córdoba. Posteriormente y como ampliación y continuidad de las investigaciones anteriores, en convocatoria 2013, se presenta el proyecto titulado: El tránsito inicial del alumno en la vida universitaria. Experiencias de estudiantes de las carreras de Abogacía, Veterinaria, Ciencias Químicas, Psicopedagogía, Arquitectura en la Universidad Católica de Córdoba. El mismo, bajo la dirección de Sandra Gómez, profundizó en las experiencias recuperadas en los discursos de los estudiantes para conocer las características de los jóvenes que cursan el primer trayecto de la vida universitaria en relación a sus aspectos psicosociales, considerando los cambios que se van produciendo durante esos años iniciales que posibilitan la continuidad del proyecto. Cabe destacar que estos equipos se conformaron sobre la base de una idea de interdisciplina y construcción en red, entre UNC, UCC y la Universidad Siglo 21. Posteriormente entre el año 2016 y 2018 se trabaja en función de los resultados del proyecto mencionado, un nuevo proyecto denominado: Procesos de desarraigo y de re-arraigo en estudiantes universitarios. Aspectos vinculados a la sustentabilidad o al abandono del proyecto universitario. Los objetivos generales de la misma fueron "identificar los efectos subjetivos, sociales e intelectuales que produce el desarraigo en los sujetos estudiantiles, y "dar cuenta de la incidencia de las vivencias de desarraigo y arraigo en los proyectos universitarios".

psicopedagogía, recuperar los sentidos que los estudiantes de quinto año le asignan a la propuesta de formación práctica en relación con las dimensiones mencionadas.

II.-El posicionamiento que significa la reflexión

Asumir la escritura es poder dar pistas al lector desde dónde uno escribe, es decir, cuáles son las maneras de comprender el mundo sobre las cuales se construyen los conceptos (incluso la selección de los autores) y los análisis. En esta línea el texto se sostiene desde el paradigma de la complejidad (Morin, 1990) Esto implica asumir que la realidad se construye en una dinámica compleja y relacional. Así la perspectiva relacional, a partir del método comparativo (Bourdieu & Wacquant, 1992), permite articular desde una epistemología estructuralista constructivista, sentidos en torno a la reconstrucción sociohistórica de los procesos analizados. Al respecto expresan Bourdieu y Wacquant (1992)

> El método comparativo permite pensar relacionalmente un caso particular constituido como caso particular de lo posible, apoyándose en las homologías estructurales entre dos campos diferentes o entre estados diferentes del mismo campo. (p.202)

Los jóvenes constituyen el centro de nuestro análisis, por lo cual definimos en primer lugar qué entendemos por jóvenes. La categoría resulta compleja, y se carga de sujetos variados, contradictorios, diversos pero que son "hijos de la modernidad, de la crisis y del desencanto" (Reguillo Cruz, 2003). Definimos a los jóvenes al inicio del siglo XXI, los cuales nos ayudan comprender, aún en las diferencias con la actualidad (a casi veinte años), aspectos centrales de la categoría que nos permiten encontrar sentidos a las prácticas que reconocemos en el cotidiano. Expresa al respecto Reguillo (2000):

> Entre los jóvenes, las utopías revolucionarias de los setenta, el enojo y la frustración de los ochenta, han mutado, de cara al siglo veintiuno, hacia formas de convivencia que, pese a su acusado individualismo, parecen fundamentarse en un principio ético-político generoso: el reconocimiento explícito de no ser portadores de ninguna verdad absoluta en nombre de la cual ejercer un poder excluyente. (p. 14)

Así, es difícil hablar de juventud como un todo homogéneo, por esto los autores utilizan el concepto de juventudes (Margullis, 2001; Duarte Quapper, 2001) es decir la diversidad como punto de partida de diferentes maneras de transitar ese momento de la vida. De alguna manera las investigaciones de referencia nos permiten pensar en la compleja trama que se constituye en relación a las prácticas educativas del estado especialmente entre la educación secundaria y superior. Desde sus diferentes realidades y horizontes del mundo de la vida, los sujetos jóvenes se aventuran a la educación superior, y comienzan a transitar la experiencia, protagonistas de su propia trayectoria educativa/universitaria.

En este punto de la reflexión, es necesario referir a qué entendemos por experiencia y trayectorias educativas/universitarias. Escuchamos en ocasiones hablar de "experiencia universitaria". Son muchas las maneras de conceptualizar la experiencia, desde la tradición sociológica hasta nuevas perspectivas antropológicas. La socialización se construye en una trama de experiencias que posibilitan nuevos y más aprendizajes en los diversos contextos que transitamos. La idea de experiencias como aquellas que son significadas desde el cotidiano (Schültz, 1977), nos permite dar cuenta de las acciones del sujeto. Constituye una categoría privilegiada para comprender el mundo social.

Vivencia y acción, no obstante, los planteos mencionados, no alcanzan para definir la experiencia, requerimos la mediación del lenguaje. Expresa en este sentido Díaz Cruz (1997)

> El concepto de experiencia es conflictivo, cuando no confuso: demasiadas historias, sentidos y valoraciones lo han investido, aunque acaso en esta proliferación encuentre su riqueza y algunos pliegues fecundos. Si bien la experiencia vivida es y constituye una de nuestras realidades básicas, también es cierto que ella se ha de organizar necesariamente a través del lenguaje: del lenguaje en tanto institución, en tanto producto, pero también como proceso histórico y cultural. (Díaz Cruz 1997, p. 13)

Es posible poner en consideración el carácter subjetivo y social de la misma, "…La experiencia es singular, con principio y final. La vida no es un flujo uniforme e ininterrumpido. Es algo hecho de historias, cada una con su propia trama, su propio inicio y movimiento, su propio ritmo particular, su calidad irrepetible" (Dewey 1934, 205).

Por otro lado, ponemos en cuestión la experiencia educativa en tanto, recuperando a Dubet y Martucelli, 1998) se juegan principios de justicia y reciprocidad. Consecuentemente, la experiencia es dominada por una serie de tensiones que ponen en jaque los métodos pedagógicos y la autoridad educativa[2]. En el marco de la pedagogía, la experiencia se define en función del dispositivo mismo, un tanto alejada de los sujetos que la transitan, de allí que encontremos definiciones como "experiencia crítica" (Casals, 2013) que refiere a la aplicación de propuestas de innovación educativa, en relación con decisiones del equipo docente.

---

[2] Si bien Dubet y Martucelli (1998) nos hablan de la experiencia escolar, podemos por analogía tomar algunas observaciones que nos permiten significarla como educativa.

En este texto, pensamos desde las dimensiones constitutivas del entendimiento, y por tanto la experiencia trasciende las conceptualizaciones anteriores. Requiere superar una perspectiva tecnicista ligada al empirismo que piensa a la "experiencia" en tensión con el "experimento", pero también como una praxis reflexiva. Para esto recuperamos a Larrosa (2002) que interpela estas maneras de pensar, en tanto se construyen desde esquemas y operaciones idénticas a las del contexto explicativo desde el cual se generan. Expresa al respecto:

> …cuando una gramática o un esquema de pensamiento están ya constituidos, cualquier cosa que se produzca en su interior da una sensación de "ya dicho", de "ya pensado", una sensación de que pisamos terreno conocido, de que podemos seguir hablando o pensando en su interior sin dificultades, sin sobresaltos, sin sorpresas. (p. 2)

Esto nos permitió pensar cómo la experiencia universitaria, requiere pensarse más allá. El concepto de experiencia entonces nos remitió al par experiencia/sentido (Larrosa, 2002), que nos posibilitó considerar de otra manera la propuesta educativa de nivel superior. La experiencia es "lo que nos pasa". El autor diferencia entre conocimiento e información, incluso del aprendizaje cuando es reducido a lo cognoscente (estar informado no es conocer, ni haber transitado la experiencia). La experiencia no es opinión y requiere un tiempo que remite al sujeto. La experiencia no es activismo, la práctica vacía destruye la idea de experiencia según el autor.

> La experiencia, la posibilidad de que algo nos pase, o nos acontezca, o nos llegue, requiere un gesto de interrupción, un gesto que es casi imposible en los tiempos que corren: requiere pararse a pensar, pararse a mirar, pararse a escuchar, pensar más despacio, mirar más despacio y escuchar más despacio, pararse a sentir, sentir más despacio, demorarse en los detalles, suspender la opinión, suspender el juicio, suspender la voluntad, suspender el automatismo de la acción, cultivar la atención y la delicadeza, abrir los ojos y los oídos, charlar sobre lo que nos pasa, aprender la lentitud, escuchar a los demás, cultivar el arte del encuentro, callar mucho, tener paciencia, darse tiempo y espacio. (Larrosa, Experiencia y pasión 2002, 174)

Una cuestión central del presente planteo refiere al espacio, al territorio sensible a la transformación, que encuentra el joven en su trayecto por la universidad. Expresa Larrosa, (2002) "la experiencia es lo que nos pasa, y si el sujeto de experiencia es un territorio de paso, entonces la experiencia es una pasión" (p. 176) Pasión en términos de padecimiento, no de pasividad, implica "hacerse cargo". Se proyecta en el otro, porque es en el encuentro con otro que acontece, y en esa relación se reconoce "una libertad dependiente, determinada, vinculada, obligada, fundada no en ella misma sino en una aceptación primera de algo que esta fuera de mí, de algo que no soy yo y que por eso justamente es capaz de apasionarme" (Larrosa, 2002 p 177)

La Universidad se vuelve territorio de experiencia, en el cual reconocemos tensiones como jóvenes/estudiantes, Universidad pública/educación superior, teoría/conocimiento y enseñar/aprender. Respecto a la primera consideramos que los jóvenes dan cuenta de variadas maneras de asumir el oficio de estudiante (Viel, 2009), un oficio que se aprende se construye en la dinámica misma con el territorio y los sujetos que la transitan. Por otro lado, entendemos que la universidad pública en tanto institución argentina, asume la propuesta de educación superior, a partir de las particulares dinámicas en el diálogo con los contextos, cada vez más consciente de la importancia de entramar su discurso con la realidad. La relación entre teoría y conocimiento es compleja.

En la tradición epistemológica encontramos diferentes maneras de resolver la tensión teoría y práctica, la aplicacionista de raigambre positivista, en la cual la formación teórica es primera para luego "aplicarla" a la práctica; pasando por perspectivas dialógicas entre teoría y empiria, hasta el entramado de sentido del concepto de "práctica del conocimiento" desarrollado por Guyot (2016), idea sobre la cual trabajamos en este texto.

Finalmente desarrollamos un posicionamiento frente a la idea de quién enseña y quién aprende en la universidad. Desde la psicopedagogía, recuperamos a Alicia Fernández (2003), quien considera que todo sujeto es aprendiente y enseñante, ya sea desde su posición de aprendiente (aprendiseñante) o de docente (enseñaprendiente).

A partir de estos conceptos, nos proponemos retomar algunas ideas centrales de la investigación que se constituyen en supuestos para organizar la reflexión.

III.-Las posibilidades cognoscentes de los jóvenes frente a la formación universitaria, el otro como sostén subjetivante.

En los sentidos analizados a partir de las entrevistas de las investigaciones cursadas, la universidad exige en el proceso de construcción del estudiante, algunas prácticas que tensionan con sus posibilidades cognoscentes. En primer lugar, la centralidad de lo teórico, que se pone en diálogo con un pensamiento formal, y por otro lado la lectura y escritura académicas, que requieren procesos de comprensión que sin acompañamiento ponen en "jake" la comprensión durante el tránsito universitario.

El pensamiento formal en términos teóricos es el momento de los ideales, la elaboración de hipótesis a partir de proposiciones que posibilitan, desprendido de lo real construir mundos posibles. Elaboran teorías y anticipan estrategias y metas posibles. Lo cierto es que encontramos referencias de investigación, que dan cuenta de que los jóvenes acceden a los estudios universitarios, no siempre alcanzando el pensamiento formal, especialmente aquellos que optan por estudios ligados a las ciencias sociales y humanas. Cerchiaro, Paba, Tapia & Sánchez (2006), expresan

> se puede afirmar, basados en las actuales investigaciones, que las habilidades de pensamiento formal no son habituales entre la mayoría de los adolescentes y de los adultos. La utilización de esas habilidades no está garantizada por el desarrollo cognitivo en sí mismo; aunque la persona posea, su uso tropieza con numerosas dificultades (p 84).

De esta manera, los estudiantes deben enfrentar los contenidos de enseñanza sin contar con esquemas de conocimiento que les permitan apropiarse de los contenidos, y consecuentemente, aparece la sensación de "dificultad". Los jóvenes dan cuenta de estos sentidos, refiriendo a su conflicto frente a las materias "teóricas". Ligada a esta conceptualización aparece la dificultad frente a la lectura, *"nos ponen a estudiar tres hojas, ya para nosotros es un mundo..."* (Estudiante de Arquitectura) Emerge la idea de "no entender" dando cuenta de altos grados de formalización de los contenidos, considerados como "muy abstractos". (Gómez, Etchegorry, Caón; 2017)

Con relación a lo académico y la complejidad que reviste afrontar el desafío de acceder al pensamiento abstracto, los jóvenes expresan la idea de lo importante que resulta la construcción con otros, es decir remiten a condiciones subjetivas que posibilitan en la trama de las dimensiones el sostenimiento de ese primer momento que desafía lo cognoscente. Por un lado, los pares configuran espacios subjetivantes para la contención de la angustia que producen situaciones como fracaso frente a exámenes y nostalgia en el caso de los migrantes, entre otros. Mientras que los docentes constituyen referentes claves en relación al acompañamiento académico (de diferente manera en el espacio universitario público y privado). En la Universidad Privada, la cantidad de estudiantes por curso posibilita la identificación de dificultades que en algunos casos promueven encuentros en tutorías, explicaciones personalizadas, supervisiones. En tanto en la Universidad Pública, aparecen referentes que comprometen a algunos estudiantes y los invitan a realizar ayudantías, hecho que resulta especialmente significativo para los mismos; no obstante, estos casos son puntuales y ligados al reconocimiento de habilidades excepcionales.

Los aspectos referenciados, evidencian que las prácticas universitarias de los jóvenes/estudiantes, dan cuenta de las dimensiones subjetiva, cognoscente, social y corporal; y que estas acontecen en términos de experiencia – eso que "me pasa con otros" –en el marco de un dispositivo que responde a ciertas lógicas contrarias a las necesidades y posibilidades de los jóvenes hoy. De allí, que a continuación profundizamos en una configuración particular del dispositivo universitario, haciendo especial foco en las prácticas profesionalizantes.

IV.- Los dispositivos de práctica para promover la construcción de "prácticas del conocimiento"

Siguiendo con la reflexión, vamos a profundizar en el análisis de un dispositivo universitario particular, en relación al modelo de "prácticas del conocimiento" de Guyot (2005) En este sentido analizaremos el "micro-espacio" articulado con el "macro-espacio" de producción de las prácticas del conocimiento (profesionales, científicas y docentes) y su puesta en juego en el marco del dispositivo de formación práctica de la Licenciatura en psicopedagogía. Esta contextualización permitirá anclar las expresiones de los estudiantes que han transitado las mismas.

En primer lugar, sostenemos que constituye un dispositivo. Para comprender esta idea tomamos el desarrollo de Agamben (2011), respecto al concepto de dispositivo de Foucault a partir del cual se considera una red de discursos, instalaciones, decisiones, normas, reglamentos, procedimientos, artefactos, leyes, entre otros componentes a los cuales podríamos agregar decisiones pedagógico didácticas. Los dispositivos configuran a los sujetos que inscriben sus cuerpos en un modo de hacer que pone en permanente tensión las relaciones saber/poder, en un contexto situado que refiere a un espacio y un tiempo. En este apartado caracterizamos brevemente la institución Universidad Provincial de Córdoba, y en ese marco la propuesta de la formación de Licenciatura en Psicopedagogía, sin intención de agotar el análisis complejo que el modelo requiere, pero si para brindar pistas que permitan dar sentido a los significados construidos por los estudiantes en torno al mismo.

La psicopedagogía en el contexto provincial enclava históricamente en la propuesta formativa del Instituto Dr. Domingo Cabred. A partir de este proceso reconocemos por un lado el devenir disciplinar, ligado a los avatares institucionales que fueron configurando maneras de entramar con la construcción de las prácticas del conocimiento psicopedagógicas. Por otro lado, proponemos analizar los marcos normativos que fueron configurando nuevos sentidos a la práctica psicopedagógica, y que actualmente hacen que la misma se encuentre ligada a la necesidad de acceder al título de grado, para el ejercicio profesional. Esto impactó a nivel provincial e institucional en decisiones que nutrieron la transformación del Instituto terciario de referencia en una oferta Universitaria.

La Universidad Provincial de Córdoba (UPC) se crea por ley N° 9375 del año 2007, a partir de siete institutos terciarios; poniéndose en marcha en

2013, a partir de ciclos de complementación curricular, para la formación de psicopedagogos y psicomotricistas entre otras propuestas que tienen origen en los ostros institutos fundantes. En 2015 se inicia el dictado de la Licenciatura en psicopedagogía (ya no como ciclo de complementación), y en julio de 2017 se logra la aprobación de los planes presentados ante el Ministerio de Educación de la Nación, no sin antes sortear numerosos avatares administrativos que se suceden en una trama compleja de relaciones políticas y sociales.

La institución fundante que da origen a la actual Facultad de Educación y Salud en el marco de la UPC, es "el Cabred", como se lo conoce en la región, y entre los estudiantes. La misma es un referente nacional en psicopedagogía, iniciando sus actividades en 1961. Cabe destacar que, en ese primer momento de conformación, la práctica psicopedagógica refería a un conjunto de habilidades técnicas, centrada fundamentalmente en la reeducación de sujetos con problemas de aprendizaje o discapacidad. Los documentos refieren en este sentido que "la finalidad de la Institución era la de 'formación de personal altamente capacitado, ofreciendo estudios, técnicas y prácticas a quienes desearan desarrollar tareas educativas o médicas en centros especiales'." (Giannone & Gomez, 2006, pág. 130)

Mucho tiempo llevó la institucionalización de la formación terciaria, y se comenzó un trabajo sostenido en relación con la construcción de planes de estudios. En ese primer momento, los docentes eran fundamentalmente psicólogos, pedagogos y médicos, con el transcurrir del tiempo los egresados comenzaron a ocupar las cátedras siempre en una búsqueda de construcción y revisión desde la misma disciplina y su tensión con las demandas sociales.

Cabe destacar que, en forma paralela a los avances de la formación, un grupo de profesionales comienza a asociarse en lo que años más tarde conformaría el colegio profesional de Psicopedagogos de Córdoba, en función de la sanción de la ley correspondiente resultado del trabajo de estos primeros psicopedagogos (Ley N° 7619/87).

Desde sus inicios, la preocupación por la formación práctica constituyó un eje central de la discusión de los diferentes planes, y se fue configurando a partir de la construcción de diferentes dispositivos que incluso dan lugar al "gabinete" como espacio de "aplicación" en un primer momento. Con el tiempo, fue asumiendo una perspectiva interdisciplinaria y posibilitó prácticas para los estudiantes, no obstante, el número de la matrícula generó que no todos/as pudieran acceder al mismo.

La formación de psicopedagogos queda en el contexto de la educación terciaria, con las complejidades que implica fundamentalmente en los últimos años, en los que comienza a diferenciarse la formación docente de la técnica, con impacto en la perspectiva de la psicopedagogía. En este marco, después de algunos cambios de plan de estudio, por Resolución 550 se pone en marcha un plan de formación que define un espacio diferenciado para la práctica "profesionalizante" desde primer año, que define un eje con relación a la propuesta en cada año. Así cada año de formación cuenta con un "espacio curricular", con un docente a cargo de esta pero que se desarrolla en el departamento técnico profesional. La resolución 550/05 expresa al respecto, "Es en función de esta convicción, articulación teoría-práctica que, las distintas carreras técnicas proponen desde el inicio de la formación, un contacto progresivo con la realidad de los distintos ámbitos de trabajo, en concordancia con el perfil y las incumbencias específicas." (p. 14)

Si bien en 2013 se comienza el dictado de los Ciclos de Complementación Curricular, desde 2015 se pone en marcha la propuesta de Licenciatura en psicopedagogía, como formación de grado. Es importante destacar que se toma como modelo el plan aprobado por resolución 550/05 y por tanto su dispositivo de formación práctica. Podríamos decir que el terciario va quedando progresivamente en un horizonte histórico, pero imprime sentidos y maneras particulares al dispositivo institucional, por ejemplo, en relación a la formación práctica.

En este sentido el plan actual de Licenciatura en psicopedagogía, (Res. 179/16) explicita:

> Como profesión que trabaja con el ser humano, la psicopedagogía se encuentra permanentemente interpelada por la sociedad. Los cambios vertiginosos que se producen en ésta impactan directamente sobre su práctica profesional generando una reorganización de su estructura fundamentalmente en lo que se refiere a la elaboración de nuevos conocimientos y redefinición de tareas, así como en la búsqueda de la interdisciplina como estrategia de intervención. (pág. 5)

Reconocemos así, en la complejidad de las prácticas del conocimiento, la situacionalidad, un sistema social que le da sentido, y un sistema de regulación de prácticas (entre las leyes de aprobación de planes, y la ley de ejercicio profesional en este nivel, el plan de estudios, los reglamentos de Trabajo final e incluso de Práctica profesional), inscriptas en las particularidades de una institución que se encuentra en proceso de transformación. Las prácticas universitarias en este contexto refieren a prácticas del saber que ponen en tensión el conocimiento científico con relación al sistema universitario. Expresa Guyot (2016) al respecto

> Aportan para lograr un mejor conocimiento de la realidad, para la proyección de estrategias y tácticas de prácticas transformadoras, así como para advertir que esos conocimientos deben ser puestos en cuestión. Deben ser analizados respecto de su pertinencia en el orden de lo local y de lo global para decidir también qué tomaremos de los conocimientos que son generados por otros países,

por otros centros de investigación, para pensar pertinentemente la propia situación latinoamericana. (p. 45)

Los conocimientos científicos, es decir los contenidos de enseñanza del plan de formación, se construyen a partir del entramado con las demandas sociales y las problemáticas que interpelan a la disciplina. La Universidad Provincial de Córdoba, responde desde uno de sus principios fundamentales a tal desafío, ya que considera la regionalización clave en pos de promover el dialogo entre universidad y región. Por otro lado, los contenidos requieren ser pensados desde una dimensión teórica, pero entramada a las dimensiones epistemológica, ética, política e incluso ontológica, en tanto se asume así una función social, política y cultural.

La formación universitaria, implica un uso crítico del saber; en este sentido Dora Laino (2012) refiere a una "psicopedagogía crítica y situada" que responde a fines emancipatorios en el contexto regional. Tal como ocurre con la práctica profesional, la construcción del dispositivo pedagógico responde a un "acto político" (Freire, 2005).

Para caracterizar el dispositivo es necesario considerar los ejes de la práctica en los sucesivos años, la Práctica I: Las demandas psicopedagógicas contemporáneas; Práctica II: observación, análisis y participación de proyectos sociocomunitarios; Práctica II: diagnóstico psicopedagógico; Práctica IV: Intervenciones psicopedagógicas; Práctica V: proyectos de abordaje psicopedagógicos en diferentes ámbitos. Cabe mencionar, que se observa cierta progresión en la profundización de aspectos que refieren a la práctica profesional futura. Se plantea en el plan finalmente, que todas las prácticas articularán con el equipo profesional interdisciplinario.

En los discursos de docentes, e inclusos el equipo técnico de elaboración del plan, la intención fundamental de la construcción del dispositivo pedagógico refiere al entramado que constituye en eje vertebrador al espacio de práctica en cada año. La práctica debiera constituirse en el "momento" en el que tensionan teoría y práctica, asumiendo un posicionamiento de reflexividad crítica. En esta unidad curricular, damos cuenta además de otra tensión, entre "el enseñante aprendiente y el aprendiente enseñante" (Fernández, 2003) que es posible reconocer en docente y estudiante. Los estudiantes transitan la formación, y esta contextualización nos permitirá poner en cuestión si este dispositivo constituye una estrategia de fortalecimiento de las trayectorias educativas universitarias.

V.-Los estudiantes frente al dispositivo pedagógico de la formación práctica

Recuperamos en este apartado algunas expresiones y aspectos, que nos permitirán profundizar y analizar en los sentidos que los estudiantes construyen respecto al dispositivo. En primer lugar, referimos a aspectos cuantitativos que nos darán nuevas pistas sobre la base de la contextualización realizada, para luego profundizar en categorías surgidas a partir de las expresiones en el maco de preguntas abiertas, que buscan profundizar en las significaciones y sentidos atribuidos a la práctica. Se realizó en tal sentido una encuesta virtual semiestructurada. Se obtuvieron 57 respuestas que constituyen 33,52% del total de los estudiantes finalizando la práctica V.

V.1. Datos empíricos para contextualizar los sentidos.

En relación con los aspectos cuantitativos, se recuperan las edades, procedencia y la valoración de las prácticas más significativas (este último solicitando ampliar en los fundamentos de la elección)

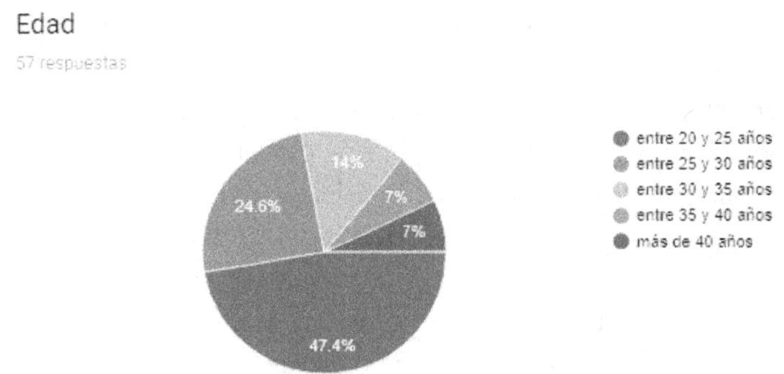

En referencia a la edad, damos cuenta que el 47,4% tiene entre 20 y 25 años y 24,6% entre 25 y 30 años, por lo cual podríamos establecer, considerando los 5 años de formación que un alto porcentaje (72%) son jóvenes; un grupo que podríamos llamar jóvenes adultos de 21%, entre 30 y 40 años, y un 7% mayores de 40 que referimos como adultos. Esta valoración la hacemos considerando que la definición de joven, no se relaciona con la edad cronológica, sino con ciertas particularidades que requerirían profundizar en el conocimiento de la trayectoria de cada uno de ellos.

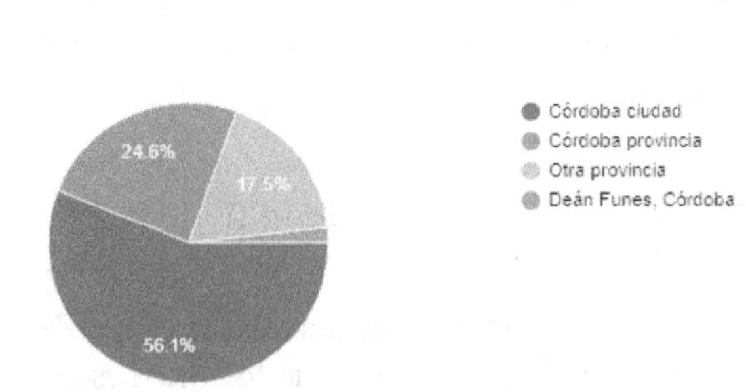

Respecto al lugar de procedencia el 80,7 % de los estudiantes pertenece a la provincia de Córdoba, distribuido en un 56,1% de ciudad de Córdoba capital, y un 24,6 % del interior de la provincia. Esto habla de un compromiso social importante en relación con el mencionado principio de regionalización. Finalmente, casi un 20% corresponde a otras provincias argentinas.

En cuanto a la pregunta sobre el año de inicio de la formación, es interesante visualizar que el 64,3% de los estudiantes cumple con la trayectoria ideal en tiempos de la formación, iniciando en el año 2014, mientras que un 26,8% lo extiende un año más. Finalmente, menos del 5 % de los estudiantes realiza sus estudios más de dos años por arriba del tiempo previsto. No obstante, cabe destacar que el porcentaje de trayectorias incumplidas (haciendo un análisis ingreso egreso a partir de promedios en relación a la matrícula inicial 2014), es del 50%, mientras que hay un 43% de finalización, por encima de los índices registrados en otras instituciones del país según el informe del Centro de Estudios de la Educación Argentina, perteneciente a la Universidad de Belgrano (Centro de Estudios de la Educación Argentina (CEA), 2018).

El 98,2% de los estudiantes considera importante haber tenido práctica desde primer año, solo un 1,8% expresa que tal vez fue importante. Cabe destacar que al analizar la fundamentación (siendo no obligatoria, se registran 53 respuestas) no se observa consistencia con la idea. Estas apreciaciones son constatadas también a partir de la pregunta en la que se solicita explicitar cuál fue la práctica más significativa. En la misma un 29,8% de los estudiantes explicitan que todas fueron significativas.

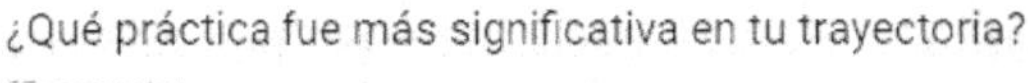

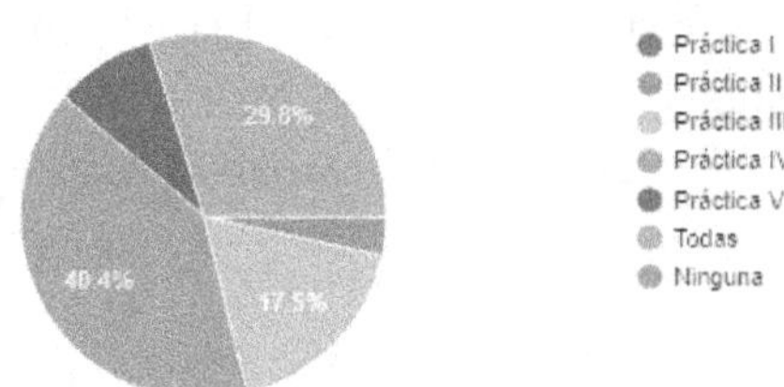

En relación con la posibilidad de construir desde la trayectoria de la formación práctica el rol profesional frente a las nuevas demandas sociales, los estudiantes califican de 1 a 5. El 77,2% de los estudiantes consideran que lo posibilita por sobre la media, mientras que un 15,5% califica con 3 esta posibilidad, y un 5,3% por debajo.

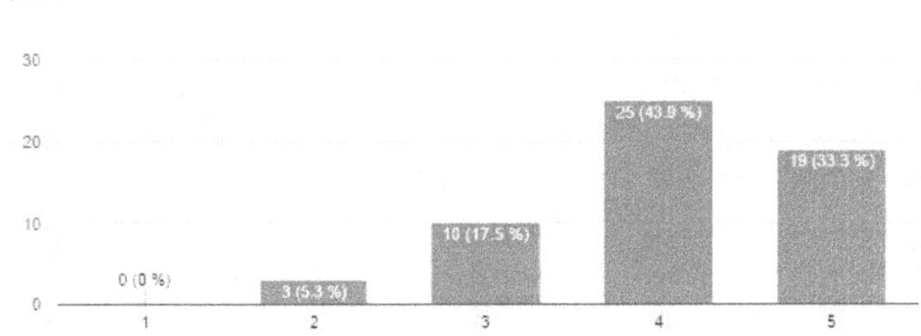

Para cerrar el análisis cuantitativo, es significativo señalar que el 84,2% de los estudiantes se inclinó por afirmar que estos espacios permiten integrar teoría y práctica. En tanto un 15,8% explicita que tal vez lo permite, siendo nuevamente interesante recuperar la fundamentación respecto a la pregunta. Podríamos establecer una relación entre estas respuestas y las consideraciones en torno a la posibilidad de construir el rol profesional.

V.2. Construcciones de sentidos en los discursos

Profundizamos a continuación en los aspectos cualitativos que permiten entramar sentidos en los discursos de los jóvenes. Para iniciar el análisis, es necesario explicitar algunas categorías que lo constituyen al momento de elaborar la encuesta virtual. Las mismas, se construyen a partir de los supuestos fundamentales desde el contexto conceptual y los resultados de las investigaciones que preceden al presente trabajo. Son la valoración de la propuesta de práctica desde primer año, la revisión/resignificación de la elección vocacional que posibilita, caracterización de la propuesta en términos de significatividad y relación teoría – práctica, aportes a la construcción del rol frente a las demandas actuales, el acompañamiento de los docentes, aspectos que constituyen fortalezas y los que constituyen debilidades. Las expresiones de los estudiantes se incluyen entre comillas y bastardilla en la argumentación.

      a. **Valoración de la propuesta de práctica desde primer año:** *"Estar en situación desde el momento uno".*

El 98,2% consideran que es importante contar con prácticas desde primer año. Destacan aspectos como el *"valor del acercamiento al campo laboral"*, y la posibilidad de que el mismo sea *"progresivo"*, *"graduado"* poniendo en cuestión los ámbitos de inserción del profesional. La riqueza del dispositivo desde primer año se asocia significativamente a la posibilidad de *"adquirir experiencia"* antes del ejercicio profesional. En las expresiones aparecen valoraciones como *"enriquecimiento que aporta al recorrido académico"*, *"el ingreso al campo te ayuda a prepararte de otra forma, y de poder estar en situación desde el momento uno".*

La propuesta brinda en la perspectiva del estudiante, una profundización respecto al conocimiento de los ámbitos de inserción. Se asocia a una idea de *"campo real"*, donde es posible *"ver los modos de ser y hacer psicopedagogía".* Aparece la perspectiva respecto a la formación del rol, a partir de considerar *"las prácticas preprofesionales un motor fundamental para la formación durante toda la carrera (...) ayudando a formar (nuestro) posicionamiento y entender el rol".*

Por otro lado, la consideración de este espacio como propicio para la *"interrelación"* teoría y práctica, considerándola *"la mejor manera de aprender, prácticas y teorías son constitutivas. Se construyen conjuntamente".* En una de las expresiones aparece una idea de *"poder trascender los libros y poner en juego aquello que hemos estudiado...".* En el mismo sentido, la idea de que las mismas, *"constituyen un espacio de síntesis entre el cuerpo y el aprendizaje".* La idea de síntesis posiblemente nos permite referir a la importancia del atravesamiento de las dimensiones que posibilitan el entendimiento, produciéndose en el marco de la práctica con cierta armonía por lo que implica el trabajo en ese marco. Tomando el concepto de "experiencia" de Larrosa (2002), podríamos decir que es esa síntesis la manera de traducir la idea de "eso que me pasa"; *"la única manera que uno puede entender la psicopedagogía, poniendo el cuerpo",* expresa en el mismo sentido otro estudiante. La relación cuerpo – experiencia es referida por numerosos estudiantes, incluso explicitando *"muchas veces ayudan a entender la teoría, viviendo en carne propia distintas situaciones",* *"poder palpar los mismos a través de la experiencia es significativo".*

Un estudiante incluso rescata la importancia de la escritura en el marco de la práctica como una herramienta fundamental. Mientras que dos estudiantes de los 57, refieren en este punto a la importancia del acompañamiento.

Otro estudiante, refiere textualmente: *"tuve el privilegio de ir al campo, y me di cuenta si era la profesión que quería para mi vida o no..."*; *"es una manera de darte cuenta si verdaderamente te gusta la profesión que elegiste"*. Estas expresiones nos permiten profundizar en la siguiente categoría indagada.

*b.**La revisión/resignificación de la elección vocacional:** "... te hacen pisar firme o desistir"*

El total de los estudiantes consideran la importancia de la práctica desde primer año para la revisión/resignificación de la elección vocacional. Refieren aspectos como la posibilidad de proyectarse en el futuro a partir del ejercicio del rol planteado. En relación a esto aparecen aspectos subjetivos, gustos, apasionamientos; la elección de ámbitos o la decisión de no ejercer en otros. *"se ponen en juego y tensión cuestiones subjetivas e históricas de cada uno, de cierta forma y de manera implícita inclusive, empiezan a operar interpelaciones acerca de... qué es la psicopedagogía?, ¿por qué hacer psicopedagogía?, ¿cómo se construye mi relación con otros desde la profesión?, ¿me encuentro en las condiciones afectivas y cognitivas para operar como psicopedagogo?"*. Las preguntas que expresa la estudiante son centrales en el proceso vocacional, y dan cuenta de la interpelación permanente frente a los *"errores o desencuentros"*, que desde su perspectiva movilizan la propia práctica y permiten seguir conociendo. Aparece nuevamente la idea de "poner el cuerpo".

En este sentido, la posibilidad de analizar desde el principio de realidad la elección, poniendo a prueba lo fantaseado en torno al futuro. En esta línea, expresa un estudiante *"son momentos en los cuales uno afianza su vocación: las prácticas son un cable a tierra del quehacer. Te hacen pisar firme o desistir"*, *"distinguir entre lo que es y lo que uno cree que es"*.

Al enfrentar "cara a cara" la realidad, en la expresión de los estudiantes, la práctica profesional, genera preguntas. De esta manera lo expresa uno de ellos: *"En mi caso me pregunté cientos de veces ¿me veo haciendo esto más adelante? Y voy respondiendo, y resignificando la respuesta con cada práctica, con las cuales me fui afianzando más en cuanto a la elección vocacional"*. Un estudiante fundamenta su manifestación sobre el acuerdo respecto a la posibilidad de repensar la decisión vocacional, manifestando que en otra carrera fue al iniciar la práctica que toma la decisión de no continuar.

El rol del profesor es recuperado por varios estudiantes en el sentido de ser el que posibilita la reflexión, a partir de considerar que *"tiene que ver el ojo del profe en relación a que le pasa al estudiante"* y haber establecido *"vínculos de confianza para realizar supervisiones/covisiones de calidad"*. Aparece una reiterada referencia al aprendizaje significativo que posibilita, y permite adentrarnos entonces en el siguiente eje.

c. *Caracterización de la propuesta en términos de significatividad*

A partir de los datos concretos en relación a la consideración de la práctica más significativa, el 29,8% de los estudiantes expresan que todas son significativas, no obstante, un alto porcentaje (66,7%) refiere a las prácticas finales, (la práctica III: 8,8%, la práctica IV: 40%, y la práctica V: 17,5%). Expresan en este sentido: *"Tanto la práctica de cuarto y la práctica de quinto fueron muy intensas, fue donde aprendí mucho más"*. Estas prácticas interpelan el pensamiento crítico y posibilitan tal como expresan los estudiantes construir posicionamiento, crítico y reflexivo: *"... exigía ir encontrando posicionamientos y desde ese lugar muchas veces solo "estar, escuchar, ver, acompañar, respondiendo a la demanda del momento dejando de lado una actividad establecida"*.

Por otro lado, la significatividad se relaciona en un alto porcentaje con el espacio de inserción, que responde a los intereses del practicante. En otro sentido aparece fuertemente el asumir el rol de profesional como lo que le asigna mayor significatividad. En algunos casos porque posibilita constatar el imaginario construido respecto al rol, especialmente la atención a un paciente, o práctica de consultorio; y especialmente en tanto asumen el rol del profesional.

d. *Relación teoría – práctica:* "permiten un baje a la realidad de la teoría vista..."

El total de los estudiantes, consideran que la práctica constituye la oportunidad para la *"aplicación"* de los conocimientos, incluso la idea de *"comprobación"* de lo que se analizó teóricamente. Expresan en ese sentido *"Las prácticas permiten realizar un baje a la realidad de la teoría vista en clases o estudiada"*. Se trata desde sus discursos de *"poner en práctica lo aprendido"*, expresan como la teoría *"toma forma"*. La importancia del marco teórico cobra dimensiones de relación causal, el conocimiento antecede al hacer.

También aparece la idea de recreación, confrontación de la teoría frente a la práctica. La necesidad de reconocer que la realidad es siempre un desafío que interpela al estudiante. Expresan al respecto, *"permite confrontar, podemos tener muchos libros leídos pero la adecuación a la realidad es todo un desafío"*. *"Las preguntas que surgen desde la propia praxis (...) poner en tensión la realidad con las teorías y ponerlas en cuestión entre ellas mismas"*, expresa un estudiante, justamente cuestionando la aplicabilidad que aparece en los discursos de la mayoría de ellos, expresando finalmente, *"el psicopedagogo/a no solo aplica teorías sino que las re-formula en su praxis, para construir conocimiento singular"*.

Sería interesante profundizar en la construcción de sentido desde la perspectiva de las prácticas del conocimiento, en tanto tengan la posibilidad de reconocer que es en la práctica dónde se producen. Una de las estudiantes, expresa esta idea recuperando la perspectiva teórica de referencia, *"Violeta Guyot diría q son prácticas de conocimiento. O sea un paso más... no solamente que una nutre la otra sino q ambas se constituyen en un entramado complejo"*.

Finalmente referimos a dos estudiantes, que seleccionan "tal vez" respecto a la consulta sobre si la práctica posibilita integrar teoría y práctica. Aparece como un objetivo que no fue cumplido en la trayectoria, expresan de esta manera su fundamento *"porque creo que debería integrar la teoría, pero pocas veces fue llevado a cabo al menos en mi trayectoria"*. En ambos casos, refieren al acompañamiento del docente, que sintieron insuficiente. Refieren puntualmente carencia de *"marco teórico y encuadres claros en las modalidades de cursado, práctica..."*.

e. *Construcción del rol frente a las demandas actuales.*

Si bien la distribución de las respuestas permite pensar que un alto porcentaje considera que permite construir el rol, al profundizar en la pregunta sobre si consideran que hay demandas que no se incluyen en la práctica aparecen respuestas variadas.

Por un lado, un grupo de estudiantes significativo 14% considera que quedan por fuera prácticas en relación a una demanda clave para el ejercicio del rol, la discapacidad en el marco de inclusión, específicamente en dos casos expresan *"las integraciones"*. En otro sentido, aparecen algunos ámbitos como el laboral y el jurídico forense, que se plantean en la formación (hay dos seminarios específicos en quinto año) pero que no se encuentran entre las ofertas de práctica. Finalmente resulta interesante la inclusión y el señalamiento de un estudiante, respecto a la prioridad de la infancia en la escuela en el abordaje, quedando adolescencia, jóvenes y adultos, limitado. Considera que actualmente encontramos una importante demanda al respecto.

e. *Acompañamiento de los docentes:* *"Todas diferentes, pero todas ayudaron."*

Para iniciar el análisis de este apartado, es necesario referir que, en todos los ejes anteriores, refiriendo a la práctica como espacio de resignificación de la elección vocacional, la relación teoría práctica, la significatividad de la práctica elegida, o la posibilidad de responder a demandas sociales actuales; los estudiantes refieren a la importancia del acompañamiento de los docentes. En su mayoría los discursos en relación con el rol docente son positivas, solo se identifican dos casos en que refieren que ese acompañamiento no siempre posibilitó la relación teoría práctica en tanto, según expresan, algunos docentes no tienen claro el marco teórico o el encuadre de la práctica.

Los jóvenes caracterizan el acompañamiento como diferentes pero positivos. Tomando los adjetivos utilizados por todos los estudiantes que completaron el formulario, se construye la siguiente nube de palabras, en la cual se destacan las palabras más repetidas

Es necesario mencionar, que, si bien se evidencia una calificación positiva del acompañamiento y los docentes, casi un 40% de los estudiantes consideran que esto es en algunos casos que son los que destacan y refieren, dando cuenta de otros en los que el acompañamiento fue *"poco comprometido"*, *"pobre"*, *"escaso"* entre otros. Refieren como fundamento de estas situaciones, la cantidad de estudiantes, especialmente en los primeros años de carrera. Este hecho es consistente incluso con las apreciaciones respecto de las prácticas más significativas, considerando que desde 2015 se trabaja por ajustar la cantidad de estudiantes en las prácticas de tercero a quinto año.

Por otro lado, algunos estudiantes refieren a aspectos conceptuales que no posibilitan un buen acompañamiento, y específicamente uno refiere a situaciones en las que se juegan cuestiones subjetivas, que obturan la posibilidad de preguntar y en definitiva de aprender. Expresan al respecto: *"se olvidaron un poco del alumno y se focalizaron en lo que esperaban como resultado de la práctica"*; *"... profesores con problemas de ego y narcisismo"*, *"algunos que inspiran confianza por lo que uno puede plantear tranquilamente lo que pasa, a otros mejor ni preguntarles para evitar 'sus reacciones', otros no saben de lo que hablan, otros utilizan la práctica como trabajo gratuito de los alumnos"*. Si bien solo dos estudiantes especifican estos aspectos, es posible que sean representativas en relación con el alto número que califica como pobre, escaso, regular, e incluso inadecuado, considerando que en algunos casos fue así, y rescatando los aspectos que consideraron positivos de otros. Sería interesante profundizar en estos aspectos.

f. Aspectos que constituyen fortalezas

Los estudiantes valoran el espacio de práctica en sí mismo, con docentes para asumir las supervisiones, el uso de las redes y la utilización del aula virtual para generar debates e intercambios. Tres estudiantes, destacan nuevamente como fortaleza el contar con prácticas desde primer año.

Casi la totalidad de los estudiantes, expresan como aspecto positivo la oportunidad de elección frente a variadas ofertas de ámbitos y contextos, pero fundamentalmente el hecho de que se posibilite el ingreso al campo, el encuentro concreto con espacios, instituciones, contextos y sujetos.

En relación con el trabajo en equipo y el asesoramiento de los docentes, refieren a flexibilidad y apertura en una relación de corresponsabilidad. La promoción del diálogo y los intercambios con los compañeros para seguir construyendo aprendizajes. Para esto, destaca un estudiante, la fortaleza de los grupos reducidos en los últimos años. Señalan la construcción de un espacio de escucha, de nuevos aprendizajes. En consistencia con la valoración positiva de los acompañamientos en general, este aspecto es una de las principales fortalezas de la propuesta.

h.Aspectos que constituyen debilidades.

Los aspectos que constituyen debilidad refieren a los tiempos y espacios. Los aspectos organizativos de la práctica en relación a inscripciones y la oferta de horarios tanto del cursado en la institución como del campo, obturan el dispositivo de formación. Expresan al respecto *"... para mí esto influye hasta en la propuesta curricular, contenidos, predisposición de docentes y estudiantes"*. La firma de convenios particularmente es señalada como causa de las demoras en el ingreso al campo.

Se observa una debilidad con relación a la discapacidad (en la formación, y en las ofertas), y algunas franjas etarias como adolescentes, jóvenes y adultos. En el mismo sentido algunos ámbitos como el jurídico forense y el laboral. Estos aspectos son referenciados también con relación a las demandas actuales que consideran no son abordadas desde la propuesta.

El aspecto más recurrente en los discursos es el tema de los tiempos. Este aspecto sería interesante profundizarlo en la construcción de sentido. El tiempo de los sujetos (docentes, estudiantes) el tiempo de las instituciones que impone plazos, por ejemplo, en relación a la certificación, el tiempo de las instituciones co-formadoras, etc.

VI.- Conclusiones

Frente al dispositivo pedagógico de la formación práctica en la Licenciatura en Psicopedagogía, los estudiantes configuran sentidos, dando cuenta de significados que se van construyendo subjetivamente en el tránsito universitario. Esto nos permitió analizarlos, considerando como marco los aspectos resultantes de las investigaciones anteriores referenciadas, como obturantes o posibilitadores de dicho tránsito. El dispositivo pedagógico genera condiciones para lograr el entendimiento considerando las dimensiones que lo constituyen, subjetiva, cognoscente, social y de la corporeidad. Así podríamos considerar al cierre del presente trabajo algunas categorías que, dando cuenta de estas dimensiones, reconocemos en los sentidos que analizamos en los discursos de los estudiantes: las prácticas del conocimiento como contenidos de enseñanza, el acompañamiento de los docentes, los tiempos en el marco del dispositivo.

En tanto posicionados en la construcción de "prácticas del conocimiento" (Guyot, 2016) que posibilitan el entramado de teoría y práctica, reconocemos que los estudiantes construyen sentidos referidos a la relación teoría y práctica. En esos sentidos el valor de contar con un espacio desde primer año que posibilite el encuentro con la realidad, no obstante, muchos estudiantes lo entienden como espacio de aplicación, permite anclar sentidos de lo teórico estudiado en otras unidades curriculares. Esto responde a la configuración de la unidad curricular práctica como eje vertebrador en el dispositivo de formación práctica analizado. Continuando con el análisis, reconocemos en este sentido la posibilidad de configurar el entendimiento en el marco de este espacio y esto refiere a que se constituye en trama de sentido, subjetivo en relación con el acompañamiento del docente y de los otros que se proyecta en lo social incluyendo la interacción con diferentes contextos sociales (comunidades, instituciones, etc). Lo cognoscente pone en tensión la consideración de ciertos aspectos analizados en investigaciones anteriores, como el alto porcentaje de estudiantes que construye el mundo desde un pensamiento concreto (Piaget, 1972), que requieren para apropiarse de los contenidos, a la realidad misma. Desde estas posibilidades, la práctica brinda un piso desde el cual trabajar para promover un pensamiento formal y avanzar en la construcción de una lógica abstracta. Los jóvenes expresan cómo desde este espacio se va construyendo un posicionamiento y un pensamiento crítico. En cierto sentido se refiere a la construcción y el despliegue de una abstracción reflexionada (Piaget, 1979). Finalmente, refiriendo a la relación teoría práctica los estudiantes expresan la idea de que la práctica es el espacio en dónde se "pone el cuerpo". La vivencia de enfrentar "cara a cara" la realidad, y poner el cuerpo, remiten a la dimensión de la corporeidad. Así, tal como expresa Guyot (2016) lo que se enseña en la práctica permite desde la trama de dimensiones el entendimiento, configurando prácticas del conocimiento, una teoría viva en la propia expresión de los estudiantes.

En la misma línea, resulta relevante en los sentidos de los estudiantes, el acompañamiento del docente. Este se reconoce sobre la base de la "confianza", confianza en las posibilidades del estudiante y su manera particular de transitar el espacio. Se configura así un encuentro con el otro docente, y los otros compañeros en cuya trama subjetivo y social, lo cognoscente como posibilidad se potencia, constituyendo aprendizajes significativos. La mirada del otro es referida por los estudiantes como uno de los aspectos claves para el sostenimiento del proyecto universitario, y en este sentido el espacio configura una oportunidad única. Es sobre la base del acompañamiento y la enseñanza de prácticas del conocimiento (considerando que estas implican asumir la trama de teoría y acción) que los estudiantes consideran que es posible resignificar e incluso afianzar la elección vocacional, condición subjetiva que tracciona la construcción de la identidad profesional.

Una especial referencia merece la categoría tiempo, en tanto remite directamente al concepto de trayectoria que deviene de un tiempo. En la práctica se ponen en tensión los tiempos institucionales, del docente y de los estudiantes. Estos construyen sentidos, que hacen que consideren a esta categoría una de las debilidades del dispositivo. El tiempo falta, no es suficiente, se producen demoras e incluso se respetan o no los tiempos. No solo refieren a los tiempos de docente y estudiantes, sino también el tiempo de los sujetos en situación de aprendizaje que son objeto de las prácticas. Se construye, por tanto, un sentido respecto a la dimensión ética de las prácticas.

En el marco de este análisis se hace necesario reconocer la dimensión original, única que se produce en el encuentro de cada estudiante y cada docente en el marco de la formación práctica. Tal como expresa Rockwell (2000), reconocemos una co-construcción cotidiana que carga de sentido la apropiación de las prácticas del conocimiento, y es en definitiva lo que le permite al estudiante encontrar una trama de sentido para el sostenimiento de su proyecto universitario. Así como refiere Guyot (2016)

> Las prácticas del conocimiento requieren del análisis del microespacio de la investigación epistemológica, que constituye el sistema de relaciones entre sujetos donde el conocimiento se instituye como mediador. Si enseñamos, lo que establecemos es una relación subjetiva; si investigamos, establecemos relaciones subjetivas; en el ejercicio profesional se establecen relaciones subjetivas de distinto carácter y diferente orden. Siempre se está respondiendo desde una posición de saber a una posición de demanda del saber. (p. 11)

Considerando que este microespacio, se reconoce en una trama en la que el análisis del macroespacio, en relación con un espacio social es clave; es posible pensar a las prácticas desde los sentidos expresados por los estudiantes, como un punto de articulación entre ambos. Entenderlo de esta manera se constituye en apertura de nuevos interrogantes, ¿cuáles son los acompañamientos a los que refieren los estudiantes?, ¿cómo se establece el vínculo de confianza estudiante docente? ¿cómo se promueve el pensamiento formal y la posibilidad de abstracción reflexionada?

Bibliografía

Agambem, G. (mayo - junio de 2011). ¿Qué es un dispositivo? (R. Fuentes Rionda, Trad.) *Sociológica*(Año 23 Número 73), 249-264.

Bourdieu, P., & Wacquant, L. J. (1992). *Réponses. Pour une anthropologia réflexive.* Paris: Du SEuid.

Casals, A. (2013). Aplicación del concepto de experiencia crítica al análisis de innovaciones educativas. *Tendencias pedagógicas*(21), 79-97.

Centro de Estudios de la Educación Argentina (CEA). (JUnio de 2018). Nuestra Graduación Universitaria es escasa. *Boletín CEA, 7*(70), 14.

Cerchiaro, E., Paba, C., Tapia, E., & Sánchez, L. (2006). Nivel de pensamiento, rasgos de personalidad y promedios académcios en estudiantes Universitarios. *Revista de la Facultad de Ciencias de la Salud*, 81-89.

Dewey, J. (1934). *Art as experience.* New york: Putnam.

Díaz Cruz, R. (1997). La vivencia en circulación. Una introducción a la antropología de la experiencia. (U. A. Iztapalapa, Ed.) *Redalyc, 7*(13).

Duarte Quapper, K. (2001). ¿Juventud o juventudes? Acerca de cómo mirar y remirar las juventudes en nuestro continente. En Solum Donas Burack, *Adolescencia y juventud en Amércia Latina* (págs. 57-74). Cartago: Libro Universitario Regional.

Dubet, F., & Martucelli, D. (1998). *En la escuela: Sociología de la experiencia escolar.* España: Losada.

Etchegorry, M. (3 de octubre de 2011). Cuerpo, discurso y entendimiento. *Los indicios del cuerpo en los niños de sala de cuatro años en los Jardines Municipales de Córdoba.* Córdoba.

Fernández, A. (2003). *Los idiomas del aprendiente.* Buenos Aires: Nueva Visión.

Freire, P. (2005). *Pedagogía del oprimido.* México: Siglo XXI.

Garay, L. (1996). La cuestión Institucional de la Educación y de las escuelas. . En I. Butelman, *Pensando las Instituciones.* Buenos Aires: Paidos.

Giannone, A., & Gomez, M. (2006). Historia de la psicopedagogía en la ciudad de Córdoba. Desde la década de 1930, hasta la institucionalización académica en el instituto superior de psicopedagogía y educación diferenciada "Dr. Domingo Cabred". Córdoba.

Ginzburg, C. (1989). *Morelli, Freud y Sherlock Holmes: indicios y método científico en el signo de los tres.* Barcelona: Lumen.

Gómez, S., Etchegorry, M., & Caón, C. (2017). Despliegue de acciones frente a las experiencias transitadas al inicio de la vida universitaria: la tensión entre lo conocido y lo novedoso. *Pilquen - Sección psicopedagogía, 14*(2), 15-29.

Guyot, V. (mayo de 2005). Epistemología y prácticas del conocimiento. *Ciencia, Docencia y Tecnología, Año XVI*(30), 9-24.

Guyot, V. (2016). Epistemología, prácticas del conocimiento y universidad. *Itinerarios educativos*(9), 43-58.

Habermas, J. (1989). Observaciones sobre el concepto de acción comunicativa. En J. Habermas, *Teoría de la Acción Comunicativa: complementos y estudios previos* (pág. 492). Madrid: Cátedra.

Habermas, J. (1999). *Teoría de la acción comunicativa I. RAcionalidad de la acción y racionalización social.* Madrid: Taurus.

Laino, D. (2000). *Aspectos psicosociales del aprendizaje.* Rosario: Homo Sapiens.

Laino, D. (diciembre de 2002). Reflexiones psicosociales a partir del pensamiento de J. Habermas. *Cinta de Moebio.* Chile: Red de Revistas Científicas de América Latina y el Caribe.

Laino, D. (2003). La constitución psicosocial del sujeto cognoscente. En *La psicopedagogía en la actualidad.* Rosario: Homo Sapiens.

Laino, D. (2006). La colonización del "mundo de la vida" en las dificultades subjetivas y sociales de los niños. *Revista Diálogos pedagógicos, IV*(8).

Laino, D. (2006). Socialización y subjetivación en los fundamentos del entendimiento. *Cinta de Moebio*(27).

Laino, D. (2012). *Una psicopedagogía crítica y situada en América Latina.* Recuperado el 20 de noviembre de 2012, de Revista Pilquen: http://www.revistapilquen.com.ar/Psicopedagogia/Psico9/9_2Laino_Psicopedagogia.pdf

Larrosa, J. (2002). Experiencia y pasión. En *Entre las lenguas. Lenguaje y educación después de Babel* (págs. 165-178). Barcelona: Laertes.

Ley N° 9375, Creación de la Universidad Provincial de Córdoba. Boletín oficial de Córdoba. Córdoba. 11 de abril de 2007.

Ley N° 7619. Psicopedagogía. Normas para el ejercicio profesional. Boletín oficial de Córdoba. Córdoba. 9 de diciembre de 1987.

Resolución 550. Plan de estudios Psicopedagogía. Instituto Superior Dr. Domingo Cabred. Córdoba. 2005

Resolución 179. Plan de Licenciatura en psicopedagogía. Universidad Provincial de Córdoba. 2016

Margullis, M. (2001). Juventud: una aproximación conceptual. En Solum Donas Burack, *Adolescencia y juventud en América Latina* (págs. 41-56). Cartago: Libro Universitario Regional.

Menéndez, E. L., & Spinelli, H. G. (2006). *Participación Social ¿Para qué?* Buenos Aires: Lugar.

Ministerio de Educación y Justicia. (1985). *Manifiesto liminar de la reforma universitaria* . Buenos Aires: Ministerio de Educación y Justicia.

Morin, E. (1990). *Introducción al pensamiento complejo.* España: Gedisa.

Mozejko, T., & Costa, R. L. (2000). *La circulación de los discursos.* Recuperado el 26 de noviembre de 2010, de <http://sincronia.cucsh.udg.mx/mozejkocosta.htm>

Piaget, J. (1972). *Estudios de psicología genética.* Buenos Aires: Emecé.

Piaget, J. (1979). *Investigaciones sobre la abstracción reflexionante.* Buenos Aires: Huemul.

Reguillo Cruz, R. (2000). *Emergencia de culturas juveniles. Estrategias del desencanto.* Bogotá: Grupo editorial Norma.

Reguillo Cruz, R. (2003). Las culturas juveniles: un campo de estudio; breve agenda para la discusión. *Revista Brasileira de Educação*(23), 103-118.

Rockwell, E. (enero - junio de 2000). Tres planos para el estudio de las culturas escolares: el desarrollo humano desde una perspectiva histórico - cultural. (U. S. Marcos, Ed.) *Interações, V*(9), 11-25.

Schültz, A., & Luckmann, T. (1977). *La estructura del mundo de la vida.* Buenos Aires: Amorrortu.

Viel, P. (2009). El oficio de estudiante. En *Gestión de la Tutoría escolar.* Buenos Aires: Noveduc.

Capítulo 2

Estudiar Psicopedagogía, aprender las prácticas clínicas y narrar sus experiencias

María Inés Barilá

"(…) la práctica también aprende de la experiencia haciéndole sitio, abiertos a ella, a la novedad, a la recepción, a que algo pase, algo imprevisto, no programado, que nos conduce a pensar. Una práctica abierta a la experiencia supone la creación

del espacio en donde el acontecimiento pueda darse, y […] cuando sucede, pueda darse una aceptación de lo que acontece, e incluso una suspensión del propio saber adquirido" (Contreras y Pérez de Lara, 2010:33-34)

I.- Introducción

Este trabajo surge del Programa de Investigación *Las prácticas educativas. Abordaje desde las experiencias y significaciones de jóvenes y adultos* (04/V099), específicamente del Proyecto de Investigación (04/V099-1) *Jóvenes y adultos. Diversos modos de transitar y significar las experiencias educativas en el nivel medio*[3], que se desarrollan en el Centro Universitario Regional Zona Atlántica (CURZA) de la Universidad Nacional del Comahue (UNComa), período 2017-2020 y de la Cátedra Clínica Psicopedagógica II (Tratamiento)[4], ubicada en 5º año de las carreras de Profesorado y Licenciatura en Psicopedagogía, CURZA-UNComa.

La Psicopedagogía desde su institucionalización académica en distintos países de América del Sur, emprendió un camino de redefinición de sus campos de acción, amplió sus intervenciones circunscriptas al ámbito clínico y

---

[3] Ambos con mi dirección.

[4] Actualmente el equipo está integrado por Mg. María Inés Barilá (PTR) y las Licenciadas en Psicopedagogía Liz Campetti, Analisa Castillo (AYP regulares) y Jéssica Contrera (AYP ad-honorem).

desarrolló procesos de intervención relativamente propios (Cardinale y Cuevas, 2013; Ventura, 2015).

La Universidad Nacional del Comahue fue la primera universidad pública que apostó al desarrollo de la Psicopedagogía, fue pionera en el país al crear la carrera en el Centro Universitario Regional Zona Atlántica, Viedma, Río Negro. Teresa Iuri (2013) afirma

> *"(…) que la institucionalización en la esfera pública de la Psicopedagogía comenzó en Viedma, hace cuarenta y tres años, con la creación de las carreras de Psicopedagogo y Profesor en Psicopedagogía en el Departamento de Humanidades del Instituto Superior de Profesorado de Río Negro, de dependencia Oficial, en el año 1970, y se fortaleció con su traspaso a la Universidad Nacional del Comahue, en el Centro Universitario Regional Zona Atlántica a partir 1972"* (p.7).

Como acta de nacimiento este acontecimiento es revelador y establece las particulares formas o modalidades que posee la carrera en general y, las cátedras de la orientación psicopedagógica en particular, de instituir relaciones con la comunidad (Barilá y Fabbri, 2000).

Con respecto a las relaciones con el contexto, la carrera tiene una larga trayectoria en la realización de "prácticas de pre-grado" o "prácticas profesionales de formación", que posibilitan la inclusión de los estudiantes[5] en ambientes reales de trabajo, y su ubicación en contacto con problemas efectivos que trascienden la práctica académica y propician la adquisición de capacidades y habilidades para enfrentar aspectos prácticos del futuro desempeño laboral.

En este sentido, el plan de estudio vigente se orienta

> *"a proporcionar, por un lado, conocimientos teóricos e instrumentales específicos en la formación profesional y por otro, brindar herramientas para desarrollar la capacidad de comprender, analizar, profundizar, consultar, investigar, y sobre todo de detectar dónde se cifra tanto la posibilidad cuanto la imposibilidad 'de aprender' del Sujeto, para continuar la construcción del campo teórico-práctico"* (p.3)[6].

Práctica, etimológicamente[7], remite a distintas acepciones: *Ejercicio de cualquier arte o facultad, de acuerdo a sus reglas; Destreza adquirida con este ejercicio; Uso continuado, costumbre o estilo de algo; Ejercicio que bajo la dirección de un maestro y por cierto tiempo tienen que hacer algunos para habilitarse y poder ejercer públicamente su profesión.*

---

5   Con el propósito de permitir una lectura más fluida, se utilizará a lo largo del capítulo el genérico masculino. Cada vez que se nombre a los jóvenes, estudiantes, niños se estará incluyendo también a las jóvenes, estudiantes, niñas, etc.

6   Plan de Estudio Licenciatura en Psicopedagogía, UNComa, Ordenanza C.S. N° 0432/09.

7   En Diccionario de la Real Academia Española: versión digital. Disponible en http://www.rae.es/rae.html

La última acepción contiene las anteriores, en este sentido para realizar una práctica es inherente la presencia de un maestro, guía, acompañante que posibilite y transmita aquellas reglas, destrezas que se aprenden en el transcurso de la práctica y en ese mismo *hacer* se aprenden estilos y formas de habilitarse para el ejercicio posterior de la profesión (Barilá, 2013).

Explica Andreozzi (1996) que

> *"(…) las prácticas profesionales desarrolladas durante la formación de grado (…) operan como un espacio de transición en el que el estudiante ratifica, renueva o revoca una serie de acuerdos sobre los rasgos que caracterizan al "ser" y al "deber ser" profesional. El pasaje por la experiencia de práctica "marca" y en algún sentido "inaugura" la trayectoria profesional de cada sujeto"* (p.21)

Precisamente porque el recorrido por esta experiencia "marca", como sostiene Andreozzi (Op.cit), el compromiso de la cátedra Clínica Psicopedagógica II es acompañar a los practicantes durante sus prácticas clínicas - en los abordajes individuales y grupales-, en el trabajo con niños, adolescentes, jóvenes, grupos escolares, familias, intervenciones con docentes, directivos, equipos técnicos; en todos los espacios donde se juegue el aprender o no, y la función de enseñar.

La cátedra propone continuar el *hacer en la clínica* para propiciar en los estudiantes-practicantes la articulación práctico-teórica, desde un trabajo conjunto de intervención psicopedagógica implementado por las Cátedras Clínica Psicopedagógica I (Diagnóstico) y II (Tratamiento) y los Equipos Técnicos de Apoyo Pedagógico (ETAP) del Ministerio de Educación y Derechos Humanos de la Provincia de Río Negro, en el marco de los acuerdos operativos firmados anualmente entre el Departamento de Psicopedagogía (CURZA) y las Supervisiones Escolares de Educación Inicial y Primaria de la ciudad de Viedma, Río Negro.

¿Qué se les exige a los estudiantes que realizan las prácticas en clínica psicopedagógica? Por un lado, la formación y actualización teórica, desde un lugar comprometido y también crítico. Por otro lado, el reconocimiento de la propia subjetividad puesta en juego en cada proceso clínico, esto requiere acudir a espacios de revisión de la práctica brindados por la cátedra y del propio análisis (aspecto que, desde la universidad pública, no puede instituirse como condición).

II.- Jóvenes estudiantes de Psicopedagogía

Los estudiantes mayoritariamente son mujeres jóvenes que cursan el 5º año del Profesorado y/o Licenciatura en Psicopedagogía, en algunos casos ambas carreras.

Nos preguntamos ¿Qué supone ser joven? ¿Qué supone ser joven e ir a la universidad? ¿Se es joven sólo a partir de un corte o definición etaria? ¿Hay un sólo modo de experimentar y vivenciar esta etapa de la vida? En un trabajo anterior decíamos que

> *"La propia definición - qué supone ser joven - responde siempre a una forma única de lo que es o debería ser la juventud. Ya desde hace varios años la literatura académica argentina y latinoamericana insiste sobre la necesidad de desnaturalizar esta categoría y conceptualizarla en términos socioculturales. Estos enfoques cuestionan aquellos posicionamientos ideológicos que promueven una visión unificadora de los jóvenes como si existiese, en términos de Reguillo Cruz (2000), "una única manera de ser joven". La operación radica en pensar esta categoría como si fuera una esencia o un periodo de transición. Por el contrario, insistimos sobre la necesidad de pensar a las juventudes en plural (…) para dar cuenta de la heterogeneidad de situaciones y posiciones sociales de quienes comprendemos que la categoría de juventud indica una variada y desigual diversidad de posicionamientos sociales, económicos y culturales que impactan en las posibilidades de su inserción plena como ciudadanos, condicionando la realización y la calidad de sus proyectos de vida"* (Barilá, 2016, pp. 39-40).

Mariana Chaves (2010) explica que la palabra juventud es una categoría no se define sólo por la edad, no es "algo" en sí, no tiene límites universales, se construye en el juego de relaciones sociales. Cada sociedad, cultura, época definen su significado; posee sentidos hegemónicos y alternos.

Es una categoría analítica que cobra sentidos particulares al ser analizada en el mundo social (interdiscursividad, práctica), de esta forma se explica como condición juvenil (ser/estar joven en ese tiempo y lugar); que resulta del conjunto identificable a los que se denomina juventudes. Posee *"una triple complejidad: es contextual: espacial e históricamente situada, relacional: conflictos y consensos, heterogénea: diversidad y desigualdad"* (p.37). En síntesis, no existe una única forma de ser joven.

La autora sostiene que la palabra juventud *"funciona como sustantivo identificando sectores sociales, se convierte en adjetivo para caracterizar (juvenil) y se hace verbo para nombrar nuevos procesos (juvenilizar)"* (p.28).

En concordancia con la concepción contextual, heterogénea y relacional de la juventud, Chaves (op.cit) estudia las prácticas culturales de los jóvenes como:

> *"1. producciones de personas con capacidad de agencia;*
>
> *2. negociaciones con las prácticas culturales de otros sectores de la sociedad;*

3. enraizadas en clivajes de edad, clase, género, etnia y raza;

4. construcciones que devienen de una historia colectiva (social y generacional) y de una historia individual (familiar y biográfica);

5. ubicadas en un espacio-tiempo particular" (p.45).

Desde las características enunciadas, creemos necesario construir nuevas teorizaciones con y desde cada joven estudiante que realiza sus prácticas en la cátedra, desde su particular forma de pensar, sentir y actuar, condicionada/o y condicionando - en un proceso dialéctico -, las situaciones socioeducativas que protagonizan.

Las experiencias biográficas e históricas son parte del proceso de constitución de la persona como sujeto en todas sus dimensiones (políticas, económicas, simbólicas y emocionales) y dan la posibilidad de analizar la experiencia etaria como generadora de identidad. Pensar a los jóvenes invita a poner el acento en sus experiencias y recorridos y en nuestras propias miradas sobre ellos.

III.- Las experiencias

El reconocimiento de la complejidad, la polisemia y la ambigüedad del concepto de experiencia plantea la necesidad de explicitar cómo se entiende para no dar por supuesto su significado. En este escrito se concibe a la experiencia desde los abordajes que priorizan las vivencias y los sentidos y que reconocen la capacidad de los sujetos de re-construir significados, ya sea a través de ponerlos en acción o de narrar su experiencia, es decir, que se colocan desde la dimensión subjetiva (Guzmán Gómez y Saucedo Ramos, 2015).

Larrosa (2006) al pensar la experiencia a partir de "lo que me pasa", reconoce un principio de subjetividad, reflexividad y transformación. La experiencia es subjetiva, porque cada persona tiene la propia, la sufre y la padece, nadie puede aprender de la experiencia de otro; es reflexiva en tanto que no se reduce a "lo que pasa", a los sucesos y a los acontecimientos, sino "lo que nos pasa" a nosotros mismos, a lo que vivimos y a la manera como lo vivimos; así como las experiencias forman y transforman.

Para este autor, las experiencias son singulares y no pueden repetirse, no son intencionales; al mismo tiempo son azarosas, inesperadas, fugaces y cargadas de incertidumbre. La persona cotidianamente participa de distintos acontecimientos, respecto de los que tendrá diferentes experiencias, pero, según el autor, sólo se convierten en "una experiencia" cuando eso vivido importa, conmueve emocional y cognitivamente; no todas son experiencias significativas sino sólo cuando nos construimos a partir de las mismas.

De acuerdo con Larrosa (op.cit.), entendemos al *sujeto de la experiencia* como aquél que al estar en el mundo "algo le pasa", tiene una transformación cuando un acontecimiento impacta en él.

"Si el acontecimiento pasa de largo, no hay experiencia. La experiencia es el resultado de una relación que el sujeto tiene con algo que no es él, una relación con algo que tuvo lugar en él y después de la cual ya no es el mismo; finalmente, también es una relación del sujeto con los demás, de modo que lo que impacta al sujeto tiene un efecto también en su vínculo con los otros. Evidentemente, habrá distintos tipos de experiencias: de lenguaje, sensibles, emocionales, cognitivas, relacionales" (Guzmán Gómez y Saucedo Ramos, 2015: 1026).

Toda experiencia significativa se construye a partir del cúmulo de vivencias y de sentidos elaborados que la persona utiliza para guiar sus actuaciones; las vivencias son significativas en su integración dinámica, situada y se convierten en experiencias cuando la persona hace acopio de las mismas. El sentido ingresa como un modo de articular vivencia y experiencia como elemento de motivación y como guía de las acciones.

Para puntualizar, las experiencias suponen, como afirma Larrosa (op. cit.), *"lo que nos pasa"*, que mueve y permite enlazar a la persona con el mundo que la rodea. Las experiencias se alimentan por el cúmulo de vivencias que las personas tienen en sus participaciones a través de los distintos contextos de práctica en los que transitan.

En este contexto nos planteamos algunos interrogantes: ¿qué experiencias y vivencias tienen los estudiantes en el transcurso de sus prácticas en clínica psicopedagógica individual y/o grupal?, ¿qué sentido les confieren a las prácticas de pre-grado o a prácticas profesionales de formación?, ¿qué propósitos se proponen?, ¿cuáles son sus expectativas, sus miedos, sus motivaciones?, ¿qué situaciones del hacer en el proceso clínico le resultan significativos y por qué?

En los equipos de investigación y de cátedra concebimos a los estudiantes como *sujetos de la experiencia,* es decir, construidos en y a través de las mismas, de las vivencias que otorgan contenido y de los sentidos que las organizan. Desde esta posición,

"(…) no son sólo sujetos de opinión, de aprendizaje, de socialización; son producto de sus experiencias. El *sujeto de la experiencia* siempre existe en y a través de sus participaciones en contextos sociales de práctica y es activo el papel que realiza tanto para apropiarse de lo que le es exterior, como de internalizarlo/transformarlo/recrearlo a partir de su subjetividad pautada culturalmente" (Guzmán Gómez y Saucedo Ramos, 2015:1032).

Dar lugar a las experiencias, investigarlas, supone reconocer que se trabaja con sujetos y con sus vivencias; orientar la visibilización de experiencias singulares, pensarlas en su hacer, explorar sus sentidos. Como señalan Contreras y Pérez de Lara (2010), "[la investigación] *busca aquel saber que ilumina el hacer, esto es, que vuelve sobre la experiencia para ganar experiencia"* (p. 22)

Las experiencias no se construyen en el vacío, tienen lugar en los contextos en los que participan las personas, en este caso en las prácticas profesionales de formación y sólo pueden comprenderse si se reconocen. *"Experiencia y subjetividad son inseparables y suponen, entre otras cosas, la irrupción constante de nuevos modos de mirar y de situarse en el mundo desde la diferencia, desde la singularidad"* (op.cit., p. 25)

Un aspecto en tensión, entre otros, es la relación teoría-práctica. Marcela Andreozzi (2011) explica que

> *"(…) los argumentos que justifican su inclusión como espacios de cursada obligatoria, suelen girar en torno a la oportunidad que brindan de "integrar" conocimientos adquiridos y de "transferir" saberes teóricos y procedimentales, al campo del desempeño profesional situado. Independientemente de estas afirmaciones puede observarse a menudo que las "prácticas profesionales de formación" movilizan en los estudiantes procesos subjetivos que van más allá de la mera aplicación de "la/s teoría/s" al campo de "la/s práctica/s"* (pp.100-101).

Maud Mannoni (1983) expresa que el saber teórico puede resultar una dificultad para acercarnos a la experiencia, o bien una ayuda para orientarse en ella, pero sin anticipar ni resolver el encuentro, ni lo que de él surgirá. *"La paradoja del saber teórico reside en la manera en que se use, como máscara para ocultar la verdad de una experiencia, o como útil para orientarse más cómodamente en la búsqueda clínica (en la que se encuentra uno mismo implicado)"* (Mannoni, 1983, p.143)

IV.- La narración de experiencias de aprendizaje en las prácticas clínicas

Las experiencias de los estudiantes no se encuentran previamente construidas. Desde la cátedra, a través del diálogo (especialmente en los espacios de revisión de la práctica) y de la narración escrita se propicia la reelaboración de sus propias prácticas, expresando sus emociones y descubriendo conexiones de sentido.

Existen variados dispositivos pedagógicos que instrumentan las prácticas y que refieren a "artificios técnico-pedagógicos" que establecen coordenadas de tiempo-espacio-tarea, anticipan medios, definen mediaciones (Souto, 1999).

Estos dispositivos de prácticas, en líneas generales, implican la realización de tareas, tales como: implementar procesos clínicos individuales y/o grupales (diagnósticos, tratamientos, entre otros); dar cuenta de las decisiones teórico-clínicas y de la/s hipótesis construidas en dichos procesos; informar respecto de las actuaciones a las instancias educativas derivadoras, en forma oral y/o por escrito, con los recaudos éticos en la comunicación de los resultados.

En el marco de los acuerdos interinstitucionales firmados, se designa para acompañar a los estudiantes, un responsable por equipo técnico y uno del equipo de cátedra. El referente de cátedra es un profesional con conocimientos y experiencia que tiene la función de guiar y ayudar permanentemente a resolver los inconvenientes que el estudiante puede tener durante el tiempo de desarrollo de su práctica (en general, el año escolar). También lo acompaña y asiste en la elaboración de los informes finales que se elevan a la institución una vez concluidas las prácticas.

Los espacios de atención psicopedagógica individual se realizan en dependencia de la escuela a la que asiste el niño, pero en contra-turno, con el fin de preservar la relación social con su grupo escolar de referencia. Los abordajes grupales se realizan en grupos clase, en el mismo horario de funcionamiento escolar y en distintos días y horarios para no interrumpir de manera prolongada la relación con algún área de conocimiento en particular.

En el presente año se decidió elaborar un protocolo al que provisoriamente denominamos *"Narración de mi Experiencia de Aprendizaje en las Prácticas Psicopedagógicas Clínicas"*[8] y en el que escribimos:

"Con la finalidad de registrar y analizar las prácticas de pregrado que los estudiantes de Psicopedagogía realizan en territorio, en particular los abordajes clínicos individuales y grupales como requisito para aprobar Clínica Psicopedagógica II (Tratamiento), te solicitamos que realices un relato o narración en torno a las experiencias significativas (positivas y negativas) vivenciadas en el transcurso las mismas. El relato o narración puede focalizarse en el abordaje individual, grupal o en ambos.

La idea es que escribas libremente registrando tus emociones, pensamientos y actuaciones, a modo de brújula. Para comenzar a narrar tu experiencia, es recomendable ubicarla en el contexto donde se desarrolló, para ello: describe la escuela y el lugar donde desarrollaste la/s tarea/s; cuáles fueron las necesidades y los problemas que originaron tu intervención; cuáles fueron los objetivos y metas que te propusiste; cuáles eran tus expectativas iniciales, tus miedos, tus motivaciones.

¿Qué situaciones del hacer en el proceso clínico (admisión o readmisión; encuentros con niños; grupos; padres; docentes; directivos; técnicos) te resultaron significativos y por qué?

Luego del proceso vivido ¿Qué logros piensas que tuviste?; ¿Cuáles fueron las dificultades y los obstáculos que se te presentaron? ¿Cómo los sorteaste? ¿Cuáles aprendizajes te dejó esta experiencia?

¿Qué aspectos de la/s práctica/s de intervención desde la clínica psicopedagógica no repetirías y cuáles sí y de qué manera?"

---

[8] Elaborado conjuntamente con la Lic. Analisa Castillo.

El protocolo se puso a disposición de las estudiantes (en el año en curso son todas mujeres) para que, de manera opcional puedan cumplimentarlo y entregarlo al equipo de cátedra.

El análisis de los datos incluyó básicamente el proceso de transcripción escrita por parte de las jóvenes estudiantes y la codificación y el archivo por parte del equipo de cátedra.

La extensión de las narraciones, los aspectos priorizados, la referencia a las experiencias, la propia implicación, el proceso reflexivo, entre otros aspectos, reveló la singularidad del proceso de cada narradora.

Dice Gómez (2017)

> *"La narrativa lleva la marca de quien cuenta, carga las pasiones de los sujetos, allí se refugia la esperanza y se transmiten las historias, pero, no cualesquiera, sino aquellas especialmente elegidas, dignas de ser tenidas en cuenta para que calen en los otros, en la cercanía de los cuerpos y de las voces"* (p.215)

Para éste escrito se seleccionaron partes que se consideran significativas de seis relatos, agrupados por ejes de sentido que se reiteraban en las experiencias narradas: las vivencias del primer encuentro (inicio de la experiencia); los miedos vinculados a no poder, no saber, a ser rechazada, temores presentes en la totalidad de las narraciones; los encuentros con los otros (docentes, técnicos, padres), las entrevistas y las intervenciones (las fallidas y de las otras); el dispositivo grupal; los espacios académicos de revisión de las prácticas y los aprendizajes en la clínica psicopedagógica.

IV.a- *El inicio*

"Una experiencia significativa para mí al respecto fue en el primer encuentro, del cual tengo muy presente el primer juego que realizamos ambas, cuando la conocí en 2016. F[9] llegó al espacio con mucha timidez. No me hablaba, se limitaba a observarme con sus ojos muy grandes y mucha seriedad. Me presenté, y entre otros temas, le conté que llevé una caja con cosas para jugar que pensé que le podían gustar. Se acercó, la abrió y comenzó a sacar distintos objetos. Se mantuvo en silencio, empezó a mover algunos muñecos de fútbol, los arcos y pelota de fútbol, armó a un partido, luego revisó distintos objetos. Hasta que sacó la caja donde había algunos bichos de plástico, y sacó de allí una araña. Hice una inhalación fuerte, como asustada. Me miró en silencio, y acercó la araña a mí. Volví a reaccionar así, y esbozó una leve sonrisa, entrecerrando los ojos un poco. Allí comenzó una dinámica, donde primero me perseguía por todo el lugar con la araña en la mano, y luego sumaba variaciones. Me decía: 'vos hace como que no te dabas cuenta y después te tocabas la cabeza y tocabas la araña y te asustabas'. Allí ubico

---

[9] Llamaré "F" a la niña en este escrito.

que se empezó a establecer, al menos, un vínculo de trabajo. Fue una acción que hice casi sin premeditación, no creí que ella la tomaría para armar una situación lúdica" (Relato 3)

"Al momento de encontrarme con la niña sentía nervios. Cuando llegó, me presenté y con el pasar de los minutos, el diálogo y el juego comenzaron a fluir, ella también me comentó haber estado nerviosa. Empecé a sentirme cómoda en el espacio, y creo que esto habilitó gran parte de mis intervenciones" (Relato 4)

*"Mis **expectativas iniciales**[10] rápidamente chocaron con la realidad, comprendí que no existe 'la intervención ideal', aquella que va a cambiar la historia del niño que tenemos enfrente y las dificultades van a desaparecer como por arte de magia, sino, que se trata más bien de aquellas pequeñas intervenciones que se van haciendo en el día a día, en el encuentro a encuentro, no sólo con el niño, sino con sus padres, sus docentes"* (Relato 2).

IV.b- *Los miedos*

"Todo esto que aconteció no fue sin consecuencias. Tuve que pasar muchas emociones y sensaciones por el cuerpo. Y fueron momentos que sin la revisión de la práctica y sin el propio análisis, no podría haber transitado. El primer miedo que tuve fue al conocerla, la niña había estado todo el año anterior con otra practicante. Creo que con tiempo y transferencia mediante logré tramitarlo. Me motivaba saber que podía ayudarla, que sabía cómo hacerlo, y que su deseo estaba allí sólo que atrapado. Me costaban a veces los avatares institucionales y hasta climáticos que impedían a veces los encuentros" (Relato 1).

*"Mi gran **miedo**[11] era el cariño, encariñarme con él [se refiere al niño] y que eso entorpezca mi mirada hacia la práctica clínica, si bien algo del amor siempre tiene que circular como motor e impulso, cuando te nubla la mirada resulta un problema, y algo de eso se dio, por lo que tuve que tomar la decisión de una derivación; poder reconocerlo implica conocer los límites de cada uno (…) tuve muchas **dificultades**, las cuales giraban en torno a mis miedos de no estar haciendo las cosas bien, miedo de 'arruinar' al niño equivocándome en algo muy grave; pero el grupo de supervisión fue un gran apoyo. En conjunto fuimos trabajando los miedos, convirtiéndolos en preguntas, interrogantes que más que paralizarnos, nos impulsen a cuestionarnos para enriquecer nuestros pensamientos. Se trataba de abandonar por completo el miedo al error, el miedo a la intervención fallida, y comprender que el error es parte de los aprendizajes, e implica una postura poco sana no verlo como tal. Esto es lo que me dejó como **aprendizaje**. El error también es aprender, lo importante es resignificar las situaciones y continuar"* (Relato 2).

"Antes de comenzar con las prácticas, sentía que no iba a poder posicionarme como psicopedagoga. Recuerdo que, al comentarle mis miedos a una compa-

---

10   Las negritas y los entrecomillas fueron colocadas por las estudiantes al escribir las narraciones.
11   Las negritas y los entrecomillas fueron colocadas por las estudiantes al escribir las narraciones.

ñera, que ya había transitado las materias de Clínica, me preguntó a qué le tenía miedo, y mi respuesta se asemejó con el hecho de realizar una mala intervención que produzca un efecto 'malo'. Mi compañera, me respondió: 'estás así porque en la carrera nos enseñan pisando huevos, y aprendemos a caminar así, pero en realidad, llegas al encuentro con el nene, y no es un libro, ni un extraterrestre, es un nene'. Puedo decir que este comentario me calmó, y fui más relajada al primer encuentro con la niña. Es así, que de a poco pude ir animándome a más, no quería caminar 'pisando huevos' sino que mis intervenciones sean efectuadas con seguridad" (Relato 4)

"Por como describieron a la niña en las primeras reuniones, tanto docentes como la madre, me imaginaba que llegaría una niña 'terrible', que no se instalaría en ninguna actividad. Me daba miedo que se escapara del espacio, o que no quisiera hacer nada, no se acercara a la caja. Sentía que no sabría qué hacer en una situación así. También me generaba un poco de ansiedad el trabajar con una niña de nueve años, ya que no conocía niños de su edad y consideraba que era un 'saber' necesario" (Relato 3)

"En este punto la revisión de la práctica fue clave, por momentos sin poder hacer corte a la repetición que aparecía (sin elaboración alguna), apaciguando ansiedades, trabajando la frustración y comprendiendo que los tiempos son del otro. Unos de mis miedos al comienzo tenían que ver con aburrirme, en algún momento pasó pero tuvo que ver con una limitación mía de no poder poner corte a la repetición que me llevaba al aburrimiento y a la frustración de que no elabore nada. Luego puede pensar que esta era una modalidad de la niña, un ser y estar frente a la actividad que me llevó a pensar que algo de esto podría replicarse en el aula" (Relato 6).

IV.c- *Encuentros con padres, docentes y técnicos*

"Una cuestión que pude pensar en este proceso tiene que ver con los docentes y lo que despierta que un alumno no aprenda. Había distintas reacciones al respecto, se jugaba en muchos casos el sentimiento de frustración, a veces quedaban en un lugar de imposibilidad, otras veces podían poner en marcha distintas estrategias en conjunto (planificar un Proyecto individual, reunirse y charlar sobre respuestas educativas posibles en las distintas áreas, plantearse hipótesis sobre los motivos de las dificultades de la alumna, etc.). En un principio, me costaba llegar a los docentes y que me pudieran contar cómo estaban trabajando en el aula. Tal vez porque no lograba expresarme correctamente, tal vez porque mis preguntas les generaban la sensación de que se estaban cuestionando sus prácticas. Ante esto, se me ocurrió señalar entonces algunos aspectos, entre ellos que estoy aprendiendo, que no soy docente, que no tengo otra forma de conocer cómo se trabaja en el aula, y que no conozco ciertos procedimientos y por ello pregunto. Sentí que a partir de allí se habilitaba otra forma de intercambio" (Relato 3)

"En los encuentros con el ETAP, que no fueron muchos, sentí que fueron espacios significativos, donde percibía que había un intercambio de saberes. Cuando estos eran llevados a cabo, me iba con muchas cuestiones a replantear, que luego eran evaluadas en las supervisiones. Al igual que en las supervisiones, donde me marcaban aspectos significativos que a veces no podía ver de mi práctica, dando cuenta de las cuestiones positivas y los avances que tenía el niño, como así también de los errores cometidos (de los que creo que más aprendí)" (Relato 5).

"Otra experiencia significativa fue el momento en el que el padre de la niña fue a retirar a ésta algunos minutos antes del tiempo acordado. El papá golpeó la puerta, la niña la abrió y lo hizo pasar. En ese momento pude intervenir pidiendo que espere a que terminemos, pero no se me ocurrió decirle que lo haga fuera del espacio. En relación con esto, puedo decir que había leído sobre posibles intervenciones ante esta situación, e incluso, había escuchado distintas intervenciones de mis compañeras, también había leído sobre cómo podía incidir la historia subjetiva del psicopedagogo en la clínica, pero todavía no me había enfrentado a esto con el cuerpo. Lo que me queda por hacer es seguir pensándome, pero en el momento, luego de que el padre se retiró con la niña y me percaté de que mi accionar tendría que haber sido otro, me sentí inhibida. Luego de haber sentido eso, y de haberme pensado, es que no repetiría dicha intervención, incluso cuando tuve la oportunidad de presenciar situaciones similares las intervenciones fueron diferentes" (Relato 4)

*"Mi **meta inicial**[12] fue conocer al niño, su modalidad de aprendizaje para poder pensar que era lo que dificulta sus aprendizajes, más allá de los decires de los docentes, de los directivos y de su madre, los cuales apuntaban a excusar todo, a la 'evidente discapacidad' del niño, como dijo la directora. Rápidamente pude advertir que giraba en torno a él la idea de que no era un niño aprendiendo, sino que se trataba de un 'pobrecito con problemas' que hacía lo que podía, por eso nadie le exigía ni esperaba más de él. En ese momento, comprendí que mi trabajo iba a estar fuertemente dirigido a quienes rodeaban al niño. Y así fue... muchos de los avances logrados y reconocidos, se debieron al trabajo que realicé con la madre y con los docentes; teniendo como meta correr al niño del lugar 'enfermo' y apuntar a que puedan comprender que tenía sus propios tiempos y su propio ritmo de aprendizaje, que no lo hacía discapacitado, sino un sujeto diferente como todos"* (Relato 2)

IV.d- *Entrevistas e intervenciones*

"Otra experiencia significativa y positiva que tengo muy presente fue la entrevista vincular que se realizó con la madre y F en 2017. Fue planteada por fuera de los horarios en los cuales teníamos los encuentros con F, llevé distintos tipos de materiales (muchos de los cuales F solía utilizar en el espacio para hacer

---

[12] Las negritas y los entrecomillas fueron colocadas por las estudiantes al escribir las narraciones.

sus producciones), expliqué por qué las citaba juntas y comuniqué la propuesta: planteé que ambas realizaran juntas un dibujo de una familia haciendo 'algo', y que podían utilizar todos los materiales. El segundo momento consistió en que escribieran juntas una historia a partir de esa producción. Comuniqué el tiempo para realizar ambas tareas, y comenzaron. Esta experiencia fue muy significativa para mí, ya que me permitió observar y pensar muchos aspectos del vínculo madre-hija a los cuales no habría podido acceder de otra manera, observar la modalidad de realización de la tarea de la niña ante una consigna concreta, pero también todo un trabajo de construcción de la actividad. La sugerencia e idea original de realizar un encuentro vincular salió del intercambio en la supervisión, pero tuve libertad para estructurar el espacio, plantear la consigna, los tiempos, los materiales y cuál sería mi rol" (Relato 3)

"Como sabemos, las intervenciones son a posteriori y hay particularmente una que me dejó pensando y fue la entrevista fraterna. La considero una intervención fallida porque lo que aconteció no fue más que actualizar la rivalidad con su hermana, en un espacio que debería ser de la niña, y es justamente a lo que apuntaban mis intervenciones: generar encuentros donde haya un adulto que le sirva de sostén y un espacio de escucha" (Relato 1).

IV.e- *El dispositivo grupal*

"Me generaba un poco de ansiedad la idea de coordinar un grupo, que no hablaran, o que la actividad no se entendiera o no les agradara, les pareciera un sin sentido. Sin embargo, pudimos trabajar, y el grupo se apropió del espacio rápidamente: fue necesario empezar a moderar la 'catarsis' que se generaba en las puestas en común sobre el malestar que tenían en relación con algunos vínculos e interacciones conflictivas entre ellos, para que pudiera ser un diálogo entre los alumnos, y no un 'ataque' a un compañero del grupo. Como aspectos negativos ubico algunas intervenciones que realicé" (Relato 3)

"Me sentí muy mal porque el ambiente que se había creado, el trabajo de un taller quedó opacado por una mala intervención, desde la torpeza de no pensar antes de hablar, o por dejarme llevar por las emociones: me sentía contenta, me salió decir 'eso' en tono de juego. Esa creo que fue una experiencia negativa. A pesar de ello se pudo hacer el cierre de la actividad y compartir un momento entre todos. Por suerte no se perdió del todo esa atmósfera que se había generado" (Relato 5)

IV.f- *La revisión de la práctica (espacios de supervisión)*

"El dispositivo brindado por la Cátedra nos permite cierta autonomía, y los estudiantes debemos ser lo suficientemente responsables y éticos como para programar entrevistas con docentes, padres, madres o quienes ejerzan la función, técnicos del ETAP, y lo que fuera necesario respetando el caso por caso. Así como también realizar un registro de los encuentros para poder darle una historicidad y poder hacer la revisión de la práctica". (Relato 1).

"Destaco como muy importante el proceso la supervisión en grupo que la cátedra propone, ya que muchas veces una pregunta o señalamiento de mis compañeros, o escuchar que en una situación similar habían actuado diferente, me permitía reflexionar sobre las intervenciones realizadas" (Relato 3)

IV.g- *Aprendizajes en la clínica psicopedagógica*

"En la cátedra de Clínica estoy aprendiendo a relacionar la teoría con lo que sucede en los encuentros y en la escuela, y desde allí, poder pensar posibles intervenciones. Pero es un aprendizaje que se me complica y me genera confusiones, principalmente a la hora de pasarlo al plano escrito. En los momentos en los que me confundo o me resisto a cierta lectura, me sirve que mis ideas pasen por la palabra (...) Con las experiencias adquiridas hasta el momento, considero que estoy aprendiendo que no es lo mismo leer casuística que llevar a cabo un caso clínico. Si bien es una gran ayuda las lecturas de la teoría y de los casos, es muy diferente sentir la contratransferencia que leer sobre ella. Creo que el aprendizaje de la clínica es un aprendizaje que va más allá de lo que pueden ofrecer los textos, y que cada uno lo vive de manera diferente, debido a que quien pone el cuerpo (con su respectiva historia) es quien va a 'estar' atravesado" (Relato 4)

"(...) me pareció casual (si se quiere) que una persona con mis características, (principalmente a quien le gusta hablar mucho), se encontrara con un niño que no hablara. Con el tiempo entendí que nada es casualidad, y que esta experiencia me dio muchos aprendizajes, principalmente dar lugar al tiempo, a la espera, armarme de paciencia, respetando el tiempo lógico y subjetivo del niño" (Relato 5)

"Finalizando el proceso clínico puedo decir que aprendí a escuchar. En esta primera experiencia e incipiente trabajo con otros, me llevo más interrogantes que certezas. Pretendo seguir en el camino de la clínica sabiendo que es condición necesaria trabajar con otros. Pudiendo pensar en las intervenciones, lo que repetiría sería poder oficiar como un adulto referente diferente y sostener mi práctica desde la ética" (Relato 6)

"En el proceso mi dificultad mayor tuvo que ver con mi ansiedad, pensar contantemente que los tiempos son del otro, enfrentarme la imposibilidad que se presenta en la clínica (en el caso del trabajo con algunos docentes). En revisión de la práctica éstas fueron cuestiones principales a trabajar (...). Luego de llevar adelante el abordaje individual con la misma niña durante casi dos años y medio, siento que acontecieron muchos aprendizajes y muchas experiencias. Que hubo cambios muy interesantes que la niña llevó adelante y me siento agradecida por haber podido acompañarla y observarlos 'in-situ'. Siento también que en éste abordaje se generó un trabajo en conjunto: no podría sostenerlo únicamente el practicante, sin la valoración, trabajo y sostén de todos los actores intervinientes" (Relato 3)

"Otra cuestión significativa fue el momento en que la técnica de ETAP me preguntó reiteradas veces sobre la finalización del tratamiento, refiriendo al 'alta' de la niña. Si bien en ese momento respondí que sería evaluado con el equipo de cátedra, al salir de la institución comencé a percibir sentimientos extraños en mí. A éstos los comencé a relacionar con mi interés hacia la clínica con niños, y que, finalizar la práctica implicaría no tener una experiencia similar hasta el día que me reciba. Es así que pude comenzar a entender algunos sentimientos con los que me había encontrado, y parte de la angustia y de la incertidumbre comenzaron a transformarse. Aún hoy, el hecho de pensar sobre la posible finalización del tratamiento me genera confusiones, y considero que es parte del aprendizaje de la clínica poder decidir cuándo dar la 'finalización del tratamiento', y a su vez, un aprendizaje sobre mí misma ante dicha situación" (Relato 2)

"Pienso y agradezco el lugar que nos ofrece la Universidad Pública de acercarnos a la práctica clínica, de hacernos pasar por el cuerpo todo lo que leemos a lo largo de nuestra carrera y todo lo que aprendimos" (Relato 1).

V.- Algunas reflexiones

Ventura (2010) explica que la Psicopedagogía es considerada por algunos autores como una práctica interdisciplinaria, se la ubica en el estatuto de intervención en el terreno del aprendizaje y, por otros, como disciplina, cuyo objeto de estudio es el sujeto que aprende, se centra en la prevención, diagnóstico y tratamiento del aprendizaje. En cualquier caso, es ineludible pensarla en su dimensión histórica y socio-institucional. Las tensiones en el campo psicopedagógico son permanentes, requieren un análisis más profundo y una reflexión constante de la práctica.

Si realizáramos un inventario de todas las definiciones, caracterizaciones y aproximaciones a la Psicopedagogía como ámbito de teorización y de intervención, tenemos la convicción de que en ninguna de ellas dejaría de aludirse al aprendizaje, porque el psicopedagogo es -por definición- un profesional cuyo ámbito de actuación se enmarca en torno a los procesos de aprendizaje. Por eso, es el aprendizaje en sus múltiples configuraciones el que resguarda la especificidad de la intervención psicopedagógica a la vez que habilita nuevas actuaciones profesionales (Barilá, 2015).

Desde esta posición, se propician prácticas educativas inclusivas que se realizan desde las cátedras universitarias, destinadas a *atender* alumnos de nivel inicial y primario que presentan problemas en su escolarización y a grupos escolares con dificultades que podríamos enunciar como de convivencia.

Algunas de estas problemáticas se evidencian en la adquisición de la lecto-escritura y/o el cálculo; dificultades disciplinarias; inconvenientes originados por reiteradas inasistencias que les impide adquirir los conocimientos mínimos, entre otros aspectos. Estas dificultades en muchos casos producen repitencia, a veces reiterada, y generan la permanencia de alumnos con sobre-edad, que conviven con otros más pequeños que poseen distintos intereses y necesidades, aspectos que suelen agudizar los conflictos en el aula, tanto para *aprender* como para *estar* con otros.

En éstas y otras cuestiones realizan las prácticas clínicas individuales y grupales los jóvenes estudiantes de Psicopedagogía, como prácticas profesionales de formación o prácticas de pregrado, para *hacer en la clínica* y propiciar la articulación práctico-teórica, desde un trabajo conjunto de intervención psicopedagógica o, como dice Lucía Garay (2016),

> *"Intervención es un modo de praxis, de acción. En realidad, reemplazo el concepto de 'práctica' por el de 'praxis'. Lo central en la idea de praxis como acción es que lo fundamental que tiene esa acción es el 'sentido'. Es decir el significado y valor de esa acción para los sujetos que intervienen en ella. Una intervención como secuencia de praxis está en función de las necesidades y las demandas de los otros (…) un niño, un adolescente, un adulto o la propia escuela"* (p.7).

O Alicia Fernández (2000), referente ineludible del campo psicopedagógico

> *"(…) Nuestra intervención tiende a la resignificación de la modalidad de aprendizaje. Nuestra escucha no se sitúa sólo en los contenidos no aprendidos, ni sólo en las operaciones cognitivas no logradas, ni sólo en las significaciones inconscientes, ni en los determinismos orgánicos, sino precisamente en las articulaciones entre esas diferentes instancias. (…) El objetivo de toda intervención psicopedagógica clínica es abrir un espacio objetivo/subjetivo de autoría de pensamiento"* (p.1).

Resulta ineludible advertir que nos encontramos ante la emergencia de nuevos escenarios de intervención que, a la par de los ya consolidados, dejan al descubierto la heterogeneidad que caracteriza a las intervenciones psicopedagógicas en la actualidad. Heterogeneidad que no se deja capturar fácilmente en nuestro intento de sistematización de las prácticas, porque se presenta como un continuo dinámico.

El propósito de este escrito fue situar a la narrativa como un dispositivo para ser utilizado en las prácticas de formación de psicopedagogos. La narrativa, como una reconstrucción a través del relato, tiene como finalidad acompañar la reflexión sobre sus propias experiencias como estudiantes, poniendo en palabras vivencias, que al historizarlas y significarlas, constituyen verdaderos momentos de formación y sentido.

Los ejes que se trabajaron en el protocolo resultaron amplios y posibilitadores de la emergencia de distintas y variados relatos, no obstante, desde los equipos de investigación y de cátedra se seguirán profundizando, adaptando a los estudiantes y sus singularidades, así como a las características particulares de las prácticas que se realizan.

Estas prácticas complejas contextualizadas, intencionales suponen la confluencia de varios canales cargados de teorías, visiones propias, aprendizajes, culturas y prácticas institucionales y sociales, entre otros aspectos; al mismo tiempo se instalan como un espacio de transición entre la formación y la vida profesional/laboral. Un espacio cargado de emociones, representaciones construidas que se modifican o reconstruyen, de reflexión, comparación con lo aprendido y cuestionado.

Prácticas que "marcan" y "dejan huellas" y que por eso requieren trabajar, dar lugar, posibilitar la narración de las experiencias de los estudiantes, sin imponer puntos de vista, ni a priori, sino estar a la escucha, a la espera

> "(…) dejar que el otro, la otra, lo otro, te diga. Y saber que la experiencia no siempre se deja pensar bien, que no se deja descifrar, que no hay modo de saturar las interpretaciones, los significados. Por eso podemos volver sobre las experiencias, volver a pensarlas; y por eso significan, nos significan, cosas distintas en diferentes momentos" (Contreras y Pérez de Lara, 2013, p.36).

Porque aprender no es algo que culmina, que se logra; como toda experiencia siempre queda abierta, nos interpela, nos conmueve, nos permite respuestas tentativas, nos deja dudas, nos implica subjetivamente. *"No hay manera de dar cuenta de la experiencia sin un sujeto, sin un protagonista, sin alguien que la sostiene"* (Contreras y Pérez de Lara, 2013, p.47), en este caso, los estudiantes y nosotros mismos, en el intento de formarlos en clínica psicopedagógica.

Bibliografía

Andreozzi, M. (2011). Las prácticas profesionales de formación como experiencias de pasaje y tránsito identitario [En línea] *Archivos de Ciencias de la Educación*, 4a. época, 5(5). Recuperado de http://www.memoria.fahce.unlp.edu.ar/art_revistas/pr.5431/pr.5431.pdf

Andreozzi, M. (1996). El impacto formativo de la práctica: avances de investigación sobre el papel de "las prácticas de formaron" en el proceso de socialización profesional". *Revista del IICE*, 5 (9), 20-31.

Barilá, M.I. y Fabbri, S. (2000). La clínica psicopedagógica como práctica universitaria, 1-10. Buenos Aires: *El portal de Psicopedagogía en Internet*. Recuperado de https://www.xpsicopedagogia.com.ar/

Barilá, M. I. (2013). Prácticas de pre-grado: Espacios de Atención Psicopedagógica de la población escolar de nivel primario de Viedma. Disertación en Panel "Espacio para Prácticas Profesionales". *III Jornadas de Psicopedagogía del Comahue 'Producción de saberes y prácticas en el campo Psicopedagógico'*. UNComa: CURZA.

Barilá, M. I. (2015). La especificidad de la clínica psicopedagógica. Disertación en Panel "Prácticas y Formación", Actas de las *IV Jornadas de Psicopedagogía del Comahue 'El campo psicopedagógico hoy. Escenarios, sujetos y prácticas'.* UNComa: CURZA.

Barilá, M.I. (2016). Jóvenes en la escuela. Entre los discursos y sus voces. En Barilá, M.I. y Iuri, T. (Comps.), *Tenemos cosas que decir. La voz de los jóvenes en las entrevistas de investigación* (39-51). Entre Ríos: Fundación La Hendija.

Cardinale, L. y Cuevas, V. (2013). ¿Qué sujeto de aprendizaje? Recuperar el pasado para pensar la intervención psicopedagógica. *Pilquén, Sección Psicopedagogía, 15 (10)*, 1-8. Recuperado de *https://dialnet.unirioja.es/descarga/articulo/4690670.pdf*

Contreras, J. y Pérez de Lara, N. (Comps.). (2013). *Investigar la experiencia educativa.* Madrid: Morata.

Chaves, M. (2010). *Jóvenes, Territorios y Complicidades. Una antropología de la juventud urbana.* Buenos Aires: Espacio Editorial.

Fernández, A. (2000). ¿Qué entendemos por intervención Psicopedagógica clínica? Buenos Aires: EPsiBA. Recuperado de http://www.epsiba.com/materiales/texto/662

Garay, L. (2016). Las prácticas psicopedagógicas ante los desafíos educativos de las nuevas infancias y nuevas juventudes. *Pilquén, Sección Psicopedagogía, 13 (2)*, 72-80. Recuperado de http://www.curza.net/revistapilquen/index.php/Psico/article/view/177/163

Gómez, S. M. (2017). Reconstrucciones de las experiencias escolares previas y actuales, en estudiantes de Psicopedagogía. En Gómez, S.M. (Comp.), *Psicopedagogía. Indagaciones e intervenciones.* Córdoba: Brujas-Universidad Empresarial Siglo 21.

Guzmán Gómez, C., & Saucedo Ramos, C.L. (2015). Experiencias, vivencias y sentidos en torno a la escuela y a los estudios: Abordajes desde las perspectivas de alumnos y estudiantes. *Revista mexicana de investigación educativa, 20*(67), 1019-1054. Recuperado de http://www.scielo.org.mx/scielo.php?script=sci_arttext&pid=S1405-66662015000400002&lng=es&tlng=es.

Iuri, T. (2013). Proceso de institucionalización académica de la Psicopedagogía en Viedma. *Pilquén, Sección Psicopedagogía, 15 (10)*, 1-11. Recuperado de revele.uncoma.edu.ar/htdoc/revele/index.php/psico

Larrosa, J. (2006). Sobre la experiencia. *Aloma. Revista de Psicología, Ciències de l'Educació i de l'Esport,* 19, 87-112. Recuperado de http://dialnet.unirioja.es/servlet/articulo?codigo=2201318

Mannoni, M. (1983). *La educación imposible.* México: Siglo XXI.

Reguillo Cruz, R. (2000). *Estrategias del desencanto. Emergencias de culturas juveniles.* Buenos Aires: Norma.

Souto, M., Cattaneo, M., Coronel, M., Gaidulewicz, L., Goggi, N., Barbier, J.M. y Mazza, D. (1999). *Grupos y Dispositivos de formación.* Buenos Aires: Facultad de Filosofía y Letras (UBA)-Novedades Educativas. Colección Formación de Formadores (10).

Ventura, A.C. (2015). Dificultades de aprendizaje y Psicopedagogía: Una perspectiva estilística. *Construçao Psicopedagógica,* 23(24), 6-19.

Capítulo 3

Selección de carrera y trayectoria universitaria: construcción subjetiva en la modernidad líquida

Laura Andrea Bustamante

I.- Introducción

El estudio universitario es un objeto ampliamente estudiado desde diferentes enfoques. En la investigación de la cual este artículo es producto, nos propusimos comprender la dinámica de formación de las representaciones sociales de los estudiantes acerca del estudio universitario al momento de seleccionar la carrera, y el fenómeno de transformación de estas que ocurre durante los primeros años de su trayectoria académica.

Las representaciones sociales constituyen un conocimiento instalado en el sentido común, que por tanto es un conocimiento práctico, que está presente en las decisiones y actitudes de las personas hacia la realidad circundante. Moscovici sostiene que las cosas materiales llegan a ser importantes realmente para las personas -incluso al punto de condicionar su acción-, cuando se han convertido en ideas o creencias. De allí su interés en estudiarlas. Así las representaciones sociales son entendidas como "tipos de creencias paradigmáticas, organizaciones de creencias, organizaciones de conocimiento y lenguaje" (1998 p. 140) De manera más precisa, Moscovici asigna a las representaciones sociales las funciones de elaboración de los comportamientos y de comunicación entre los individuos. A través de las representaciones sociales las personas podrían aprehender la realidad e integrarse a la misma.

En cuanto a la formación de las representaciones, según la teoría de Moscovici, la misma tiene un carácter dinámico. Por un lado, habría representaciones hegemónicas, las cuales estando *constituidas* coaccionan a los individuos. Por el otro, ciertas representaciones serían *constituyentes* por ser productoras de nuevas significaciones. (Castorina y Kaplán, 1998). Por esta razón no hablamos de determinismo en esta teoría: el sujeto es un ser pensante, autónomo que produce y comunica constantemente representaciones. (Araya Umaña, 2002). Jodelet (1984) indica que el conocimiento que configura las representaciones sociales se constituye a partir de las experiencias y de las informaciones, conocimientos y modelos de pensamiento que recibimos y transmitimos a través de la tradición, la educación y la comunicación social. "De este modo, ese conocimiento es en muchos aspectos un conocimiento socialmente elaborado y compartido." (p. 473)

Los antecedentes fueron revisados enmarcando al objeto de estudio dentro de una perspectiva psico- social y valiéndonos también de los aportes de la sociología de la educación. Este recorrido nos ha permitido distinguir y profundizar teóricamente en cuestiones relativas a diferentes momentos de la trayectoria universitaria: la selección de la carrera y la influencia del grupo en dicha selección (Romero, 2003), el ingreso y permanencia del estudiante en las instituciones universitarias (Bambozzi, 2009; Ezcurra, 2005), la articulación entre la carrera universitaria y el mundo laboral (Figari y Dellatorre 2004; Falavigna, 2007)

Por otra parte, nuestros estudios previos acerca de las nociones asociadas a la universidad (Bustamante, Depetris y Fernández, 2012), la selección de la institución universitaria (Bustamante y Depetris, 2012), y de los ejes analíticos implícitos en la opción universidad pública/universidad privada (Bustamante, Crisafulli, Demo, Fernández y Depetris, 2013) nos dan insumos para profundizar en el análisis e interpretación de este tema, con la pretensión final de superar la mirada netamente descriptiva.

Hemos previsto la organización del texto de la siguiente manera. En primer lugar, algunas puntualizaciones acerca del diseño metodológico adoptado. En segundo lugar, ofreceremos algunos hallazgos relacionados a la vivencia de frustración emergente en los discursos de los estudiantes, a fin de establecer relaciones entre dicha vivencia y dos cuestiones que Bauman presenta como características de nuestra modernidad líquida: la concepción del tiempo como bien de uso y la evaluación de todo vínculo en función del rendimiento y de los beneficios ofrecidos. En tercer lugar, se proponen algunas conclusiones para continuar el análisis en investigaciones semejantes.

II.- Diseño Metodológico

En cuanto al diseño metodológico, la investigación se ha realizado bajo un enfoque de tipo cualitativo, respondiendo a los lineamientos generales de la teoría fundamentada (Strauss & Corbin, 2002). Se analizaron 110 relatos escritos por estudiantes de la cohorte 2012 el día que ingresaban a diferentes carreras de una universidad privada[13]. Su análisis generó las primeras catego-

---

[13] Se trata de la Universidad Siglo 21. Esta es un Universidad cuya sede principal se encuentra

rías que posteriormente sirvieron para seleccionar entre dichos estudiantes a aquellos que se entrevistarían durante el año 2016. Se realizaron así 24 entrevistas y se analizaron mediante el programa de análisis cualitativo ATLAS ti.

El hecho de contar con discursos de los mismos estudiantes en dos puntos diferentes en el tiempo nos habilitó a adoptar una mirada longitudinal, a partir de la cual emergieron necesariamente aspectos vinculados a la configuración de la identidad del joven estudiante (en términos de pertenencia y diferenciación), y a la construcción de su subjetividad (en donde pudimos rastrear lo que dentro del campo de la orientación vocacional se denomina vocación).

Sin embargo, la pretensión de sumergirnos en el estudio de la identidad del joven adolescente nos exhortó a recorrer nuevos caminos teóricos y analíticos. Así, ante la revisión de antecedentes pudimos observar que las investigaciones actuales coinciden en hablar de un proceso de desinstitucionalización de los marcos colectivos que estructuraban la identidad social e individual (Svampa, 2009; Duschatzky y Corea, 2013). Los trabajos se distinguen fundamentalmente por adoptar una mirada más clásica, que entiende a la identidad como una dimensión de la integración -como la interiorización de roles y estatus- o entenderla como un valor, que se constituye en "recurso para la acción" (Dubet, 1989) siendo la identidad un recurso de poder definido a partir del logro de la autonomía y la identidad personal. Sobre ambas concepciones giran las discusiones en torno a la construcción de la identidad, focalizándose en la dinámica de la configuración de la misma (Dubet, 1989; Morin, 1994), o bien alertando sobre las dificultades que implica el declive de las instituciones en dicha configuración (Castel, 1995 en Svampa, 2009; Sennet, 2004). En este contexto de producción conceptual, Rascovan (2004) nos invita a deconstruir el concepto de identidad vocacional, y por ende el de identidad personal, por ser subsidiarios ambos de un paradigma moderno, esencialista, en cuyo marco el concepto de identidad intenta articular lo individual y lo social, pero finalmente se muestra como una entidad cerrada, estática. Es por esta razón que el autor nos propone hablar del concepto de subjetividad, concepto que nos permite abordar los sentidos, las significaciones y los valores que produce una determinada cultura, su forma de apropiación por los sujetos y los efectos sobre sus acciones prácticas (Rascovan, 2004). Hacer uso del concepto de subjetividad nos posibilita incluir en nuestro análisis la noción de deseo. Comprender los deseos en los cuales el sujeto "se historializa" y tal como indica De Gaulejac (Bauman, 2007) (2002), a partir de los cuales establece su relación con el mundo constituyéndose en un sí mismo. El deseo se entiende, así, como un rasgo de la subjetividad que hace al sujeto singular,

---

en Córdoba, Argentina, y que ofrece diferentes modalidades de cursada. En este caso se trabajó con la cohorte ingresante en el año 2012 a la modalidad presencial.

capaz de improvisar, de crear y de no quedar reducido a su dimensión social, ese "núcleo duro que no se deja sociologizar" (p. 54)

Ahora bien, si son los sentidos, las significaciones y los valores de una cultura los que son apropiados por el sujeto, no es posible comprender su incidencia en sus prácticas, en este caso puntual en sus elecciones de carrera y en sus trayectorias, si no es mediante la reflexión acerca de los rasgos epocales (y bajo esta denominación nos referimos a los rasgos culturales generales que caracterizan una determina época) y de la manera en la que dichos rasgos se entraman, se tejen, en las formas de pensar, hacer y sentir. De allí la propuesta de este artículo: reflexionar sobre ciertos rasgos epocales de las sociedades contemporáneas enumerados y desarrollados por los principales autores que han teorizado sobre ello [Beck (1998), Castells (1999), Bauman, Sennet, Touraine). El aporte de Bauman acerca de la liquidez de las dimensiones estructurantes de nuestra sociedad actual resultó fundamental para comprender la manera en la cual el estudiante construye un vínculo con su carrera y puede o no sostenerlo. En esta construcción se estrechan las nociones de compromiso, incertidumbre, compartimentación de intereses y afectos, fluidez, inestabilidad.

Quizás la característica más presente en nuestra época es la que indica el conocido aforismo de Hopenhayn: la ambigüedad no como indecisión sino como decisión de no querer perderse de nada. Esta nos permite explicar la pluriactividad que marca la trayectoria actual de los estudiantes, razón por la cual algunos autores prefieren hablar de *itinerarios*, en lugar de trayectorias. (Rascovan, 2014)

III.- La sensación de frustración

Bauman, citando a Heidegger, afirma que las cosas se revelan a la conciencia solamente por medio de la frustración que causan. Adhiriendo a esta idea y dado que la frustración emerge de manera espontánea en las narrativas de los estudiantes, nos proponemos analizar las experiencias frustrantes, a qué expectativas no cumplidas están ligadas, y qué deseos implícitos entraman.

Pretendemos profundizar en la referida frustración como un estado contextualizado, explicable a partir de lo que Bauman (2012a) trabaja como negación a la procrastinación y otros autores vinculan al rechazo de la castración característico del capitalismo (de la Peña Martínez, 2015), y que son propios de nuestro tiempo de aceleración, de eficiencia, de ansiedad de éxito.

Por lo que se ha relevado la frustración se genera a partir de momentos específicos: una situación familiar conflictiva, el ingreso al mundo laboral, ante la modificación de prioridades; la no identificación con los valores que propicia la carrera o con el grupo de pertenencia, ante la necesidad de reconfiguración de representaciones que se tenían; o cercanamente al desaprobar materias y al egreso, al no encontrar trabajo.

En la siguiente red podemos ver sintetizadas las relaciones establecidas entre algunos de los códigos emergentes del análisis mediante atlas ti. Como observamos, el bajo rendimiento percibido y ciertas nociones relacionadas al uso del tiempo son las que recurrentemente se enuncian para dar cuenta de las sensaciones de ansiedad, frustración, arrepentimiento y para auto-cuestionarse por la opción, tanto de elegir, como de dejar. Se observa de manera sostenida que hay entre la frustración y el abandono una relación dialéctica, en la cual una causa la segunda y la segunda fortalece la primera.

Las experiencias iniciales de frustración están ligadas fuertemente a la disonancia entre las expectativas y la experiencia. Pero en este trabajo haremos alusión fundamentalmente a dos ejes que, siendo rasgos epocales propios de nuestra sociedad contemporánea, de nuestra modernidad líquida al decir de Bauman, están entramados en las experiencias frustrantes de nuestros alumnos entrevistados: la concepción del tiempo como recurso y la evaluación por rendimiento. En el primer caso el tiempo deviene recurso que no se puede gastar en vano (Bauman). En el segundo, el resultado se anticipa en el orden de prioridades al proyecto. En ambos casos, la postergación del placer, imprescindible para planificar y sostener un proyecto, resulta muy difícil.

IV. - El tiempo en las experiencias frustrantes de los estudiantes

El tiempo como noción emerge de manera espontánea, sin ser inducida, en casi la totalidad de las entrevistas. Los estudiantes hablan de manejar el tiempo, optimizarlo, perderlo, usarlo, aprovecharlo, tenerlo. El tiempo es un objeto de valor, se tiene, es para sí, o para el estudio. Es para el estudio o para el trabajo. Es un bien escaso que debe ser administrado. Por una parte, se entrama la noción epocal de vivir el momento (vive el presente como si fuera el último día), pero por otro lado el tiempo es un motivo de preocupación porque se contempla a la distancia, se analiza el tiempo de manera longitudinal. El tiempo es un elemento de preocupación y sufrimiento en muchos de los estudiantes analizados, especialmente en los estudiantes que no han alcanzado sus expectativas: el *desuso* del tiempo aparece entonces como motivo de frustración.

En definitiva, es el aprovechamiento del tiempo lo que preocupa. El uso que se haga del mismo difiere en función de la jerarquía de prioridades que el estudiante haya establecido. Lo que sucede es que ingresa al mundo laboral en general porque percibe que su edad se lo requiere, por una cuestión de mandato de independencia, y al tiempo que ingresa a lo laboral, la competencia entre sus prioridades comienza, y se vivencia como conflicto: puede que el estudiante sufra por no poder dar prioridad al estudio, o que el estudio se convierta en una carga que no permite trabajar tranquilo.

Por lo tanto, lo impensable en su contexto de socialización, se actualiza en la práctica del estudiante que siente la incomodidad de la posición ocupada:

-es una linda etapa, pero llega un punto que, o sea, es un ciclo eh...

-Mmm, se acaba, ¿por eso es un ciclo?[14]

-No, te hartas, o sea como que ya querés terminar, como que llega un punto que ya está te querés recibir. (Celia, 22, Recursos Humanos)

-Cambié de modalidad porque estaba trabajando, entonces pensé que iba a ser lo mejor y bueno, sí va a ser mejor para el trabajo, pero no para la universidad. Ahora, si yo quiero terminar la universidad lo mejor que puedo hacer es volver a presencial realmente eh... (Gimena, 23, Administración Agraria)

---

[14] En negrita, la voz del entrevistador.

Es aquí donde presumimos que la expectativa relacionada a la optimización del tiempo pudo haber estado latente o pudo más bien haber surgido al mismo tiempo que el orden de prioridades del estudiante mutaba en función de su edad y de lo que desde el discurso familiar heredado (no el discurso recibido en ese momento sino aquél que históricamente se enunció en el hogar) y el discurso social circulante indican como esperable de acuerdo a la edad del joven. Cabe aquí la aclaración entonces que no es lo que dicen los padres acerca de la experiencia de ese hijo en ese momento y de la trayectoria que va teniendo lo que incide sobre su re-jerarquización de prioridades sino el discurso a partir del cual el estudiante se socializó, discurso enunciado y discurso practicado (la trayectoria de los padres, por ejemplo, es un elemento que funciona como discurso incidente). Es así que el estudiante que transitó su vida universitaria por cuatro años y aún no está próximo a concluir comienza por lo general a reubicarse en el mundo laboral, a vivenciar el estudio como una carga, a sentir frustración por lo no alcanzado, en definitiva, redefine su orden de prioridades. La realidad es instituida socialmente, es producida o creada por lo imaginario. Es aquello en lo cual "se dan lo factible y lo no factible, lo que se puede hacer y lo que es imposible hacer"(Castoriadis, p.415)

V.- La pluriactividad.

La simultaneidad y multiplicidad de actividades es característica de las "trayectorias transicionales" que construyen nuestros estudiantes, entendidas por Rascovan (2014) como recorridos caracterizados por el hecho de que los estudiantes entran y salen en diferentes actividades, con más movimiento y menos estabilidad. Sin embargo, el conflicto se origina ante la dificultad de consolidar una jerarquía sostenible y satisfactoria.

> *…Cuando me cambié pensé que iba a tener más tiempo para mí, es verdad, tengo más tiempo para mí, pero no para la universidad. Es difícil manejar los tiempos.* (Daniela, 23, Administración agraria)

Al trabajo y al estudio se le suma la necesidad del tiempo de ocio. Rivelis afirma que las sociedades se sostienen en criterios rígidos de normalidad, salud, progreso, belleza y que al logro de situaciones u objetos que materialicen dichas modalidades de valor se asocia la idea de éxito.

El disfrute del tiempo libre, del tiempo de ocio es actualmente un criterio de normalidad. En lo que va del milenio el tiempo libre/de ocio "ha pasado a ser una esfera cada vez más significativa de la vida afirmándose no sólo como una atractiva posibilidad, sino como un valor en sí mismo, mientras que el trabajo ha ido perdiendo parte de su centralidad" (Aristegui Fradua y Silvestre Cabrera, 2012)

No es una novedad que el imperativo de goce es un rasgo epocal que caracteriza nuestros tiempos. En este caso el disfrute del tiempo libre compite en la jerarquía que debe establecer el estudiante entre trabajo y estudio, además de otras actividades relacionadas a la participación social (organizaciones sin fines de lucro en la mayoría de los casos analizados).

Silvia Bleichmar (2001) nos invitaba a pensar en el joven, no como una categoría cronológica ni biológica sino como un espacio psíquico en el cual "el tiempo deviene proyecto". La expresión *necesito tiempo para mí*, nos hace pensar que el tiempo asignado a la carrera no se considera tiempo para sí. ¿En qué condiciones el estudiante habla de la necesidad de "un tiempo para mí"? La carrera, pensada habitualmente como institución productora de subjetividad, no se constituye proyecto cuando no se la experimenta jerarquizada, entramando las demás actividades, sino que por el contrario se presenta como alternativa. La cita que sigue ilustra tanto la multiactividad características de los estudiantes entrevistados como la dificultad para alcanzar un avance significativo en la trayectoria que se desea transitar.

> *– Es difícil cursar a distancia… tengo más tiempo para mí porque puedo trabajar, puedo vender dulce, puedo ver a mi familia, puedo ver a mis amigos, puedo hacer otra actividad eh, complementaria, y la universidad, y la universidad vuelve de nuevo. En cambio, de manera presencial vos ya tenés tu horario de la universidad entonces ves donde podés acomodar tu amistad, tu familia, tus actividades complementarias, tu trabajo. Entonces tu prioridad es la universidad de manera presencial, en cambio de manera virtual tu prioridad es el trabajo.* (Daniela, 23, Administración agraria)

La carrera, siendo un proyecto identificatorio, es transitada por el estudiante a medida que va afirmando su identidad, de allí esta noción que tan fuertemente aparece: estudio para ser alguien. Este es un proceso de historización, un proceso de invención subjetiva. El estudiante se inventa y la carrera es una forma de inventarse. En el caso que ejemplificamos a continuación, por diferentes situaciones la continuidad se rompe y el estudio empieza a percibirse como una carga:

> *– estudié porque tenía la posibilidad porque… era algo lindo, conozco gente, estudio, hago algo que me gusta y voy avanzando… No sé si en cuatro años, capaz que, en seis, capaz que en ocho, pero era ir avanzando y después de todo lo que pasó, estar estudiando era algo, llegaba y decía "me tengo que poner a estudiar" y de "tengo que hacer esto, tengo que hacer esto"* (Ezequiel, 23, Abogacía)

Encontramos entonces que la carrera empieza en cierto punto a incomodar. El inicio del tránsito se empapa de entusiasmo, mientras que, al pasar el tiempo, la experiencia de estudiante está atravesada por el displacer. No se trata del displacer que proviene del esfuerzo o de las horas de estudio sino un displacer asociado a la enajenación, a la fantasía de ruptura. Sin embargo, esto no ocurre en todos los casos. ¿Qué podemos observar en los estudiantes cuya trayectoria presenta tal desencanto?

VI. - Perder el tiempo

Perder el tiempo o *ganar tiempo*. Proposiciones ancladas a nuestro discurso de sentido común. Qué es el tiempo en esta sociedad y qué significa perderlo. En las expresiones de los estudiantes el hecho de perder el tiempo se asocia fundamentalmente al hecho de llevar a cabo una acción sin un horizonte claro. Por lo tanto, se pierde tiempo cuando no se está seguro de que la carrera elegida sea la que ofrecerá satisfacción o la que represente la vocación (no emergida) del estudiante.

> *-Y a tu papá no le gustó mucho el cambio...*

> *-No, no le gusta desde, desde el vamos no le gusta. Y yo bueno y ahí decidí yo cambiar, cambiarme a modalidad sénior porque ya es como ya, no sé, tres años perdidos ya...*

> *-¿Por qué tres años perdidos?*

> *-Y porque no entre a la facu, dos mil diez, dos mil nueve. Dos mil diez, dos mil once, ahí ya van tres años. Dos mil doce...* (Celia, 22, Recursos Humanos)

En este caso, el transitar el tiempo no asegura un avance hacia una meta precisa: observamos entonces que la carrera se percibe con cierta linealidad. En el caso del cambio de carrera, lo hecho se percibe como tiempo desechado, y genera gran frustración.

Mirada en un continuum, la percepción de *pérdida del tiempo* es seguida de la idea de *aprovechamiento del mismo*. En este caso se habla de una experiencia fructífera, productiva. El aprovechamiento del tiempo se da en ocasiones a partir de la optimización de la rutina de estudio, el estudiar cosas "útiles", el uso de los recursos. Finalmente, la idea de *ganar tiempo* se asocia a la utilización de atajos: estudiar a distancia (omite el viaje y el tiempo invertido en la clase) es el más utilizado, dado que permite como afirmamos en el punto anterior, el disponer de tiempo para sí o para el trabajo.

Demorar, en tiempos de inmediatez como el actual, cuyo lema se sintetizaría en "nada a largo plazo" (Sennett, 2004) se percibe indeseable y en algunos casos intolerable. El tiempo, tal como afirma Bauman, es un recurso que no se puede gastar. "El paso del tiempo presagia la disminución de oportunidades que debieron cogerse y consumirse cuando se presentaron" (Bauman, 2007)

Concebir el tiempo de esta manera deviene fundamental para comprender la dificultad de sostenerse en una trayectoria planificada y de poder lidiar con la frustración que genera el no cumplimiento de la expectativa relacionada al uso provechoso del tiempo. Como resulta lógico, el estudiante que percibe que está perdiendo el tiempo opta por modificar su trayectoria inicial. En los casos en que se percibe este desencanto o sensación coexiste la multiactividad.

VII. - Escaso rendimiento percibido y miedo a rendir

Quizás el factor más trabajado por la bibliografía referida a deserción es el rendimiento académico. No alcanzar académicamente lo que se espera genera tanta frustración como para que el bajo rendimiento sea considerado uno de los causales indiscutibles del abandono de carrera. Pero antes de las calificaciones, lo que debe considerarse es que lo que genera frustración es no contar con los hábitos y disposiciones que se ponen en juego en el sistema educativo universitario.

-Había un orden de mérito y no pudiste entrar…

-Claro, me sentí re la peor una burra terrible, me preparé en quími-ca, entré, y cuando me veo en la lista estaba en mayúscula estaban los que sí habían ingresado el año pasado y yo dije ah bueno, no soy burra [E Ríe] y bueno eh, y ahí ingresé en dos mil diez" (Cecilia, 22, Relaciones públicas)

En algunos casos los estudiantes relatan experiencias paralizantes, la descripción de sensaciones de miedo y ansiedad es recurrente en los relatos y en las entrevistas. La pregunta es ¿miedo a qué? ¿ansiedad de qué? Más allá de las características de personalidad ¿podríamos hablar de cuestiones psicosociales que inciden en estas experiencias y en la dificultad de los estudiantes de asir recursos para arreglarse con estas sensaciones?

-Elegí la carrera de Relaciones Públicas e Institucionales ya que me parecía de gran interés, pero primero tuve varias complicaciones, ya que no estaba muy segura debido a la influencia de mi padre, por miedo, también mucho temor a empezar la vida universitaria, por miedo a fracasar. Había empezado el cursillo de arquitectura, pero no estaba muy convencida…

-Cómo llegabas a esos nervios [un ataque de ansiedad y perder el pelo]

- Era cuando me tenía que sentar a estudiar, porque ir a la clase me encantaba. Escuchar me encantaba. Pero yo sentarme a estudiar… Lloraba, lloraba, lloraba". (Roxana, 23, Recursos Humanos)

- Comencé con primer año de abogacía, me gustaron 2 de 3 materias del primer semestre, las llevé bien, pero sin rendir ningún final debido

al miedo que poseía (Lucía, 22, Abogacía)

- Al no obtener los resultados que esperaba cuando traté de ingresar, quedé varada en ese fracaso o tropiezo, y no pude seguir el ritmo académico. Estaba desganada para ir a clases, sentía pánico al momento de rendir, entre otras cosas (Tania, 22, Relaciones públicas).

- Tuve que volver a mi ciudad y dejar un semestre porque me dio un ataque de pánico... fue al momento de estudiar una materia que iba a rendir. No se como explicarte, sentía que me iba a morir... le llamé a mi mamá, ella también ha tenido alguna vez ataques de ansiedad. Me dijo que respire, me dijo qué hacer, y que me tome el primer colectivo para mi casa a la mañana... (Leticia, 22, Relaciones Internacionales)

¿Qué significa hoy para un estudiante, y particularmente para los estudiantes que nos han brindado sus narrativas para hacer este trabajo, rendir un examen, aprobar o no una materia, demorarse en los estudios? Si hemos intentado contextualizar las características socioculturales epocales, ha sido para intentar inducir qué puede haber en común en tantas experiencias de tal tipo. Los puntos de encuentro que podemos observar se relacionan a los siguientes rasgos.

El rasgo principal indiscutiblemente se vincula al rendimiento académico. Pero consideramos que no es sólo el bajo rendimiento, las bajas calificaciones, o la no aprobación de las materias per se las que inciden en esta sensación de frustración y en la consecuente "parálisis" que relatan los estudiantes, sino también las expectativas familiares explícitas o implícitas las que enfatizan la percepción de rendimiento, y condicionan la posibilidad del estudiante de pensar en la frustración como parte necesaria de cualquier proyecto y en resignificar el "fracaso" como etapa de aprendizaje. No son las mismas expectativas de rendimiento las de un padre con título universitario que las de un padre sin título universitario.

En el caso de Ximena (23, Contador público), por ejemplo, al entrevistarla se percibe una estudiante comprometida y satisfecha con su carrera. Aunque su trayectoria es pausada, es continua. Es el quinto año de cursado, y ha aprobado un sesenta por ciento de sus materias, lo cual otros estudiantes podrían considerar un rendimiento bajo. Sin embargo, Ximena en ningún momento refiere en la entrevista a esta trayectoria como un problema, ni como algo que le genere preocupación. Romina (22, Diseño Gráfico) presenta un caso semejante, su recorrido es pausado y ha finalizado la tecnicatura en los tiempos en los que se esperaría formalmente la finalización de la licenciatura. Sin embargo, su relato de la carrera es un relato de satisfacción por lo conseguido, de deseo de continuar. Si se alude al tiempo que ha demorado, su demora está naturalizada por la dificultad que presenta cualquier estudio universitario.

A pesar de que sus niveles de ingreso familiar son diferentes, ambas tienen en común lo siguiente: son hijas de padres sin título universitario, y en el caso de una de ellas tampoco secundario. Ambas son hijas únicas y han experimentado una migración desde el interior de la provincia para poder estudiar. Ninguna presenta trayectorias impecables en el nivel secundario. Ambas describen en sus relatos, modelos familiares afectivos, y se podría percibir un marco normativo claro y explícito.

Ximena, cuando se le pregunta si sus papás le insisten para que se reciba dice:

> *"No, no, me dicen que la haga al paso que pueda, ellos saben que la carrera no es fácil, que lleva tiempo…"*

Romina relata:

> *"Ellos siempre apoyaron… es más, algunos me decían por qué no estudié algo relacionado con el campo. Porque mucho con el campo, Diseño, no tiene que ver, pero ellos me apoyaron. Obviamente mi papá me dijo, como sabe que soy medio vaga para ponerme a leer y eso, o sea… si lo tengo que hacer lo hago, pero prefiero ponerme a mirar algo, o ponerme a charlar, como todo el mundo, pero bueno… si lo tengo que hacer lo hago, sino no, no estaría estudiando, hago otra cosa, trabajo… entonces me dice: bueno, vamos a probar seis meses y tenés que sacar materias… porque si no sacás ninguna chau, te vas a trabajar conmigo al campo. Y me fue bien, eran cinco materias, y saqué cuatro. Me quedé libre en una, no la rendí y la tuve que volver a cursar. En segundo año lo mismo, eran cinco y me fue mal en una. Es decir, no fue una carrera constante, me costaba ponerme a estudiar, ponerme a leer"*

En ciertos casos en los que percibe la ansiedad o angustia a la que hacíamos referencia, el estudiante "desengancha" su proyecto del entramado familiar por alguna razón

Esto ocurre en ocasiones porque su proyecto se gesta en ruptura con el mandato familiar, esto es, con las representaciones que los padres tienen sobre las carreras: lo que valoran en ellas, el peso que le otorgan al prestigio asignado, las creencias sobre la salida laboral que la carrera ofrece. En otros casos, como mencionamos antes, el proyecto no cuenta desde el principio con el sostén familiar, no constituye un valor en la familia, o bien las condiciones objetivas (económicas) no permiten este acompañamiento: recordemos que se trata de carreras onerosas, ya que analizamos estudiantes de una universidad privada.

En otros casos, lo que genera la ansiedad es, como es de esperarse, la sensación de no poder. No poder ir a tiempo, no poder aprobar, no poder estudiar, niveles de exigencia altos ligados a condiciones objetivas poco propicias o bien a la falencia en las disposiciones necesarias para este espacio académico.

Mario (relato 108) cuenta:

> *Hice el ingreso (a Medicina) me preparé todo el último año de la secundaria e hice Cajal (instituto privado preparatorio para ingresos universitarios) en enero y febrero de 2008, rendí y quedé en el número 603 (ingresaron 582), así que con toda la bronca del mundo me volví a Laborde que es mi pueblo natal y trabajé ese año en la estación de servicio de mi papá. Al año próximo -2009- decidí inscribirme en odontología en la UNC ya que el ingreso era más accesible. Ingresé correctamente promocionando las cuatro materias y comencé a estudiar. En ese mismo año, pero en el segundo cuatrimestre me dejaron libre en anatomía supuestamente por cuestión de cupos limitados para segundo año. Con las demás materias me había ido bien, pero anatomía me trababa todo el primer cuatrimestre siguiente. En el 2010 recursé anato [anatomía] y en la última clase me dejaron libre nuevamente. En el verano mis padres me hablaron y me dijeron que ellos me veían un perfil más empresarial que alguien de la salud y me propusieron que comenzara administración de empresas y bueno, acá estoy.*

Este relato como tantos otros, habilita nuevas reflexiones: tolerar la frustración y continuar en un proyecto no es algo que el estudiante pueda hacer de manera individual, sino sólo a partir de la posibilidad que su entramado vincular le ofrece. La modificación del deseo a partir de su posibilidad nos recuerda a la fábula de la zorra y las uvas, la famosa fábula de Esopo cuya moraleja es que para para conseguir lo que queremos tenemos que enfrentar dificultades y que no por ellas debemos perder el interés. La no aprobación de una materia en particular en ciertas carreras (especialmente tradicionales) es habitual y podríamos decir que en ocasiones se implanta hasta como una tradición, un ritual de paso en la Universidad Nacional de Córdoba: aprobaste Anato (Medicina), aprobaste Ejercicio (Contador), aprobaste álgebra (Ingeniería) entonces ya podés seguir…

Finalmente, al indicar que "me veían perfil de" entra en juego la noción de identidad, cómo el estudiante modifica su autodefinición y se incorpora a un grupo universitario completamente diferente al que ha transitado por elección.

Si bien las experiencias frustrantes que desarrollamos aquí son importantes para la trayectoria de los estudiantes, sin duda la más frustrante de todas es la no apropiación de la carrera. La angustia que expresan al decir "No me gusta", "no me llena", "no tengo la pasión que tienen otros" y el deseo de "sentirse real" se articulan a la no posibilidad de haber podido gestar un proyecto identificatorio asociado a la carrera elegida (o seleccionada). Esta situación impide el involucramiento del estudiante, entendido este como la amalgama entre *deseo, disfrute, pertenencia, identificación y proyección a futuro*. Estos componentes en diferentes proporciones permiten que el estudiante sostenga el vínculo, tolere la frustración, postergue el placer y se comprometa con su proyecto de manera autónoma.

VIII. – Conclusiones

Al analizar la construcción de la subjetividad de los jóvenes estudiantes, entendida como apropiación de sentidos, significaciones, y valores y su actualización en sus prácticas, pudimos ver cómo ciertos rasgos epocales se encuentran implícitamente entramados en las representaciones que los estudiantes tienen acerca de su estudio y en sus valoraciones y expectativas. Este marco cultural característico de nuestras sociedades contemporáneas, funcionan sin duda como condicionamiento para la constitución subjetiva incidiendo en las elecciones de carrera y en las trayectorias. Sin embargo, y en consonancia con la teoría que estamos tomando como marco, entendemos y afirmamos, que los rasgos epocales condicionan, pero no determinan al sujeto; emergen de nuestro análisis múltiples instancias de interacción que funcionan como instancias de subjetivación del estudiante, y que describimos a continuación:

a) La familia, no sólo entendida como grupo primario de pertenencia y socialización sino como ámbito en donde el estudiante se historializa. La familia extensa, a la cual el estudiante se liga para encontrar el sentido a su existencia, de la cual toma su discurso y sobre la cual propone, si es que puede, una forma original para su proyecto, aportando sus marcas de deseo sobre lo transmitido por el portavoz familiar.

b) La escuela y los grupos de actividades extraescolares, instituciones de cohesión social, de construcción de vínculos y de transmisión de valores. En muchos casos el primer contacto del estudiante con el mundo profesional, con el planteo de resultados a futuro y, lo que es más importante, con la lógica del esfuerzo, de la postergación del placer y del manejo de la frustración, sin la cual el estudiante difícilmente pueda encarar un proyecto de carrera. S estas disposiciones no fueron puestas en práctica en la escuela el estudiante encuentra un obstáculo enorme al ingresar a la Universidad.

c) El discurso del conjunto: es mucha la importancia de los referentes como fuente de información de las representaciones de los estudiantes. Asimismo, y sin duda, en este proceso identificatorio, lo que los otros dicen sobre un sujeto incide en la forma en que el sujeto se ve a sí mismo. De allí que el discurso del otro, de ese padre, de ese profesor, de ese compañero, de ese hermano adquiera tintes determinantes, prevaleciendo por encima de cualquier autodefinición. Tal como indica Bleichmar "Nadie es lo que es si no hay otros que determinan y reconocen lo que uno es" (en Grassi, 2011, p. 20). La expresión de un estudiante "*siempre me dijeron que era bueno para...*" ejemplifica lo que indicamos. El irreductible individual emerge en la elección creativa de la carrera sólo en los casos en los que el estudiante le hace prevalecer ante el discurso del otro.

El estudiante no sólo se identifica con lo que los otros dicen acerca de él, sino con lo que los otros ostentan. En las entrevistas realizadas podemos inducir valores de referencia, asociados por los estudiantes a sus figuras de referencia: en el caso de Rocío, por ejemplo, la *tenacidad* encontrada en su admirado cantantante. En el caso de Gisela, la *pasión* encontrada en su rector. En el caso de Ezequiel, la *experticia* encontrada en un tío, el *conocimiento experiencia y control* encontrado en un jefe, la *posibilidad de transmisión* encontrada en un docente, la *responsabilidad* encontrada en una compañera de escuela. Todos estos atributos asignados a algún referente que aparece de manera espontánea en sus narrativas dan cuenta de un esquema de valores puestos en juego: nos arriesgamos a decir que las figuras de referencia funcionan como soporte de la objetivación de sus representaciones sobre el buen profesional, haciendo cuerpo las creencias e ideas abstractas que contienen sus campos de representación, aportando a la selección, esquematización y naturalización de su imagen deseada.

Bibliografía

Araya Umaña, S. (2002). *Las Representaciones Sociales: Ejes teóricos para su discusión.* San José, Flacso.

Aristegui Fradua, I. y Silvestre Cabrera, M. (2012) El ocio como valor en la sociedad actual. ARBOR Ciencia, Pensamiento y Cultura Vol. 188 - 754 pp. 283-291 doi: 10.3989/arbor.2012.754n2002

Bambozzi, E. (2009) *Competencias genéricas: escuelas medias más allá de las disciplinas,* Villa María, Eduvim.

Bauman, Z. (2007). *Los retos de la educación en la modernidad líquida.* Editorial Gedisa.

Bauman, Z. (2012a). *Vida de consumo.* México, Fondo de Cultura Económica.

Bauman, Z. (2012b). *Amor líquido: Acerca de la fragilidad de los vínculos humanos.* México, Fondo de Cultura Económica.

Bauman, Z. (2013) *La cultura en el mundo de la modernidad líquida.* México, Fondo de Cultura Económica.

Beck, U. (1998) *La sociedad del riesgo.* Hacia una nueva modernidad. Paidós, Barcelona.

Bustamante, L.; Depetris, J.; Fernández, M.; Demo, V.; Crisafulli, A. (2013) Representaciones de los jóvenes acerca de la universidad: proceso de selección de la institución universitaria, *Astrolabio Nueva Época* (10) pp. 462-491

Bustamante, L. y Depetris, J. (2012) Representaciones de los jóvenes acerca de la universidad: proceso de selección de la institución universitaria, *Unipluriversidad* 12 (1) pp. 45-56.

Bustamante, L.; Depetris, J.; Fernández, M. (2012) ¿Estudiar en la universidad? Nociones y creencias de los jóvenes adolescentes ingresantes acerca de la universidad y del estudio universitario. *Hologramática*, VII (17) pp. 71-95.

Castells, M. (1999) *La Era de la Información: Economía, Sociedad y Cultura: La sociedad Red*, México, Siglo XXI.

Castillo Hermoso, J. (1999) De la autonomía a la identidad: La lucha por el reconocimiento, *Thémata* (22) pp. 33 a 39.

Castoriadis, C. (2007) *La institución imaginaria de la sociedad*. Buenos Aires, Tusquets.

Castorina, J. y Kaplán, C. (1998) *Representaciones Sociales: Problemas Teóricos y Conocimientos Infantiles* (pp. 111-152).

De la Peña Martínez F. (2017) El sujeto perverso y el capitalismo total. *Errancia* (16).

Dubet, F. (1989) De la sociología de la identidad a la del sujeto, *Estudios Sociológicos* VII (21) pp. 519-545

Duschatzy, S.; Corea, C. (2013). *Chicos en banda. Los caminos de la subjetividad en el declive de las instituciones*, Buenos Aires, Paidós.

Ezcurra, A. (2005) Diagnóstico preliminar de las dificultades de los alumnos de primer ingreso a la educación superior. *Perfiles Educativos*.

Falavigna, C. (2007). Sentidos que construyen jóvenes de nivel medio en relación al mundo del trabajo en la elección de una carrera universitaria. Ponencia presentada en el V Encuentro Nacional y II Latinoamericano LaUniversidad como objeto de investigación, Universidad Nacional del Centro de

la Provincia de Buenos Aires, Argentina.

Figari, C. y Dellatorre, G. (2004). Universidad y Educación en las Representaciones de los jóvenes que estudian educación. Viejos y nuevos sentidos del mandato moderno, *Revista Argentina de Sociología* (3) pp. 40-55.

Gaulejac, V. (2002). Lo irreductible social y lo irreductible psíquico. *Perfiles Latinoamericanos* (21) pp. 49-71.

Giménez Montiel, G. (2005) *Teoría y Análisis de la Cultura*. México, Conaculta.

Jodelet, D. (1984). "La representación social: fenómenos, concepto y

Teoría". En Moscovici, S. *Psicología Social II* (pp. 469-494). París, Paidós.

Grassi, A. (2011) La juventud y su identidad: sobre la subjetividad en devenir. *Encrucijadas*, (53), pp. 17-21

Jodelet, D. y Guerrero Tapia, A. (2000). *Develando la Cultura*. México, UNAM.

Klein, A. (2013) *Subjetividad, Familias y Lazo Social*. Buenos Aires, Manantial.

Morin, E. (1994) "La noción de sujeto". En Fried Schnitman, D. *Nuevos Paradigmas, Cultura y Subjetividad*, Paidós Ibérica.

Moscovici, S. y Marková, I. (1998). "La Presentación de las Representaciones Sociales: Diálogo con Serge Moscovici". En Castorina, J. *Representaciones Sociales: Problemas Teóricos y Conocimientos Infantiles* (pp. 111-152). Bercelona: Gedisa.

Rascovan, S. (2004) Lo vocacional: una revisión crítica. *Revista Brasileira de Orientação Profissional*, 5 (2), pp. 1 - 10

Rascovan, S. (2009). *Orientación vocacional: Una perspectiva crítica*. Buenos Aires. Paidós.

Rascovan, S. (2014, abril) Las trayectorias transicionales. Ponencia presentada en II Jornadas Internacionales Sociedades Contemporáneas, Subjetividad y Educación, Buenos Aires, Argentina.

Rivelis, G. (2011) *Construcción vocacional: ¿carrera o camino?* Buenos Aires, Centro de Publicaciones Educativas y Material Didáctico.

Romero, H. y Pereyra, A. (2003, mayo). Elección vocacional e ingreso a la universidad. Ponencia presentada en el III Coloquio Internacional sobre gestión universitaria en América del Sur. Buenos Aires, Argentina.

Sennett, R. (2004) *La corrosión del carácter. Las consecuencias personales del trabajo en el nuevo capitalismo* (Traducción de Daniel Najmías). Barcelona, Anagramas.

Strauss, A., & Corbin, J. (2002). *Bases de la investigación cualitativa. T*écnicas y procedimientos para desarrollar la teoría *fundamentada*. Medellín, Editorial Universidad de Antioquia.

Svampa, M. (2009). *Desde abajo. La transformación de las identidades sociales,* Buenos Aires, Biblos.

Tiramonti, G. (2010). "La fragmentación educativa y los cambios en los factores de estratificación". En Tiramonti, G. (Comp.) *La trama de la desigualdad: mutaciones recientes en la escuela media* (pp. 15-46). Buenos Aires, Manantial.

Touraine, A. (2000) ¿Podremos vivir juntos?, México, Fondo de Cultura Económica.

Capítulo 4

Jóvenes imaginados.
La juventud en el imaginario de la Universidad

María Laura Lesta
Daniel H. Cabrera

I.- Introducción

Como objetos de estudio, como actores con protagonismo en movimientos sociales, políticos y artísticos, como destinatarios de sistemas educativos y hasta como un target fundamental para diversos mercados, los "jóvenes" son una fuente incesante de inquietudes, representaciones e imaginarios sociales.

La "juventud" aparece sociológicamente, como grupo social definido, en Europa hacia finales del siglo XVIII y principios del XIX como un actor de población urbana, laboral y luego educacional (Cabrera, 2017). Hoy, en noviembre de 2018, en cuestión de 0,03 segundos, Google Académico arroja 769.000 referencias de artículos en español en los que aparece el término "juventud" y en 355.000 de ellos aparece asociado al término "universidad". El buscador de la REDALYC (Red de Revistas Científicas de América Latina y el Caribe, España y Portugal) encuentra en su biblioteca 389.873 documentos en los que aparece el binomio "jóvenes-universidad" y SciELO (Scientific Electronic Library Online) lo hace con 7.876 resultados. Mientras tanto, se realiza en Argentina, la VI Reunión Nacional de Investigadores/as en Juventudes (RENIJA) con más de 200 ponencias acreditadas. Estos datos podrían funcionar como sólo algunas de las tantas evidencias que indican que la cuestión de los "jóvenes en la Universidad" se ha instituido como una temática hegemónica en el campo de las ciencias sociales y humanas.

La propuesta es, entonces, aproximarnos a estos discursos, que desde ámbitos académicos y científicos, están circulando sobre los "jóvenes y la educación", como una vía de acceso al imaginario juvenil universitario que como sociedad estamos construyendo.

II.- Pensar a los "jóvenes" desde la teoría del "imaginario social"

A modo de punto de partida y como clave de esta discusión, resulta pertinente repasar el concepto de "imaginario social" de Cornelius Castoriadis para darle luz al análisis que emprendemos a partir de aquí.

Enmarcado en el psicoanálisis, Castoriadis (1999) propone llevar adelante una "elucidación práctica" de la realidad, la cual permite pensar lo que se hace y saber por qué se piensa lo que se piensa para indagar sobre cómo se han construido los discursos y los saberes sociales. Es así que en sus obras más importantes trabaja el concepto de "imaginario social".

La palabra imaginario se presta siempre a equívocos y el tratamiento particular que hace Castoriadis de ella, se acerca y al mismo tiempo, se distancia, de otras acepciones muy difundidas. Desde el surrealismo, la filosofía de la imaginación en sus diversas corrientes (J. P. Sartre, Merleau-Ponty o G. Bachelard, por ejemplo), la antropología (G. Durand y la Escuela de Grenoble o C.G. Jung y el Círculo de Eranos) y diversas corrientes del psicoanálisis (en especial J. Lacan), han hecho de "imaginario" una palabra que, especialmente en las ciencias sociales, lo dice casi todo y no dice nada al mismo tiempo (Cabrera, 2007).

Sus parentescos sociológicos son muchos: "ideología" (Marx), "representaciones colectivas" (E. Durkheim), "sentido de la acción" (M. Weber), "razón comunicativa" (J. Habermas) o "diferencia funcional" (N. Luhmann) entre otros. Hay que destacar además la llamativa "coincidencia histórica" de "imaginario social" con otros conceptos similares elaborados entre 1960 y 1967"representaciones sociales o colectivas" (S. Moscovici), "imaginario" (G.Durand), "episteme" (M. Foucault), "paradigma" (T. Kuhn) y "universos simbólicos" (P. Berger y T. Luckman).

El "imaginario social" de Castoriadis (1999) designa al mundo de las significaciones que le dan existencia al modo de ser de las cosas e incluso, a las relaciones entre los individuos. El imaginario define de un modo arbitrario las representaciones sociales y también lo posible de ser pensado por los sujetos, hasta sus deseos subjetivos.

Lo social va constituyéndose a partir del establecimiento de lo que es posible de ser pensado en una época determinada, es decir, de su status quo, de lo "instituido" en términos del autor. Pero estas configuraciones sociales admiten ciertos movimientos, ciertos cambios que son producidos por algunas fuerzas sociales que quiebran lo instituido para instituirse a posteriori y así convertirse en el nuevo status quo, a estas fuerzas transformadoras, Castoriadis las llama lo "instituyente".

De esta manera, lo instituido y lo instituyente se van articulando para construir lo social siempre a partir de las significaciones sociales que los sostienen. Por ejemplo, una manera interesante de pensar lo social en el mundo contemporáneo es a partir del concepto de "aldea global" como imaginario social de la globalización, idea que McLuhan (1996) construye a partir de la advertencia de que las nuevas tecnologías de la información y la comunicación han posibilitado la construcción de la idea o de la sensación de tener el mundo a la vuelta de la esquina. Significación que se comparte, se difunde, se universaliza, se establece y por lo tanto se instituye en el mundo actual (Lesta y Cañas, 2014).

Mientras tanto, da a entender el autor, el concepto de instituyente estaría relacionado con el concepto de autonomía, como la posibilidad, la apertura, a la discusión del orden social, a la ruptura de lo establecido, de lo que se impone. Para establecer una relación entre estos conceptos, es necesario ahora referirnos a la idea de autonomía tal como él la propone.

Para Castoriadis (1998), la autonomía corresponde a lo ideal, a lo deseado, ya que representa la posibilidad de la auto institución lúcida de la sociedad (que la sociedad pueda darse leyes propias y auto crear sus propios imaginarios, a través de individuos autónomos). La autonomía significa poner en juicio a las instituciones en el momento de lo instituido, destotemizarlas, quitarles el halo sagrado que las cubre. Por lo tanto, el proceso de autonomía puede equipararse al de una ruptura ontológica, de la cual surja un nuevo "magma de significaciones", en términos del autor: un conjunto de significaciones que pujan por aparecer en el espacio social y constituirse como imaginario.

Podría pensarse que la idea de autonomía se opone a la de totalitarismo y que por lo tanto, implica creatividad y crítica. Entonces, hay una relación entre los procesos de: elucidación (indagar sobre cómo se han construido los discursos y los saberes sociales), autonomía (la autoinstitución lúcida) y cambio (la transformación del orden social).

La heteronomía, como contracara de la autonomía, hace referencia a la alienación de los sujetos, a la etapa en la cual la sociedad en su imaginario cree que las leyes existen por sus antepasados (dioses), etapa en la que todo está instituido, entonces se ocultan las fuerzas que son fuentes de poder. El momento de heteronomía constituye así, un momento de reificación en el cual nada se discute, los sujetos están atados a mitos que son desconocidos por ellos y piensan que las leyes son entelequias, que no han sido construidas por ellos, la reificación funciona como un principio organizador del comportamiento y de las relaciones humanas, momento de constante aparición de lo instituido en el cual la sociedad pierde la capacidad de pensar que puede haber alternativas instituyentes.

Para el autor, el objeto de la creación humana son los sentidos, los significados que se condensan en el imaginario social o en las significaciones sociales imaginarias. Sentido que tiene orden (porque organiza el mundo de una determinada manera) y que catectiza (porque carga de valor a los objetos y a las representaciones)[15]. En este sentido, el imaginario es más real que lo

---

[15] El concepto de "catexis" es tomado por Castoriadis de la teoría psicoanalítica en la que Freud

real y no puede reducirse a lo real como algo dado sensorial ni materialmente, ni como algo dado racional o argumentada, debe pensarse en términos de aquello que produce realidad.

Si tomamos el concepto de "aldea global" (McLuhan, 1996) y le sumamos el concepto de "brecha digital" (como el diagnóstico que hace la ONU sobre el acceso diferencial a las TIC en el mundo actual)[16] podemos pensar que estas metáforas constituyen lo que percibimos y entendemos como realidad, por tanto, al ser imaginario social instituido, constituyen, para nosotros, lo social (Lesta y Cañas, 2014).

Si el imaginario entonces es capaz de producir realidad es posible establecer una relación entre imaginario y autonomía, o "proyecto de autonomía" como prefería llamarla el autor, entendiendo que la imaginación es creación a partir de hacer explícito lo dado para tomar posición frente a ello. De ahí su preocupación por el fenómeno de la creación humana, como algo novedoso que no puede reducirse a lo que existía previamente, a lo que ocurre cuando hay una conclusión que supera a las premisas.

Allí comienza un proceso de reflexión del individuo con respecto, a la vez, a los fines de su vida, a su pasado, a su historia y a la sociedad en la cual vive, a los demás, etc. El individuo autónomo entonces es: "alguien capaz de decir: ¿mi patrón me dijo que hiciera esto o en el libro, se trate del Antiguo o del Nuevo Testamento, o del Capital de Marx o de la Interpretación de los sueños de Freud, dice tal cosa? ¿acaso yo creo que esto es verdad? el individuo autónomo es aquel que es capaz de pensar libremente" (Castoriadis en Entrevista Canal Encuentro). La autonomía representa a la sociedad que reflexiona, a la que puede romper con la alienación y así tomar contacto con las significaciones imaginarias sociales (y sobre todo, conocer cómo se construyeron), esto supone lo que autor indica como "cura analítica".

Con el propósito de acercarnos a esa elucidación, a ese ejercicio de reflexión sobre aquello que viene dado, con la ilusión de practicar lo que Castoriadis llama "proyecto de autonomía", es que encaramos la tarea de analizar a los "jóvenes universitarios" como significaciones imaginarias sociales.

La interpretación *de y desde* lo imaginario implica una concepción

---

lo utiliza para hacer referencia a las "cargas de valor" que los sujetos le imprimen a los objetos, por ej. El objeto fóbico se halla afecto para el sujeto de una catexis negativa "intensamente cargado como objeto que debe ser evitado" (Laplanche y Pontalis, 1971: 54).

[16] La CEPAL (Comisión Económica para América Latina y el Caribe) define a esta brecha digital como "la línea divisoria entre el grupo de población que ya tiene la posibilidad de beneficiarse de las TIC y el grupo que aún es incapaz de hacerlo. En otras palabras, es una línea que separa a las personas que ya se comunican y coordinan actividades mediante redes digitales de quienes aún no han alcanzado este estado avanzado de desarrollo". Entonces, la superación de la brecha digital se vincula con el diseño de políticas públicas, que supongan la implementación de nuevos marcos regulatorios y generación de infraestructura que permita el desarrollo de estos sectores. (CEPAL, 2003).

antropológica del sentido y de la significación como surgimiento y flujo incesante. De manera que sentido y significación constituyen *sim-bolos*, es decir, unión y sutura de lo distinto, separado y distante de lo originario (Cabrera, 2006, p. 154).

Y las tareas que implica la actividad interpretativa en estos términos van desde la consideración de la sociedad como un todo indistinto y confuso -previo y posterior a toda etiqueta- pasando por su reconsideración magmática para llegar a una redefinición de nuevos sentidos y significaciones. Por ello, se dice que toda interpretación de lo imaginario es una reinterpretación, ya que alcanza a analizar los significados en su estado de institución, es decir, de constelación de significaciones con coherencia y cierre. La dialéctica interpretativa que se propone en este esquema implica un movimiento que va de lo instituido a lo instituyente y vuelta a lo instituido con nuevas conexiones de sentido.

III.- Un magma del que emergen y en el que se sumergen los jóvenes, la educación y la tecnología.

Atentos a la primacía de la tríada "jóvenes-tecnología-educación" en las publicaciones académicas con mayor índice de citación[17], vamos a considerar algunas reflexiones en torno al imaginario juvenil tecnológico para analizar desde allí las articulaciones con lo educativo.

Un fenómeno que nos permite pensar cómo se fundó y refundó (dado este movimiento magmático que implica toda actividad imaginal) el "imaginario juvenil tecnológico" es la popularidad que la expresión "tecnificar" cobró luego de la Segunda Guerra Mundial como un verbo que relacionaba directamente la introducción de procedimientos y técnicas con el desarrollo económico y con la "modernización" (Cabrera, 2017). Es así que la tecnología se fue convirtiendo en el factor fundamental de esa identidad entre lo moderno y lo nuevo, hasta el punto de que las políticas de desarrollo iniciadas a mitad del siglo XX consistieron básicamente en introducir tecnología y racionalidad tecnológica en los países subdesarrollados (luego "en vías de desarrollo").

En este sistema sociotécnico el automatismo necesita subjetividades "juveniles", es decir, dinámicas, maleables, sin demasiados aprendizajes previos, sin prejuicios, entusiastas del cambio, constantes y deseosos de novedades. Lo "juvenil" entonces significa cronología y actitud (Cabrera, 2017). Juventud y

---

[17] Según *Google Scholar Metrics* (en diciembre de 2018) la revista en idioma español con mayor índice de citación es Comunicar y su artículo más citado se titula: Juventud y redes sociales: motivaciones y usos preferentes. Mientras que la revista sobre educación más citada es, según estas métricas: Educación XXI y su artículo de mayor índice es: Formación del Profesorado Universitario en TIC. Estos datos podrían dar cuenta de la potencia de la tríada juventud-tecnología-educación en el campo de las publicaciones científicas. (https://scholar.google.com/citations?view_op=top_venues&hl=en&vq=es)

modernidad capitalista van de la mano junto a la importancia de lo "nuevo" como clave de la modernidad (Benjamín). Lo nuevo en su condición de novedad es bueno. Decir nuevo asegura lo bueno. "En este contexto la tecnología se convierte en el rostro de un poder que hace nueva todas las cosas en las que se adopta" (Cabrera, 2017, p. 187). Juventud, novedad, apertura, adaptación, creatividad, modernización, tecnología, son los significantes que hasta el día de hoy aparecen ligados a lo que se está difundiendo como la "evolución digital" necesaria y hasta imprescindible en la llamada "cuarta revolución industrial" que estaría aconteciendo[18].

A este conjunto de significados se le suma el de la aceleración temporal o actualización permanente y la conectividad total o ubicuidad. Todo proceso de adaptación a la era digital implica una velocidad al ritmo de la innovación tecnológica: "Estar actualizado en informaciones, prácticas, costumbres, artilugios, etc., se convierte en un valor aunque para ello quede poco tiempo para valorar la novedad de lo nuevo y la actualidad de lo actual" (Cabrera, 2017, p. 188). Actualización permanente y que puede darse en todos lados (ubicuidad). La tecnología móvil acompaña a los sujetos en todas sus aventuras, no deja solos a sus usuarios, no los abandona al mismo tiempo que les habilita la libertad para moverse, relacionarse y hacer. Las publicidades de la tecnología celular lo expresan claramente "ve donde quieras, pero siempre porque siempre estarás conectado" (Cabrera, 2011, p. 169).

Las tecnologías guardan una conexión compleja con la juventud que no es ocasional ni se refiere a una técnica concreta podemos interpretar al menos en dos sentidos:

- las tecnologías pertenecen a (o guardan una relación esencial con) los jóvenes y
- toda tecnología se presenta con el poder de hacer jóvenes (cfr. Cabrera 2017).
- Esto es lo que podemos considerar como el espíritu juvenil que anima el imaginario tecnológico producto tanto del magma imaginal en torno a la acción humana como de las significaciones imaginarias de la modernidad capitalista.

En el primer sentido, como magma imaginal transhistórico, la búsqueda de la juventud conduce por los caminos de la alquimia y los pactos demoníacos, Fausto nos lo recuerda. Pero la juventud es anhelada desde tiempos inmemoriales y ha dado mitos tan ricos como el de la fuente de la juventud o el mito del árbol de la vida. Árbol que los narradores del Génesis pusieron en el centro del Edén, en el corazón del jardín junto al árbol del conocimiento, del conocimiento del bien y mal. Pero también en un segundo sentido

---

[18] "La Cuarta Revolución Industrial llegó, y con ella, una era digital repleta de desafíos que aún intentamos superar" Una de las frases de la revista Forbes publicada en un artículo de noviembre de 2018 (https://www.forbes.com.mx/evolucion-digital-revolucion-de-pensamiento/).

sociológica e históricamente situado como, por ejemplo, cuando se habla de nativos o inmigrantes digitales (Prensky) que puede interpretarse "como otro intento de dar los frutos del árbol de la vida a una parte de la humanidad que se salvaría simbólicamente de la vejez y la muerte gracias al uso de las tecnologías" (Cabrera, 2017, p. 190). Así, los conocimientos de los jóvenes se relacionan a la naturalidad de la herramienta, pero no con un proceso de alfabetización digital. Para los jóvenes los usos naturales de la tecnología se vinculan a lo lúdico, al entretenimiento y a las relaciones amistosas. Sin embargo, en el imaginario esa naturalidad no se refiere a, por ejemplo, a la búsqueda de información o la consecución del conocimiento.

Entendemos entonces que, en este magma imaginal del que emergen y en el que se sumergen las significaciones en torno a los jóvenes en la Universidad, la promoción de las tecnologías juega un rol importante al mostrar constantemente imágenes y metáforas de un espíritu juvenil que estaría disponible para todos con la posesión y uso de los aparatos.

IV.- Abordar lo discursivo para sumergirse en lo imaginario.

El análisis o la interpretación es una modalidad del pensamiento en la que se sigue el camino abierto por los textos y transitado por el sentido, por lo tanto, el trabajo aquí propuesto se realiza *sobre* y *desde* los discursos académico-científicos -considerados hegemónicos por su gran difusión- que han tratado la relación jóvenes-educación-tecnología.

En un nivel herramental, podemos decir que el análisis del discurso como metodología de abordaje de fenómenos comunicacionales consiste en la identificación de indicios, de huellas, de marcas textuales que nos permiten construir verdades provisionales o hipótesis interpretativas en función de nuestros objetivos de investigación.

Particularmente, la obra del semiólogo Marc Angenot se vuelve pertinente para analizar el discurso social como espíritu de época y articular desde allí la idea de imaginario social. Enmarcado en lo que se conoce como pragmática socio-histórica del lenguaje, para Angenot (2010) estudiar lo que una sociedad dice y escribe, es conocer hechos sociales y por lo tanto, es conocer su historia. En la línea de Bajtín, pone énfasis en lo ideológico, concibiendo que toda verbalización es una marca de las maneras de conocer y de representar que una sociedad tiene en un momento determinado de la historia. Y que por lo tanto, todo lo que se enuncia en una sociedad, reproduce o transforma modelos preconstruidos. Por eso es posible, para este autor, decir que existen "ambientes de doxas" o "estados de sociedad" con límites para decir y pensar.

La hegemonía en este planteo aparece como una fuerza que va generando esquemas unificadores y reguladores de las retóricas, los tópicos y las doxas que permiten que una sociedad se objetive en sus textos. Y toma a los discursos como una dimensión de la cultura, en la que se vuelven hegemónicos en tanto se benefician de las lógicas dominantes de la cultura para imponerse y difundirse.

Otra vez, nos encontramos frente a un significante, en este caso: "hegemonía" que al igual que "imaginario" se emparenta con otros, muy difundidos en el campo de las ciencias sociales y humanas.

> La hegemonía designa entonces un grado anterior de abstracción que el de la descripción de los discursos: mutatis mutandis ella es a las producciones discursivas y dóxicas lo que los paradigmas (de Khun) y los espistemes (de Foucault) son a las teorías y doctrinas científicas, que prevalecen a una época dada: un sistema regulador que predetermina la producción de formas discursivas concretas (Angenot, 2010, p.30).

Esta especie de poder lingüístico funciona de manera óptima cuando está internalizado o naturalizado por el yo que enuncia, es decir, cuando logra convertirse en productor de identidades e individualidades. Y esto es posible, en el juego de los intereses estructurales, las tradiciones y las posiciones, así como de las perezas intelectuales y las necesidades de adaptación a la doxa, propias de los sujetos.

Angenot observa que esa hegemonía se presenta no como un misterioso espíritu de la época que se imprime en los humanos, sino más bien como una "co-inteligibilidad que subsume bajo su halo tanto a los conformistas como a los disidentes" (2010, p. 31). Como una especie de campo de lo entendible al que se incorpora hasta lo nuevo. En este devenir, lo que hoy se rechaza tendrá posibilidades de aparecer en el futuro, cuando esa hegemonía se debilite y los nuevos investigadores se sorprendan porque lo que es habitual en su presente haya sido impensable o indecible en otro tiempo. Para el autor "el pasado es un vasto cementerio de ideas muertas" (2010, p.18). Ideas que en su momento fueron convincentes, y pasado que es hoy estudiado por un analista desde otro conjunto de saberes sólidos pero que van camino a ser devaluados, olvidados o hasta de ser considerados peligrosos, en el futuro.

Entonces, el acto de enunciar consiste en enviar algo al universo de los decires posibles atravesando tres barreras: la del lenguaje, la del pensar dentro de la cosmovisión reinante y la decir algo aceptable porque el destinatario está en condiciones de recibirlo. Y para abordarlo, Angenot sugiere tomar al discurso no como a un todo empírico, cacofónico y redundante que puede analizarse de manera cuantitativa, sino que plantea adentrarse en las piezas discursivas para encontrar los mecanismos reguladores que homogeneizan sus retóricas, sus tópicos y sus doxas. Para esta tarea, propone rastrear una serie de elementos, componentes o distintos puntos de vista desde los cuales realizar el análisis del discurso. Éstos son: lengua legítima (la lengua oficial, que determina al enunciador aceptable), tópica y gnoseología (lugares comunes y máximas de la doxa, función cognitiva de los discursos), fetiches y tabúes (lo intocable), egocentrismo / etnocentrismo (las alteridades discursivas), temáticas y visión del mundo (los problemas preconstruidos y sus axiomas explicativos), dominantes de pathos (los temperamentos y estados de ánimo) y sistema topológico (división de discursos específicos por campos).

V.- El imaginario en dimensiones: tópicos, enunciadores, paradigmas y sentires.

Para comprender mejor cómo los enunciados están penetrados por visiones del mundo, tendencias o teorías de una época, tomamos tres de los componentes del discurso social que propone Angenot (2010).

El primero corresponde a lo que él denomina "egocentrismo/etnocentrismo". Esta dimensión de los discursos nos resulta interesante ya que permite hacer un enfoque sobre los enunciadores legítimos, sus procesos de legitimación y cómo aparecen los otros sujetos que están involucrados en las temáticas que se abordan.

Para Angenot la hegemonía opera como una regla pragmática que designa como vector central de su poder a un enunciador legítimo. Existe en todo texto un sujeto-norma quien es el productor de alocuciones distintivas, identitarias y selectivas conformes a ese particular "ambiente de doxas". Resulta interesante entonces esta dimensión de la hegemonía socio-discursiva para este análisis, en tanto pone de relieve a los sujetos de la enunciación y sus juegos de poder de acuerdo a la temática que se esté abordando. Particularmente, esta categoría nos permite vislumbrar y distinguir quiénes son los enunciadores más referenciados cuando de "jóvenes en la Universidad" se trata.

El segundo componente del modelo de Angenot que tomamos es el de "temáticas y visión del mundo". Aquí el autor se acerca a la cuestión del repertorio discursivo, es decir, a los temas que son objeto de discusión en una época determinada. "La hegemonía se presenta entonces como una temática, con conocimientos de aparatos, problemas parcialmente preconstruidos, intereses ligados a objetos cuya existencia y consistencia no parecen ofrecer dudas, ya que el mundo entero habla de ellos" (Angenot, 2010, p. 43). La hegemonía socio-discursiva impone una especie de acuerdo sobre la existencia de determinadas temáticas y sobre ese acuerdo, se despiertan todos los debates que se despliegan en una época. No sólo el consenso indica que estos objetos existen, sino que merecen ser discutidos: "lo que habitualmente se llama cultura se compone de contraseñas y temas apropiados, temas que permiten disertar, sobre los que hay que informarse, y que se ofrecen a la literatura y a las ciencias como dignos de meditación y análisis" (Angenot, 2010, p. 43).

Pero estos objetos no están sueltos en el rumor social; por el contrario, operan bajo una organización mayor que es la visión del mundo. La visión del mundo funciona como una especie de paradigma que impone axiomas explicativos bajo los cuales los temas hegemónicos son tratados. En este caso nos ubicamos en un nivel de abstracción mayor en el cual los asuntos que se tematizan se enmarcan en "un cuadro-relato de la coyuntura con un sistema de valores ad hoc, previsiones para el futuro e imperativos inmanentes de acción (y reacción)" (2010, p. 44).

El tercer aspecto al que prestamos especial atención es al de "dominantes de pathos". Según Angenot, además de paradigmas y sistemas axiológicos, cada doxa tiene su temperamento o estado de ánimo. El autor rescata de la filosofía de Aristóteles esta dimensión de la retórica que está vinculada a lo emocional, a las pasiones, a una posible estrategia de persuasión en la que el sentimiento humano es utilizado para influir en las ideas. Poder visualizar los "dominantes de pathos" presentes en las producciones discursivas es atender aquello que está impregnado por una emoción y que, a su vez, intenta provocar alguna pasión al respecto.

Si bien la propuesta de Angenot consiste, en términos tecno-metodológicos, en conformar un corpus con la totalidad de la producción discursiva de un tiempo y lugar determinados (él lo hace con el París de 1889) consideramos pertinente tomar prestadas algunas de sus categorías y, sobre todo, su manera de pensar la hegemonía socio-discursiva. Entendiendo, además, que es posible articularla con la idea de imaginario social en tanto marco de sentido y sentimientos desde el cual una sociedad vive, se mira y se proyecta.

Es así que a continuación, presentamos el resultado de un ejercicio de lectura que operamos sobre una serie de artículos académico-científicos como llaves de acceso a esos supuestos hegemónicos que estarían construyendo el imaginario social contemporáneo sobre los "jóvenes en la Universidad".

VI.- El imaginario juvenil universitario: la voz de los expertos.

En base a este planteo, seleccionamos las publicaciones más emblemáticas de una serie de especialistas que se legitiman como referentes de este campo por cumplir con estos criterios:

- Dirigir importantes centros de investigación sobre la temática.
- Ser autores de obras que presentan un alto nivel de citación (índice h).
- Tener obras que son objeto de reseñas en diversos repositorios.
- Ser consultados por organismos públicos.
- Encabezar congresos con sus conferencias.

Para el análisis propuesto, forman parte de la muestra los siguientes enunciadores:

Experto	Indicadores de legitimación
Nicholas Burbules	<ul><li>Director del Instituto de Aprendizaje Ubicuo (ULI) de la Universidad de Illinois (EEUU).</li><li>Asesor de la UNESCO y la OEI.</li><li>Referenciado en políticas públicas como la del Conectar Igualdad (Argentina).</li><li>Citado más de 12.000 veces en Google académico. H-index Scopus: 14.</li></ul>
David Buckingham	<ul><li>Fundador y director del Centro de Estudios de la niñez, la juventud y los medios de la London University.</li><li>Asesor de la UNESCO, la ONU y UNICEF.</li><li>Autor de más de 30 libros y 220 artículos científicos.</li><li>Citado más de 18.000 veces en Google académico. H-index: 31.</li></ul>
Alejandro Piscitelli	<ul><li>Director del Laboratorio de Innovación Pedagógica (UBA).</li><li>Ex-Gerente General del Portal educativo de la Nación argentina Educ.ar y ex-Presidente de EDUTIC (Asociación de Entidades de Educación a Distancia y Tecnologías Educativas de la República Argentina). Asesor del Instituto Nacional de Educación Tecnológica, CEPAL y Fundación Telefónica.</li><li>Citado más de 2.500 veces en Google académico.</li></ul>
Inés Dussel	<ul><li>Ex-Directora del área de Educación de FLACSO/Argentina.</li><li>Investigadora del Departamento de Investigaciones Educativas del Centro de Investigación y de Estudios Avanzados del Instituto Politécnico Nacional de México (DIE-CINESTAV).</li><li>Citada más de 3500 veces en Google académico. H-index Scopus: 3</li></ul>
Begoña Gros Salvat	<ul><li>Directora del eLearn Center en la Universitat Oberta de Catalunya.</li><li>Coordinadora del Informe Horizon (Perspectivas Tecnológicas en Educación Superior de Iberoamérica) de la International Society for Technology in Education (ISTE).</li><li>Citada más de 7.200 veces en Google académico. H-index Scopus: 6</li></ul>

Fuente: elaboración propia.

Para comenzar a definir esta hegemonía discursiva, exploraremos en primer lugar los postulados de Nicholas Burbules quien presenta como "temática y visión del mundo", en términos de Angenot, la idea de "aprendizaje ubicuo". El especialista propone este concepto para definir a la educación que está y/o debería estar aconteciendo, a la experiencia de aprendizaje más allá del espacio áulico: "La combinación de la portabilidad de los dispositivos y la expansión de la conexión inalámbrica permite que el aprendizaje suceda en cualquier lugar y momento: en la casa, en el trabajo, en el bar, en la biblioteca" (Burbules, 2011, p. 21).

En la construcción discursiva de su doxa, Burbules (2014) asocia la idea de "ubicuidad" a esta serie de significaciones:

- "Portabilidad": los dispositivos más utilizados por los jóvenes son los que se llevan con uno, los llamados de vestir (como los relojes inteligentes, los celulares). Así los hábitos de comunicación se modifican como las mismas prácticas de aprendizaje. Al poder llevar con uno, a todos lados, los aparatos que me permiten conectarme, tengo y doy la ilusión de estar accesible y con acceso todo el tiempo, esa idea se convierte así en una expectativa social.

-"Interconexión": no sólo de las máquinas entre sí, como el caso de las viviendas inteligentes por ejemplo, sino, de la colaboración entre personas para la resolución de cualquier problema de conocimiento a través de los dispositivos abren la posibilidad de sumar las capacidades y lograr una "inteligencia colectiva".

-"Inmersión": una idea de educación que supera las tradicionales dicotomías trabajo/juego, aprendizaje/entretenimiento, acceso/creación de información, público/privado, las cuales son hoy difíciles de sostener. Las instituciones educativas están perdiendo su rol social monopólico en tanto fuente única de aprendizaje, y la atención, la participación y la motivación por aprender también han dejado de estar centradas en esos espacios. Los nuevos entornos educativos deben ser lugares de aprendizaje por inmersión en los cuales la creatividad, la solución de problemas, la comunicación, la colaboración, la experimentación, y la investigación capturen la atención de los participantes. "Las actividades de aprendizaje de inmersión se integran completamente al flujo de aplicaciones de conocimiento cotidianas, donde no existe separación entre la acción, la reflexión y la investigación" (Burbules, 2014, p. 4). De esta manera se posibilitan otras dinámicas de intereses, compromiso, imaginación e interacción que promueven una participación activa entre el estudiante y el entorno de aprendizaje.

-"Disponibilidad": la ubicuidad temporal rompe los límites horarios del aula tradicional, con un nuevo calendario que el usuario va organizando de acuerdo a su propio ritmo, fomentándole la sensación de fácil disponibilidad, conveniencia y flujo continuo de aprendizaje.

-"*Partnership*": Burbules concibe a los jóvenes como más capaces y más competentes cuando de manipular la tecnología se trata, entonces, desde allí, sugiere que los profesores deben aceptar la ayuda de sus alumnos y los estudiantes, ser receptivos a los saberes que el docente tiene para brindarle.

Ligada a esta "temática y visión del mundo", encontramos en la obra de Burbules, algunas pistas que podrían constituir su "dominante de pathos". En este sentido, este "enunciador legitimado" pinta el escenario educativo actual como desafiante y complejo para el educador tradicional, en palabras de Burbules: "(…) incierto y riesgoso. Puede ser incluso perturbador" (2011, p. 23). Este dominante de pathos, que se acerca a lo oscuro, a lo tenebroso, está ligado al imperativo de la adaptación a un nuevo ambiente y el riesgo no de sobrevivir en él o de quedar afuera. Al respecto, en otro de sus artículos, afirma: "Con o sin nosotros esos cambios están sucediendo igual: los intereses, las actividades y formas de aprender de los jóvenes están cambiando y guían el camino. Y somos nosotros los que tenemos que apurarnos para estar con ellos" (Burbules, 2008, p. 40).

Por su parte, David Buckingham, otro de los sujetos-norma en la temática, trata la cuestión de la "alfabetización digital" en el marco de una visión del mundo que concibe, en sintonía con el anterior enunciador, la necesidad de adaptarse a un nuevo escenario en el que las tecnologías digitales son centrales.

Así, Buckingham afirmaba en su libro *Educación en medios Alfabetización, aprendizaje y cultura contemporánea* (2005) que las computadoras constituían ya un elemento fundamental de la cultura popular de los jóvenes y que formaban parte de la vida cotidiana de los sujetos más allá de los espacios educativos. Según sus investigaciones, estos aparatos estaban presentes en los hogares como dispositivos principalmente de entretenimiento (videojuegos y salas de chat). Entonces, Buckingham establece como diagnóstico de época que las instituciones educativas no son ya el primer lugar de acceso de los sujetos a estas tecnologías, sino que por el contrario: "los niños están viviendo ya en un mundo digital; sí pues, como sucediera con los medios más antiguos, necesitamos estar en condiciones de capacitarlos para que lo comprendan y participen activamente en él" (2005, p. 227).

En esta línea, el especialista compara el tipo de aprendizaje que sucede con los videojuegos y las salas de chat con el que sucede en las propuestas educativas tradicionales. En estas investigaciones (2005) descubrió que, para jugar en línea, los jóvenes:

- aprenden a través de ensayo y error (exploran y experimentan),
- colaboran con otros (tanto virtual como personalmente),
- activan los procesos cognitivos de recordar, poner a prueba hipótesis, predecir y planificar estrategias,
- aseguran que los mejores juegos de ordenador son aquellos que presentan los máximos retos cognitivos,
- participan de una actividad multi-alfabetizada (complejos entornos visuales tridimensionales, numerosos textos tanto en la pantalla como fuera de ella e información auditiva,
- se comprometen de manera disciplinada a adquirir los conocimientos y habilidades para ganar los juegos.
- Mientras que para participar de las salas de chat, los jóvenes:
- desarrollan habilidades muy específicas de lenguaje y comunicación interpersonal,
- aprenden las reglas y etiquetas de la comunicación on-line,

- adaptan los géneros o registros lingüísticos,
- aceptan pasar por un período de aprendizaje, aunque no cuenten con instrucciones explícitas,
- ensayan y exploran ciertos aspectos de su identidad y relaciones personales en un ambiente que los hace sentir seguros,
- exploran activamente logrando un aprendizaje por la práctica o aprendizaje social a partir de su inmersión en una comunidad.

Para el investigador, estas experiencias cotidianas hacen que los estudiantes rechacen las actividades educativas que les proponen porque ellos no quieren sólo consumir contenidos, ellos quieren contribuir a ellos.

Con estos planteos, Buckingham también va construyendo un estado de ánimo o "dominante de pathos" particular respecto de la temática que se asemeja al de Burbules en el sentido de poner en alerta a los educadores ante el peligro de un escenario que se presenta como desafiante y amenazador para ellos. En este caso, Buckingham habla de "una ampliación del abismo entre los estilos de aprendizaje que se cultivan con la escolarización formal y aquellos otros que son característicos de las experiencias extraescolares de los niños" (2005, p. 228) y de que "existe el grave peligro de que las instituciones docentes oficiales queden totalmente marginadas de sus vidas" (2005, p. 228). Para reforzar esta construcción afectiva del fenómeno utiliza expresiones como "esta situación es potencialmente explosiva" (Buckingham, 2005, p. 228) y establece pronósticos desalentadores con frases como: "Si el suministro de tecnología a las escuelas continúa siendo tan limitado como en la actualidad, el desinterés de los alumnos puede simplemente generalizarse" (2005, p. 228).

En este sentido, Buckingham sostiene que la idea de que la tecnología va a transformar la educación provocando la desaparición de la escuela no es más que un mito, pero que sí hay que prestarle especial atención a lo que él denomina la "nueva brecha digital" (2008a, p. 225). Para el especialista: una distancia marcada, un abismo en progreso, que se da entre la cultura de las instituciones educativas y la cultura mediática que caracteriza la vida cotidiana de los jóvenes.

Mientras tanto en Argentina, Alejandro Piscitelli, desde la posición de un enunciador poderosamente legitimado, ha difundido su "temática y visión del mundo" en torno al concepto de "nativos digitales". Si bien, como mencionamos anteriormente, es Prensky quien acuña el término, Piscitelli lo toma como un problema preconstruido, como calificaría Angenot: un objeto de existencia y consistencia indiscutible, conocible, determinada y del que todos hablan.

Al respecto, en *Ciberculturas 2.0* habla de las transformaciones cognitivas provocadas por Internet en las inteligencias humanas, define a la Web como el nuevo soporte para el conocimiento, de: "la pantalla convertida en un nuevo soporte intelectual" (Piscitelli, 2002, p. 154). Y en *Internet, La imprenta del Siglo XXI* (2005) advierte que necesitamos desarrollar competencias complementarias y potenciadoras de las nuevas habilidades digitales. Una alfabetización tecnológica en la que los jóvenes (los nativos digitales) sean co-protagonistas con los docentes del proceso de aprendizaje. Propone tres máximas para lograr la alfabetización tecnológica:

1. Propiciar la conectividad, sobre todo, la inalámbrica.
2. Diseñar los contenidos de acuerdo a las narrativas digitales.
3. Pensar en estrategias de transferencia concreta en las que los docentes y los alumnos experimenten de manera directa con las tecnologías antes de hablar sobre ellas.

Profundiza esta idea en un artículo que titula *Nativos e inmigrantes digitales ¿brecha generacional, brecha cognitiva, o las dos juntas y más aún?* (2006). En él plantea que a pesar de las polémicas que despierta el término nativos digitales: "sería ingenuo suponer que, sumada a las brechas generacionales ancestrales, no existe una brecha cognitiva en creciente ascenso" (Piscitelli, 2006, p. 179). Y advierte la necesidad de prestar especial atención al modo en que los niños y jóvenes de hoy adquieren valores, conceptos y visiones del mundo, así como, a las habilidades y competencias que desarrollan. En este sentido afirma:

> Por primera vez en la historia la generación de chicos actuales, nacidos entre mediados de los noventa y principios del año 2000 se están introduciendo a/en los medios (la cultura, el mundo, la subjetividad) a través del intermediario digital y ya no a través del papel o de la imprenta. (Piscitelli, 2006, p. 182).

Expone los resultados de una investigación realizada sobre niños en Estados Unidos que demuestran un avance acelerado del consumo digital en ellos y advierte la urgente necesidad de desarrollar propuestas educativas de cognición compleja y diversa que se adapten a esta nueva realidad. Aparece, con claridad y contundencia, un "dominante de pathos" en este artículo de Piscitelli ligado a la obsolescencia, a la desactualización y pérdida de valor de las propuestas educativas tradicionales:

> (…) el mercado de trabajo a futuro y las competencias en las organizaciones caórdicas, fluidas y mutantes de hoy y mañana le dan más la razón a los jóvenes que a los padres, a los niños que a los grandes. Estamos enseñando teorías y conceptos que no son significativos, para una época que ya fue y con modalidades anacrónicas que cada vez interesan menos (Piscitelli, 2006, p. 180).

Y, en sintonía con los especialistas revisados en este trabajo hasta el momento, plantea el peligro de quedarse afuera si no se alcanza la velocidad con la que se desarrollan las tecnologías digitales: "Habrá que apurarse porque como bien decía Alicia en el país de las maravillas en un mundo en movimiento el que se queda en el mismo lugar retrocede" (Piscitelli, 2006, p. 183).

Años más tarde, el filósofo argentino publica el libro *Nativos digitales. Dieta cognitiva, inteligencia colectiva y arquitectura de la participación* (2009a). Allí, desarrolla de manera extensa la idea de estas generaciones digitales, de lo que él define como nuevas clases cognitivas y establece cinco categorías para distinguir a estos grupos humanos:

1. Nativos digitales: nacidos en la era digital (después de los ´80), usuarios interiorizados de tecnologías de siempre y cuya subjetividad es digital.
2. Colonos digitales: mediadores tecnológicos intergeneracionales, nacidos antes de los ´80, usuarios interiorizados de tecnologías por elección, conocen el mundo analógico y el digital, intérpretes de ambos mundos.
3. Inmigrantes digitales: los docentes, los que pertenecen al mundo analógico y quieren llegar a la digital.
4. Excluidos digitales: no acceden a las tecnologías porque no pueden, porque no saben o porque no quieren.
5. Categoría vacía: viven en la pobreza extrema y ni siquiera se las puede clasificar en este esquema.

En relación a esta clasificación, Piscitelli aclara que en su propuesta no todos los jóvenes son nativos y los adultos inmigrantes y que la brecha entre competencias analógicas y digitales debe analizarse tomando en cuenta otras variables como las diferencias de clase, la acumulación asimétrica de capital cultural y simbólico, entre otras que complejizan la cuestión (2009a).

En base a este esquema, define que los actores centrales en el nuevo escenario educativo deben ser los colonos digitales, aquellos mediadores tecnológicos intergeneracionales que pueden salvar la discontinuidad cultural entre nativos e inmigrantes. Que los docentes dejen de ser grandes pensadores para pasar a ser grandes mediadores. Concebir la educación a partir de una alfabetización digital que articule el currículum convencional y el autoorganizado, la mediación educativa y la tecnológica, la comunicación educativa y la publicitaria para alcanzar propuestas cognitivas personalizadas rescatando la inteligencia colectiva generada en los videojuegos, la televisión e Internet (Piscitelli, 2009a).

En el marco de su planteo sobre el docente como colono digital, como mediador tecnológico intergeneracional, el especialista anticipa en un artículo publicado en el 2009 la idea de la red social Facebook como potenciadora de lo que él denomina mediación 2.0 (Piscitelli, 2009b) y la desarrolla más extensamente en el libro *El proyecto Facebook y la posuniversidad* (2010). Aquí, en base a su experiencia de uso de Facebook en la Universidad, sostiene que esta herramienta tiene la potencialidad para la descentralización, la formación de abajo hacia arriba, la redefinición de los roles docente-alumno y el logro de pedagogías abiertas, horizontales y colaborativas, potenciando el carácter efectivo del alumno y el carácter mediador del docente.

Completa su doxa proponiendo pasar del modelo clásico docente-céntrico a uno alumno-céntrico, en el que la clave sea la personalización (Piscitelli, 2011), (advierte de manera reiterada, en las publicaciones revisadas, que hacia allí va el futuro).

Y en relación al "dominante de pathos" vinculado a la esperanza depositada tanto en las tecnologías como en las nuevas generaciones (los nativos digitales) que se va definiendo en sus producciones, el especialista expresa: "Las nuevas tecnologías nos brindan enormes posibilidades emancipatorias, y las nuevas generaciones son las primeras en aprovecharlas, a través de la cultura del remixado, el reciclado, la copia, la remediación, la estética relacional y la postproducción" (Piscitelli, 2011, p. 114). Actualiza su postura con estas definiciones en una de sus últimas entrevistas cuando afirma que hay una "ruptura del pacto generacional", porque los adultos han perdido autoridad y los jóvenes no pueden confiar en ellos para aprender, dificultando su aprendizaje: "los chicos no declaran su incompetencia y los adultos no muestran sus competencias y ésto en el aula es catastrófico" (Piscitelli, 2017).

Desde México, Inés Dussel deja plasmado uno de los cuestionamientos principales que conforman su doxa en relación al futuro, las tecnologías y la educación:

> La tecnología viene, para muchos adultos, y todavía más para los docentes, como sinónimo de peligro, de deshumanización, de pérdida de poder, de dominio absoluto, de desmoralización; y los chicos y adolescentes educados y fascinados por esas tecnologías se nos aparecen, muchas veces, también en esa línea de peligro (Dussel, 2003, p. 76).

La investigadora concibe que muchos de estos enunciados se sostienen en visiones sobre las instituciones educativas que plantean una relación de exterioridad entre ellas y las tecnologías. "En esos argumentos, las escuelas se vinculan con tecnologías que parecen no tener nada que ver con el sistema escolar, aunque hayan sido ideadas en instituciones universitarias o por sociedades con alto grado de escolarización" (2009, p. 9). Y plantea cuatro dimensiones para pensar la relación entre las instituciones educativas, los jóvenes y las tecnologías digitales (Dussel, 2009, 2011a y Dussel y Quevedo, 2010):

1. La autoría: las tecnologías brindan posibilidades para la producción colectiva y la cultura participativa abandonando el modelo de función-autor de la escuela tradicional. A su vez, la libertad creativa y estética de los jóvenes está mediada por las industrias culturales.
2. Lo emocional-lo racional: las tecnologías proponen momentos de

intensidad emocional, impactos visuales y somáticos y hasta provocaciones corporales (como, por ejemplo, el acto de clickear), mientras que en las instituciones educativas clásicas lo emocional se controla, se modera, se reprime, porque lo valioso es lo intelectual.

3. La simulación: las tecnologías ofrecen posibilidades de representación cada vez más fieles y transparentes con respecto a la realidad, mientras que el modo escolar de trabajo con el saber se ha basado siempre en mostrar, ver, y definir verbalmente.

4. El archivo: Internet ha posibilitado la construcción colectiva de una gigantesca biblioteca y repertorio de la cultura visual mundial y desafía la relación clásica con el saber mediada por el docente, centralizada en el currículum y el libro, y con límites muy claros entre el adentro y el afuera de las escuelas. "Éste es otro de los aspectos que revoluciona la relación con el saber, que ahora parece imposible de controlar, censurar o recortar en su circulación y uso" (Dussel, 2009, p. 29).

En el marco de esta temática y visión del mundo, la especialista expresa un pathos particular que se vincula con cierto entusiasmo en relación al vínculo educación, jóvenes y tecnología:

> (…) frente al enorme despliegue de energías creativas, de canales de comunicación y de posibilidades de expresión, la escuela puede seguir operando como un nodo de encuentro y de organización de ese mundo, no ya centrado en los contenidos más votados, por la presión de las industrias culturales o por fugaces climas sociales, sino mediado —sí, mediado- por decisiones éticas y políticas con otros plazos y otros alcances, con la mira puesta en todos los sujetos, con una idea de la sociedad humana no hecha a medida del consumidor sino con una búsqueda de un bien común, de una justicia y una igualdad que hagan lugar a todos. (Dussel, 2009, p. 34 y 2014, p. 17).

En relación a las emociones que la temática despierta, en una entrevista Dussel (2011b) advierte que no hay que sumirse en la nostalgia ni celebrarlo todo, que "las nuevas tecnologías no son la llave mágica" (2011b, p. 40) y que la actitud más acertada es la de la prudencia y el realismo.

Finalmente, revisamos las significaciones que aparecen en los discursos de Begoña Gros Salvat. Desde *El ordenador invisible. Hacia la apropiación del ordenador en la enseñanza* (2000) Gros Salvat plantea que las TIC se introdujeron en la educación para cubrir necesidades políticas y económicas de los países desarrollados sin tener un plan definido sobre qué hacer con ellas. El real desafío que la especialista observa es que las instituciones educativas logren una apropiación para superar la intrusión, sacándoles del lugar de lo visible (lo extraño, lo que llega por imposición,) y volviéndose invisibles (dejar de preguntarnos qué hacemos con ellas y orientarnos hacia una transformación educativa en base a ellas, dejar de mirar a las tecnologías para mirar a los profesores y a los alumnos).

Cuatro años después planteó que, según sus investigaciones, el desafío de la apropiación de las TIC todavía no había sido logrado e identifica seis problemáticas que deben atenderse en esta cuestión (Gros Salvat, 2004):

1. Pasar de las aulas de computación, a las computadoras en las aulas: integrar las TIC a las tareas cotidianas y ordinarias del aula; incorporar los dispositivos portátiles como herramientas usuales, así como el lápiz y el cuaderno; que las computadoras no formen parte sólo del escritorio del profesor para que él pueda centralizar y mostrar información, sino, que sean herramientas para todas las actividades de los estudiantes.

2. Cambio metodológico en las actividades: transformar las consignas, las maneras en que las actividades del aula pueden resolverse, a partir de las TIC, dando lugar a: el trabajo colaborativo, la negociación estudiante-profesor, el trabajo fuera del aula y el desarrollo de competencias comunicativas, de diseño y de creación de materiales, más allá de la simple búsqueda de información.

3. Innovar en equipo: las iniciativas innovadoras de los profesores deben estar enmarcadas y apoyadas por las instituciones para que esos esfuerzos no se frustren. "Debe haber un mayor liderazgo por parte de los equipos de centro, la inclusión de la tecnología no puede ser algo que dependa de la voluntad del profesorado debería ser un objetivo a alcanzar por las escuelas como colectivo" (Gros Salvat, 2004, p. 7).

4. Modelo basado en crear, compartir y difundir: un buen material educativo se genera por profesores que trabajan en la red y en red.

5. Formación técnica y metodológica: lograr una formación docente para la usabilidad con criterios didácticos, no sólo acceso y manejo de las TIC, sino, criterios acordes.

6. Aprovechar a los estudiantes: permitir que los alumnos con sus competencias técnicas ayuden a los docentes, convertir esto en una ventaja y no en un inconveniente: "La participación activa del alumnado es un aspecto de gran importancia para compartir responsabilidades y evitar complejos. No se trata de competir, de intentar alcanzar el dominio instrumental de los alumnos, esta es una tarea imposible" (Gros Salvat, 2004, p. 8).

Complejizando su temática y visión del mundo, Gros Salvat (2008) trabaja, en otro de sus libros, la cuestión de la construcción de conocimiento a partir de las TIC. Propone pensar que el conocimiento existe por fuera de los sujetos, en las prácticas culturales, en la interacción con otros. Esta visión de la construcción colaborativa de conocimiento cambia la manera de abordar la relación docente-alumno, volviéndola menos verticalista, piensa en un estudiante co-constructor de su propio conocimiento y en un profesor guía de ese proceso.

Establece cinco máximas para la construcción del aprendizaje colaborativo (Gros Salvat, 2012):

1. Crear comunidades de aprendizaje que promuevan la interacción, el intercambio de conocimiento y el trabajo en grupo.
2. Mejorar el diseño y organización de las actividades y de la estrategia de comunicación.
3. Establecer coherencia entre objetivos de aprendizaje, contenidos, tareas, y la acción colaborativa que se va a llevar a la práctica, en la que las tecnologías actuarán como apoyo del proceso educativo.
4. Insistir sobre el papel facilitador de las tecnologías durante la aplicación de las actividades didácticas colaborativas.
5. Buscar y aplicar herramientas de evaluación de carácter grupal, de autoevaluación y de coevaluación.
6. Más recientemente y con una cuota de cautela, la investigadora advierte que este nuevo escenario resulta desafiante para los educadores quienes tienen la responsabilidad de acompañar y guiar a los estudiantes que se encuentran sin los límites y la contención del sistema educativo clásico. Propone, entonces, una serie de elementos que deberían incorporar las pedagogías que emergen en este tiempo (Gros Salvat, 2015):

1. 1. Apoyar al aprendizaje permanente (conocimiento a lo largo de la vida)
2. 2. Fundamentarse en ecologías de aprendizaje (aprendizaje multidireccional y multimodal, en diferentes contextos socioculturales, fuera y dentro de la educación formal)
3. 3. Utilizar diferentes formas de conocimiento (poner de relieve las competencias en la producción de conocimiento)
4. 4. Integrar el uso de la tecnología como herramientas cognitivas (para la creatividad, la colaboración y la productividad multimedia)
5. 5. Integrar la autorregulación (independencia, toma de decisiones informada, autodirección y control del proceso de aprendizaje, confianza en el uso de los recursos y el entorno de aprendizaje)
6. Promover actividades de aprendizaje complejas (proactividad guiada por consignas claras y estándares de resolución)
7. Ser transparentes y estar basadas en el diseño del aprendizaje (diseñar y visibilizar con los alumnos los criterios pedagógicos)

VII.- ¿Cómo son los jóvenes universitarios en este "ambiente de doxas"?

Hacia el final y asumiendo que "la intersección de lo imaginario con lo simbólico en una red discursiva constituye la realidad social" (Dittus, 2016, p. 6), las voces de los expertos revisadas nos han permitido acercarnos a la mirada que hegemónicamente circula en los ámbitos académico-científicos sobre los jóvenes de hoy.

Las significaciones que emergieron con mayor resonancia y que constituyen el corazón del imaginario que nos preocupa:

- Dan y tienen la ilusión de estar accesibles y con acceso todo el tiempo ("accesibilidad", "portabilidad")
- Colaboran con otros en la resolución de problemas ("inteligencia colectiva").
- No entienden las dicotomías trabajo/juego, aprendizaje/entretenimiento, acceso/creación de información, público/privado y aprenden por "inmersión" en actividades que condensan: creatividad, solución de problemas, comunicación, colaboración, experimentación e investigación, logrando una "participación activa".
- Tienen un nuevo calendario ("ubicuidad temporal" que rompe los límites del aula), estudian a su propio ritmo con la sensación de fácil disponibilidad, conveniencia y flujo continuo de aprendizaje.
- Son más competentes en el manejo de la tecnología que sus docentes, podrían establecer relaciones docentes-alumnos de colaboración o "*partnership*".
- Su cultura popular y de entretenimiento gira en torno a las tecnologías digitales.
- Han aprendido de los *juegos en línea* a: aprender a través de ensayo y error; colaborar con otros; recordar, poner a prueba hipótesis, predecir y planificar estrategias; elegir los juegos que presentan los máximos retos cognitivos; participar de una actividad multi-alfabetizada y a comprometerse de manera disciplinada a adquirir los conocimientos y habilidades para ganar los juegos.
- Han aprendido de los *chats* a: desarrollar habilidades muy específicas de lenguaje y comunicación interpersonal; aprender las reglas y etiquetas de la comunicación on-line; los géneros o registros lingüísticos; pasar por un período de aprendizaje, aunque no cuenten con instrucciones explícitas; ensayar y explorar ciertos aspectos de su identidad y relaciones personales y a explorar activamente logrando un aprendizaje por la práctica o aprendizaje social a partir de su inmersión en una comunidad.
- Los desmotivan las actividades educativas que les proponen sólo consumir contenidos porque ellos quieren "contribuir" a ellos.

– Son "nativos digitales" y "*millenials*" los nacidos en la era digital (después de los ´80), usuarios interiorizados de tecnologías desde siempre y cuya subjetividad es digital.

– Demandan propuestas educativas de cognición compleja y diversa, así como pedagogías abiertas, horizontales y colaborativas.

– Saben aprovechar las posibilidades que brindan las tecnologías digitales a través de la cultura del remixado, el reciclado, la copia, la remediación, la estética relacional y la postproducción.

– Educados y fascinados por las tecnologías digitales, parecen significar una amenaza para los docentes.

– No entienden el modelo de función-autor de la educación tradicional porque con las tecnologías aprendieron la producción colectiva y la cultura participativa.

– Su libertad creativa y estética está mediada por las industrias culturales.

– Están acostumbrados a la "intensidad emocional", a la "simulación" y a una "relación más directa con la información".

– Viven en un entorno de energías creativas, de canales de comunicación y de posibilidades de expresión.

– Se encuentran sin los límites y la contención del sistema educativo clásico, por eso el sistema educativo debería: apoyar al aprendizaje permanente, multidireccional y multimodal; integrar el uso de la tecnología como herramientas cognitivas e incorporar la autorregulación del aprendizaje.

– Estas significaciones son las tramas de un imaginario que postula a los y las jóvenes como sujetos de una nueva sociedad prometida y deseable en la que las tecnologías digitales aparecen como la clave de lo que debe ser tenido en cuenta por la universidad. Siguiendo el imaginario tecnológico estas significaciones de los y las jóvenes se convierten en objetivos globales, simultáneos y a todo nivel. Así la universidad se ve sobrepasada en su posibilidad y capacidad de establecer objetivos de autonomía para la sociedad y en su lugar, aparecen las tecnologías definiendo los objetivos de una educación en función de un tipo de sociedad a la que corresponde un tipo de subjetividad juvenil.

Bibliografía

Angenot, M. (2010). *El discurso social: los límites históricos de lo pensable y lo decible*. Buenos Aires: Siglo Veintiuno Editores.

Cabrera, D. H. (2007) "Imaginario, autonomía y creación cultural en el pensamiento de C. Castoriadis" en *Devenires*, Revista de Filosofía y Filosofía de la cultura. Facultad de Filosofía "Samuel Ramos" de la Universidad Michoacana de San Nicolás de Hidalgo. Morelia, Michoacán. pp.

117-135. ISSN 1665-3319. México, 2007.

Cabrera, D. H. (2011). *Comunicación y cultura como ensoñación social: ensayos sobre el imaginario tecnológico.* Madrid: Fragua.

Cabrera, D. H. (2017). Para una crítica del imperio juvenil tecnológico. En C. Del Valle Rojas, & V. Silva Echeto (Eds.), *Crisis, comunicación y crítica política* (pp. 183-197). (Centro Internacional de Estudios Superiores de Comunicación para América Latina). Quito: CIESPAL-UNESCO.

Castoriadis, C. (1999). La institución y lo imaginario: primera aproximación, en *La institución imaginaria de la sociedad,* Tomo 1, Barcelona, Tusquets.

Castoriadis, C. (1998). Imaginación, imaginario, reflexión, en *Hecho y por hacer. Pensar la imaginación*, Buenos Aires, Eudeba (pp. 267-331).

Castoriadis, C. en Entrevista Autonomía Política. *Ciclo Grandes Pensadores.* Capítulo 6. Canal Encuentro. Disponible en: http://www.youtube.com/watch?v=uNOE71wixnc#aid=P-2aFsnfGg4

Dittus, R. (2006) Discurso social, hegemonía e imaginario sociales: marco conceptual para un método sociosemiótico. En *LEGETE. Estudios de Comunicación y Sociedad.* N°6. Chile: Universidad Católica de la Santísima Concepción.

Lesta, M. L. y Cañas, N. S. (2014). Comunicación e imaginario: El aporte de Cornelius Castoriadis para pensar la sociedad contemporánea. En *Revista Brumario.* Número 10. (pp. 42-50). Córdoba, Argentina: Universidad Siglo 21.

Bibliografía del corpus de análisis

Buckingham, D. (2005). *Educación en medios. Alfabetización, aprendizaje y cultura contemporánea.* Buenos Aires: Paidós.

Buckingham, D. (2006). Defining digital literacy. What do young people need to know about digital media? En *Digital Kompetanse.* N° 4. Vol.1. pp. 263–276.

Buckingham, D. (2008a). *Más allá de la tecnología: aprendizaje infantil en la era de la cultura digital.* Buenos Aires: Manantial.

Buckingham, D. (2008b). Repensar el aprendizaje en la era de la cultura digital. En *El monitor.* Ministerio de Educación de la Nación Argentina. N° 18. pp. 27-30.

Buckingham, D. (2010). Do we really need media education 2.0? Teaching media in the age of participatory culture. En K. Drotner and K. Schroder (eds.). *Digital Content Creation.* New York: Peter Lang.

Buckingham, D. (2016, 4 de julio). Aproximaciones a la educación digital. Archivo de video. En Canal Youtube de Portal Educ.ar del Ministerio de Educación de la Nación Argentina. Recuperado de: https://youtu.be/p81ZI76psl8

Burbules, N. y Callister, T. (2001). *Educación: Riesgos y promesas de las nuevas tecnologías de la información.* Barcelona: Granica.

Burbules, N. (2008) Riesgos y promesas de las TIC en la educación. ¿Qué hemos aprendido en estos últimos diez años? En *Las TIC: del aula a la agenda política. Ponencias del Seminario internacional Cómo las TIC transforman las escuelas.* pp. 31-40. Buenos Aires: IIPE-UNESCO-UNICEF. Recuperado de: https://www.unicef.org/argentina/spanish/IIPE_Tic_06.pdf

Burbules, N. (2011). Entrevista a Nicholas Burbules. En S. Gvirtz y C. Necuzzi (Ed.). *Educación y tecnologías: las voces de los expertos.* pp. 19-26. Buenos Aires: ANSES. Recuperado de: www.oei.es/conectarigualdad.pdf

Burbules, N. (2012). El aprendizaje ubicuo y el futuro de la enseñanza. En *Encounters*, Vol. 13, pp. 3-14.

Burbules, N. (2014). Los significados de "aprendizaje ubicuo". En *Revista de Política Educativa*. Año 4, Número 4. pp. 11-19.

Dussel, I. (2003). Lecturas de Matrix: Sobre escuelas, tecnologías y futuros. En A. Birgin y J. Trímboli (Ed.) Imágenes de los noventa. pp. 73-98. Buenos Aires: Libros del Zorzal.

Dussel, I. (2009). La escuela y los nuevos medios digitales. Notas para pensar las relaciones con el saber en la era digital. En AA. VV. *La educación alterada: aproximaciones a la escuela del siglo XXI*. pp. 9-36. Córdoba: EDUVIM-Salida al Mar Ediciones.

Dussel, I., y Quevedo, L. (2010). Educación y nuevas tecnologías: los desafíos pedagógicos ante el mundo digital. Documento Básico del VI Foro Latinoamericano de Educación. Experiencias y Aplicaciones en el aula. Buenos Aires: Santillana.

Dussel, I. (2011a). *Aprender y enseñar en la cultura digital*. Documento Básico del VII Foro Latinoamericano de Educación TIC y Educación. Experiencias y Aplicaciones en el aula. Buenos Aires: Santillana.

Dussel, I. (2011b). Entrevista a Inés Dussel. En S. Gvirtz y C. Necuzzi (Ed.) *Educación y tecnologías: las voces de los expertos*. pp. 19-26. Buenos Aires: ANSES. Recuperado de: www.oei.es/conectarigualdad.pdf

Dussel, I. (2014) ¿Es el curriculum escolar relevante en la cultura digital? Debates y desafíos sobre la autoridad cultural contemporánea. En *Archivos Analíticos de Políticas Educativas*. 22 (24).

Gros Salvat, B. (2000). *El ordenador invisible. Hacia la apropiación del ordenador en la enseñanza*. Barcelona: Gedisa.

Gros Salvat, B. (2004). De cómo la tecnología no logra integrarse en la escuela a menos que… cambie la escuela. En *Experiéncies d'ús de les TIC a l'ensenyament. Jornada Espiral*.

Gros Salvat, B. (2008). *Aprendizajes, conexiones y artefactos. La producción colaborativa del conocimiento*. Barcelona: Gedisa.

Gros Salvat, B. (2012) Aprender y enseñar en colaboración. En C. Suárez y B. Gros. *Aprender en red. De la interacción a la colaboración*. Barcelona: Editorial UOC.

Gros Salvat, B. (2015). La caída de los muros del conocimiento en la sociedad digital y las pedagogías emergentes. En *Education In The Knowledge Society (EKS)*. 16(1). pp. 58-68.

Piscitelli, A. (2002). *Ciberculturas 2.0. En la era de las máquinas inteligentes*. Buenos Aires: Paidós.

Piscitelli, A. (2005). *Internet, La imprenta del Siglo XXI*. Barcelona: Gedisa.

Piscitelli, A. (2006). Nativos e inmigrantes digitales:¿brecha generacional, brecha cognitiva, o las dos juntas y más aún? En *Revista mexicana de investigación educativa*. 11(28). pp. 179-185.

Piscitelli, A. (2009a). *Nativos digitales: dieta cognitiva, inteligencia colectiva y arquitecturas de la participación*. Buenos Aires: Santillana.

Piscitelli, A. (2009b). Facebook. Esa reiterada tensión entre la sobrepromesa y la invención de nuevos mundos. En *RUSC (Revista de Universidad y Sociedad del Conocimiento)*. Vol. 6. N°1.

Piscitelli, A., Adaime, I., y Binder, I. (Comp.) (2010). *El proyecto Facebook y la posuniversidad. Sistemas operativos sociales y entornos abiertos de aprendizaje*. Madrid: Ariel.

Piscitelli, A. (2011). Entrevista a Alejandro Piscitelli. En S. Gvirtz y C. Necuzzi (Ed.) *Educación y tecnologías: las voces de los expertos*. pp. 19-26. Buenos Aires: ANSES. Recuperado de: www.oei.es/conectarigualdad.pdf

Piscitelli, A. (2018). *Alejandro Piscitelli y la ruptura del pacto generacional*. Entrevista Fundación Telefónica Ecuador. Recuperado de: https://www.youtube.com/watch?v=-X0Dwv533wE

Prensky, M. (2001). Digital natives, digital immigrants. En *On the Horizon*. Vol. 9 N°.

Capítulo 5

Las experiencias migratorias de jóvenes estudiantes y su inclusión a la universidad

Sandra María Gómez

I.- Introducción

Para comprender el modo en que se va articulando el ser joven universitario en situaciones de desarraigo, se requiere conocer al sujeto en el lugar de estudiante y de migrante, lo que remite a la historia en la trama familiar y en la trama escolar.

Trasladarse desde ciudades del interior provincial o desde otras provincias requiere de un proceso de integración a esta urbe cordobesa. Es un nuevo espacio social que, para muchos estudiantes, puede resultar totalmente novedoso en relación con las formas particulares que adquieren las prácticas sociales y los modos de organizar esas prácticas, se modifican las distancias materiales, pero también las formas de establecer las redes sociales. Comparativamente, en las grandes ciudades, respecto de los espacios urbanos más pequeños, las formas de relacionarse cambian sustantivamente ya que no se propicia de la misma manera el compartir, las relaciones cara a cara, el uso del tiempo.

En este capítulo se abordan algunas cuestiones que se vienen trabajando en el marco de un proyecto de investigación cuyo problema de investigación se ha formulado en una pregunta principal: ¿Cómo inciden en los estudiantes las consecuencias del desarraigo y qué efectos tiene en el proyecto de vida universitaria inicialmente concebido?, planteando como objetivos generales, por un lado, el identificar los efectos subjetivos, sociales e intelectuales que produce el desarraigo en los sujetos estudiantiles y, por el otro, el dar cuenta de las múltiples incidencias de las vivencias de desarraigo y arraigo en los proyectos universitarios.

Una investigación realizada en el ciclo 2014-2015, anterior a la que se presenta, es la que motivó los interrogantes del actual proyecto. Dicho trabajo abordó el tránsito inicial del alumno en la vida universitaria en estudiantes de las carreras de Veterinaria, Ciencias Químicas, Psicopedagogía, Arquitectura en la Universidad Católica de Córdoba. El problema indagado en esa etapa previa se ligó a la necesidad de conocer las características de los jóvenes que cursaban el primer trayecto de la vida universitaria dando cuenta de algunas referencias sociodemográficas a partir de las cuales luego poder leer aspectos psicosociales de los mismos, a los fines de identificar experiencias y cambios que se van produciendo durante los dos primeros años de cursado. Dichas referencias permitieron identificar cómo se van construyendo las disposiciones propias de la vida universitaria, en el nuevo contexto que les demandó cambios en los modos de percibir, apreciar, pensar y actuar distintos de los propios del nivel secundario. Consideramos clave este tramo en la vida universitaria en lo que respecta a la integración como alumnos en el nivel superior del sistema educativo. Se estima relevante en la vida de un sujeto el proceso que se desencadena ante el ingreso a la vida universitaria, lo que implica la necesidad de ir constituyendo un lugar en esta nueva institución.

Entre los datos relevados se observó que el 70% de los estudiantes de Ciencias Químicas, el 48% de Veterinaria y el 45 % tanto de Veterinaria como de Psicopedagogía, tuvieron que mudarse desde el interior de la provincia de Córdoba o desde otra provincia del país. Este dato es significativo a los fines de profundizar en el reconocimiento de los cambios en la cotidianeidad que les requerirá un proceso activo de adaptación.

Los cambios más significativos que han sido identificados por los alumnos a partir del ingreso a la universidad se ligan a las transformaciones en la vida cotidiana como asumir tareas domésticas que con anterioridad no tenían a cargo. Este dato se vincula con el alto porcentaje de estudiantes que se han tenido que mudar a la gran urbe. Cada estudiante que llega a la Universidad desde distintos espacios geográficos y diferentes grupos sociales trae consigo un acervo de saber también diferenciado. Ello significa que ha incorporado disposiciones vinculadas al mundo de la vida en el que ha crecido, tanto en lo referido a la familia como a la escolaridad.

Cuando esa cotidianeidad se modifica sustantivamente, el sujeto debe hacer mayores esfuerzos subjetivos y cognoscentes para comprender y participar de manera eficaz ante las novedades. Gran parte de los estudiantes, como se vio en los datos sociodemográficos, deben trasladarse de otras ciudades más pequeñas o pueblos para vivir en una urbe mayor. Los modos de hacer, en muchos aspectos, cambian radicalmente. Por otra parte, desde las experiencias escolares, se identifican diferencias entre las formas de apropiación de los objetos de conocimiento que se han incorporado en la escuela secundaria en comparación con las exigencias universitarias, lo que les requerirá la construcción de nuevas disposiciones para alcanzar resultados positivos en su plan de carrera. Además, se han generado nuevos vínculos intersubjetivos y se ha dado lugar a nuevas relaciones sociales que ofician de redes de contención entre pares. Finalmente, reconocen que las exigencias académicas les han requerido nuevas formas de organizar el tiempo y otras maneras particulares de estudiar, para sortear exitosamente su plan de carrera (Gómez, 2012; Gómez, Azar, Medina, 2015)

Esto adquiere particular relevancia si nos proponemos analizar la cotidianeidad de un estudiante migrante que tiene que afrontar, además de estas exigencias, el sentimiento de desarraigo.

II.- Migrar para estudiar

Para muchos jóvenes la posibilidad de estudiar implica el alejamiento de la familia. El proceso migratorio que supone dar inicio a la carrera universitaria se puede comprender desde una mirada diacrónica y relacional, lo que permite dar cuenta de aspectos distintivos de los estudiantes directamente vinculados con las trayectorias previas (personales, familiares y escolares), las transformaciones en la cotidianeidad y los desafíos que se le presentan en la universidad. Estos rasgos distintivos dan la particular manera de inteligir que tiene cada alumno ante las nuevas circunstancias, proceso en el cual se reorganizan esquemas dando origen a la construcción de otras, nuevas, distintas disposiciones en virtud de los nuevos espacios sociales, de las nuevas reglas institucionales y/o las exigencias intelectuales -entre otras- según las demandas eventuales que van teniendo que encarar y resolver. A los alumnos en situación de desarraigo se les agrega el proceso migratorio como una de las modificaciones centrales en su vida cotidiana.

Las experiencias van conformando un acervo de saber, a partir y desde el cual, los sujetos se van integrando a nuevas situaciones que se le presentan. Es desde esas experiencias que el sujeto va construyendo nuevos aprendizajes, nuevos esquemas que le permiten ubicarse ante la novedad, tramitando de manera significativa en función de esquemas y conocimientos previos. Pero cabe preguntarse acerca de cómo sobrellevan los jóvenes en situación de desarraigo estos desafíos e incertidumbres que genera el proceso migratorio. Este es uno de los puntos que merecen especial atención para acercarnos y conocer los modos en que los alumnos van significando las transformaciones y los recursos a los apelan para sostener el proyecto universitario. Interesa particularmente porque la migración "es una de las contingencias de vida que exponen al individuo que la experimenta a pasar por estados de desorganización, que exigen una reorganización ulterior, que no siempre se logra" (Grinberg, Grinberg, 1984, 26)

En algunos casos se ha podido dar cuenta de la dificultad de los estudiantes para resolver el desarraigo quedando atrapados en una situación cuyos resultados son el retorno anticipado a su lugar de origen abandonando así los estudios, o quedando atrapados en situaciones en las que las condiciones de angustia signan sus posibilidades de aprender.

La trayectoria del sujeto se comprende como una serie de cambios pequeños y grandes que requieren de un proceso de elaboración donde la tensión entre estabilidad- inestabilidad es tolerada de diferentes formas en función de los rasgos personales que posibilitan, en distinta medida, la tramitación psíquica de dichas transformaciones que afectan una continuidad. Se genera una angustia ante el cambio en función de lo desconocido, de situaciones no previsibles que llevan a los sujetos a aferrarse a lo familiar. Para Grinberg y Grinberg (1971) "la capacidad de seguir sintiéndose él mismo en la sucesión de cambios (…) implica mantener la estabilidad a través de circunstancias diversas y de todas las transformaciones y cambios en el vivir" (p. 115)

Las migraciones se vinculan a vivencias de desapego que en función de la singularidad de los sujetos podría provocar mayor sensación de desamparo. Cabe preguntarse por los recursos internos y externos a los que apelan los estudiantes para sobrellevar estos procesos de cambio. Enfrentar el desarraigo, se relaciona con la posibilidad de crear relaciones y nuevos vínculos, que remiten a las situaciones primarias de apego. El apego internalizado refiere a una figura específica y, el lazo que este implica perdura en el tiempo. Las relaciones primarias se pueden pensar como una matriz que se actualizará y teñirá los futuros vínculos. Es decir, sobre el primer vínculo de apego se constituirá la posibilidad de resolver las situaciones futuras en las cuales el sujeto vivenciará situaciones de desapego.

Por otra parte, las migraciones son proyectos que pueden ser vividos de manera esperanzadora, como la "búsqueda de la tierra prometida", como la oportunidad de nuevos rumbos y lugares. Se da una especie de "mezcla de ansiedad, tristeza, dolor y nostalgia, por un lado, junto con las expectativas e ilusiones esperanzadoras, por el otro…" (Grinberg, Grinberg, 1984, 20)

¿Cuáles son las vicisitudes de estas experiencias migratorias que vivencian los estudiantes? Investigaciones anteriores muestran que los pares son parte del sostén psicosocial a partir de los cuales tramitan y compensan la sensación de pérdida. Los grupos dan una base común compartida que oficia de apuntalamiento en el proceso de integración a la nueva vida en la urbe. Las experiencias pueden llegar a ser tan disonantes que requieren mucha inversión de energía en el proceso de integración. De esta forma podemos pensar que los estudiantes pueden llegar a abandonar su proyecto universitario por la discordancia entre su mundo de la vida y las nuevas formas sociales y culturales (Laino, 2000) Por otra parte, hay quienes logran inscribirse en el nuevo espacio social, generando un proceso de re-arraigo en una construcción de pertenencia al nuevo lugar.

III.- Metodología

Para esta investigación, en virtud del problema seleccionado, se ha optado por un diseño con enfoque cualitativo. Desde esta elección es que se ha decidido trabajar con la entrevista, con el fin de recuperar relatos de vida. El relato de vida nos permitirá profundizar en la dimensión diacrónica para captar lógicas de acción en la trayectoria que pone sobre relieve las relaciones y procesos sociales en un marco intersubjetivo, conduciendo de esta manera a analizar esos relatos para comprender los contextos sociales e institucionales en los cuáles se inscriben y que le dan sentido. Los mismos permiten acceder a las palabras:

Para estudiar un fragmento particular de la realidad sociohistórica: un objeto social; comprender cómo funciona y cómo se transforma, poniendo el acento sobre las configuraciones de las relaciones sociales, los mecanismos, los procesos, las lógicas de acción que los caracterizan (Bertaux, 1997, 1)

El análisis de los relatos de vida se realizó a partir de tres grandes dimensiones: espacial, temporal, vincular. Se trabajan en esta ocasión con entrevistas realizadas a alumnos avanzados de la Licenciatura en Ciencias Químicas, de la Universidad Católica de Córdoba. Se han seleccionado tres casos, a quienes se les hizo una entrevista con periodicidad mensual, en la segunda parte del año lectivo.

IV.- Experiencias migratorias y universidad

Se analizan entrevistas de tres estudiantes que se encuentran próximos a egresar, cursando el último año de la carrera. Ello implica ya un trayecto que, desde una mirada diacrónica, permite rememorar aspectos relativos a los cambios acontecidos a partir del ingreso a la universidad.

Las entrevistas corresponden a dos estudiantes mujeres y a un alumno varón. Dos son oriundos de otras provincias argentinas, Santa Fe y San Juan, y el tercero es proveniente de una ciudad importante del interior de la provincia de Córdoba. En los tres casos se reconoce otro ritmo de vida cuando comparan esta gran urbe con sus lugares de origen. Uno de ellos es hijo de padre y madre, profesionales, quienes hicieron sus estudios en la Universidad Nacional de Córdoba. Él cursa en la Universidad Católica de Córdoba. Una de las entrevistadas es hija de una madre ama de casa y de un padre que tiene actividad comercial. Las mujeres son hijas menores, el varón es hijo mayor de cuatro hermanos.

En los tres casos, estos alumnos arriban a la ciudad de Córdoba recibidos y alojados por un familiar. Ambas alumnas presentan un escenario semejante ya que en los dos casos tienen una hermana mayor con la cual, también en las dos situaciones, comparten el primer año porque luego dichas hermanas finalizan los estudios. En el caso del varón lo recibe su abuelo materno. En la casa contigua vive un tío y sus primos. Los tres encuentran, en esta situación, un contexto facilitador, para los cambios que supone la mudanza y el inicio de los estudios universitarios. Ello puede haber sido un factor incidente en la sustentabilidad de su proyecto de carrera.

El proyecto migratorio ha sido sostenido por cada una de las familias quienes han dado apoyo de distintas formas. El discurso parental ha tenido fuerza en el sostenimiento de la meta, aun cuando reconocieran momentos de crisis, fundamentalmente durante el primer año.

El estudiante varón cursa Farmacia, es hijo de madre farmacéutica y de un padre odontólogo, su hermano menor ha iniciado esta misma carrera mientras él cursa el último año. La elección de la universidad se vincula a las experiencias anteriores de sus padres en la universidad nacional. Recuerda el día en que vino desde San Juan para averiguar.

"Me atendieron bien, la secretaria, después uno de los profes me mostró los laboratorios (…) me encantó el trato bueno"

El discurso de los padres ayudó en la decisión de la universidad:

"Ellos padecieron mucho una época que resultó no ser muy bueno. Toda la parte de los paros, bueno ellos me contaron las varias crisis, no tenían clases, la falta de recursos, todas esas cosas. Entonces, yo no lo experimenté, pero ellos sí. El consejo fue de ellos". Más delante en la entrevista dice: *"Comparando San Juan con Córdoba, hay mucha diferencia en el sentido de la oferta académica"* El peso del discurso parental sostenía la decisión de estudiar en esta universidad, esa carrera, como así también el hacerlo en Córdoba y no en San Juan. Por otra parte, en la trayectoria escolar previa, este joven era egresado de una escuela tradicional católica, la más antigua de la ciudad de San Juan, en la cual había sido abanderado y de la cual hablaba con orgullo. La universidad era un destino naturalizado en su mundo familiar y era encarnado por él como un proyecto digno de ser sostenido.

Durante el primer año, a pesar de vivir con el abuelo, expresa haber extrañado su "hogar". Dice: *"fue feo, no es que fue traumático ni nada, sino feo en el sentido de despegarse…"me vine a vivir con mi abuelo, pero lo mismo, despegarte de la familia, aparte yo nunca viajé tanto tiempo".* Ha dejado esa parte de la familia y una novia del último año de la escuela secundaria. Extraña *"la familia, la familia, la casa, el hogar, no la casa en sí".* Despegarse, desapegarse, distanciarse tanto tiempo le había significado un duelo, al punto que relata haber tenido un *"bajón anímico",* *"esa angustia de extrañar"* (en sus propias palabras). Continúa el primer año académico, pero en diciembre hace una crisis que lo lleva a plantear la posibilidad de no seguir estudiando en Córdoba.

Decide iniciar estudios en la Universidad Nacional de San Juan, Ingeniería Agrónoma. Relata que inicia el cursado pero que se da cuenta que no es lo que él quería. Regresa nuevamente a la ciudad de Córdoba y retoma los estudios que había abandonado por efecto del desarraigo. El malestar subjetivo lo lleva a pensar en la opción de cursar alguna de las carreras dictadas allá para no tener que padecer esa "angustia de extrañar". Sin embargo, mantiene la apuesta aun cuando le implique estar lejos. Se va convenciendo de que vale pena. Por otro lado, cabe pensar que el relato de lo sucedido se retrotrae a los inicios y él se encuentra en la línea final del recorrido, por lo que seguramente puede significar le valor positivo que tuvo la renuncia, a pesar de su angustia. *"En cuanto vine me siguió encantando la carrera…me encanta todo, los profes, la práctica…"* *"El primer año de mi carrera fue terrible"*. Para él había que *"hacer el sacrificio, aguantar"*. ¿Qué lo ayuda a sobrellevar el sentimiento de desapego? Los familiares cercanos, los nuevos amigos, la contención ofrecida por la institución, la necesidad de cumplir con su plan, la satisfacción dada a sus padres, la continuidad del negocio familiar, el buen desempeño académico durante el primer año de la carrera, junto a otros móviles menos identificables.

Como recursos externos que pudieron ayudar en la superación de las situaciones de angustia podríamos considerar el ámbito hogareño, ciertamente semejante al de proveniencia, la convivencia con los primos, la contención dada en la Facultad por las formas particulares de acompañar y de comunicarse que tienen los profesores, lo que él reconoce similar a su escuela secundaria, los primeros amigos. En este caso la presencia de los pares en la facultad tuvo menor relevancia y podemos suponer que lo compensó la contención familiar. Como recursos internos: el sentirse que "tenía buena base", el haber sido abanderado, el reconocerse "capaz", la necesidad de "despegar". El doble uso que hace se ese verbo. Tenía que poder *despegarse para despegar*. Ese es el gran desafío de un estudiante en situación de desarraigo.

Parado en el tramo final de su plan de carrera, viendo esa meta cercana, sugiere que quienes están iniciando la carrera, *"aprovechen todo, que cada cosa tiene su tiempo, hay momentos para estudiar, aprovechar a full las clases teóricas…a la hora de facu, saber aprovecharlo…"*. El alumno, próximo a egresar, tiene ya pensado retornar a San Juan para dar continuidad al proyecto económico familiar vinculado a las farmacias que ya tienen.

La segunda alumna entrevistada procede de un pueblo cercano a la ciudad de Rosario. Se traslada a Córdoba ya que en esta ciudad vivía su hermana, siete años mayor que ella. Al año de vivir en la nueva urbe, se queda sola dado que su hermana retorna al pueblo. Cuando queda sola siente más la nostalgia por lo dejado en el lugar de origen. *"Yo extrañaba mucho, aparte tenía mi novio también en Rosario…sola estaba todo el día…me volvía casi todos los fines de semana a mi pueblo"*.

La compañía de una amiga (*su mejor amiga*) venida del mismo pueblo ayudada a superar la angustia. Se reunían por las noches a cenar. Una forma de compensar el sentimiento nostálgico era pensar en el fin de semana y el regreso a su casa. *"Yo estudiaba o trabajaba con mucha intensidad durante la*

semana porque el fin de semana me podía ir a casa". La gratificación que daba
el regreso la impulsaba con fuerza a seguir y apostar su energía en el estudio.

En el primer año hace un grupo de cuatro amigas, grupo que oficia de
soporte subjetivo y social, que ayuda a sostener las acciones. *"Éramos cinco,
hacíamos todo juntas, íbamos a los prácticos, nos juntábamos a estudiar, hacíamos
los trabajos, hacíamos todo juntas"*. Luego se van separando porque elijen distintas carreras, unas cursan bioquímica, otras hacen farmacia. Por otra parte,
están *"los chicos del edificio"*, quienes estando en situación semejante, se ayudan y sostienen. La sobrevivencia, la superación de las situaciones de angustia,
es entendida por esta estudiante pronto a egresar, como parte de un proceso
de acompañamiento entre pares que se da por la empatía que se produce
entre ellos al encontrarse en situaciones parecidas. *"Sacan fuerzas de donde no
tienen"*, es la expresión de ella. El recibirse es la gran meta, van sorteando los
obstáculos y renuncian a algunas actividades de tipo social para no fracasar en
los exámenes parciales. *"Tu prioridad es recibirte y además tampoco vas a estar
angustiándote, pasándola mal"*. Una de las claves es encontrar un compañero
de estudio, *"el que va a terminar siendo tu amigo toda la vida porque terminas
compartiendo todo, más si viene a vivir solo"*. A pesar de haber sufrido el desarraigo, al final de la carrera piensa su proyecto profesional en esta ciudad, sin
desear el regreso al pueblo.

*"Estoy tan acostumbrada a la ciudad, a lo que es el ritmo…mi pueblo es
un pueblo muy chiquito…además este año tengo un ritmo de vida terrible…yo
tengo miedo de que cuando vuelva a mi pueblo no sepa qué hacer…tengo pensado
quedarme unos años más"*.

Podemos decir que se ha dado un proceso de re-arraigo, han pasado
unos años y la vida ha comenzado a armarse en este nuevo espacio. Las formas
de acción propias de la gran ciudad se han internalizado, los nuevos lazos sociales, la vida independiente respecto de los padres, las posibles oportunidades
laborales comienzan a imaginarse fuera del pueblo de origen.

La tercera alumna era oriunda de Villa María, una ciudad relativamente grande, pero con un ritmo distinto al de la gran urbe. Viene a Córdoba
porque sus hermanos ya habían estudiado acá. El primer año convive con su
hermana, cinco años mayor. Ello le facilita la llegada porque todo lo relativo
a lo doméstico estaba organizado. Aun así, reconoce que el primer año fue el
período más complicado. *"Ella me guiaba, o me mandaba, hasta que bueno,
poco a poco fui haciéndome sola…"* *"Fue impactante ver tanta cantidad de gente
en la calle…todo el ritmo de Córdoba es así como acelerado. Villa María no es un
pueblo, pero tiene un ritmo de vida más tranquilo y era todo nuevo"*

Los siguientes cuatro años vive sola. Considera que ha sido más independiente que sus hermanos, que necesitó menos de la presencia de los padres porque en la universidad privada le dieron mayor contención que a sus
hermanos en la universidad nacional. *"No me hizo falta porque me sentí todo el*

tiempo contenida en la carrera…me sentí muy bien acá. Me encantaba siempre venir a clases y ahora que estamos terminando es como…(risas)"

La imagen de sí misma como una persona independiente fortalecía su posibilidad de acción ante la novedad. Durante la semana, con las actividades, no extrañaba. *"Los fines de semana me quería ir siempre, me angustiaba mucho estar aquí un domingo, comer sola, pero con los años me fui haciendo más fuerte y ahora me encanta estar sola…"*

En este caso también apelaba a sus amigas, oriundas de la misma ciudad, con las cuales se reunían, si ello no era posible la situación le ocasionaba mucha angustia. *"Si no, me quedaba en mi casa, llorando porque extrañaba o me aburría, no sabía qué hacer. Me parecía que solamente tenía que estar acá para estudiar y que, si tenía tiempo libre, era para estar en mi casa"*

Al cabo de los años, ya llegando al final de su carrera, siente haber superado los obstáculos y reconoce el valor de conocer gente nueva, el aprender a vivir sola, hacer cosas por su cuenta, administrar el dinero, limpiar, ordenar, todas acciones novedosas que la han ido empoderando, dando fuerza y disposiciones para desenvolverse con soltura en la ciudad y en la universidad. Del mismo modo que la alumna anterior expresa que ya se ha hecho a la ciudad y que no desea volver a su lugar de origen. Han armado un nuevo proyecto y la independencia conquistada no quiere ser perdida.

V.- Conclusiones

Las migraciones implican procesos de desarraigo por la discontinuidad que se genera en la vida del sujeto. Este proceso se liga a un abandono en el que se pierden los espacios conocidos, los aromas, las formas cotidianas de hacer las cosas, el espacio propio. Dicho proceso puede tener distintos efectos en función de los recursos internos de los estudiantes como también otros factores. Son significativos, la acogida en un entorno agradable (la nueva casa, la universidad), la convicción del proyecto iniciado, el apoyo familiar, la seguridad económica y los lazos sociales generados. Los tres alumnos han sido recibidos por un familiar, no han llegado a la gran ciudad totalmente solos. Ello pudo ser un factor importante en el sostenimiento de la carrera en términos del acompañamiento afectivo en la primera etapa que es la más difícil de sortear desde el punto de vista subjetivo, social e intelectual. Reconocen el impacto del desarraigo y la sensación de pérdida del espacio hogareño como lugar de acogida y distensión. Si bien no son pérdidas definitivas las mismas los colocan en situación de duelo el que será tramitado psíquicamente de manera particular por cada uno de los migrantes, en relación con sus rasgos distintivos, a su personalidad.

Habiendo llegado al final de carrera, luego de cinco de años de vida en la nueva ciudad, se sienten cómodos en el nuevo lugar construyendo una nueva pertenencia, lo que ahora duele dejar. Las transformaciones dadas en la cotidianeidad, y la incorporación de la novedad, requieren de los sujetos una gran inversión de energía psíquica para poder manejarse en los espacios y en función de los tiempos que cambian sustantivamente si lo comparan con los lugares de origen. Las formas de acción son otras y los jóvenes debieron ir construyendo nuevas disposiciones, en términos de Bourdieu (2007), que les permitieron, de manera progresiva, ir sintiéndose como pez en el agua.

El plan de acción proyectado ha podido ser cumplido y se sienten que ha valido la pena la superación de cada obstáculo. Tanto los desplazamientos al campus, el paso por los exámenes, la angustia de los fines de semana, así como la asunción de las tareas domésticas, han sido aprendizajes necesarios para el alcance de la independencia. Los amigos de sus lugares de origen han tenido un papel fundamental en el apoyo afectivo ante las situaciones de angustia, organizando actividades que compensen la soledad y el desamparo que produce la ausencia de la familia, especialmente los fines de semana. No nombran actividades organizadas desde la universidad que hayan operado como experiencias sustantivas ante los sentimientos de desarraigo. Los estudiantes se identifican entre ellos sufriendo las pérdidas, y de manera espontánea, despliegan redes que colaboran con el sostenimiento subjetivo que les permiten sobrellevar las transformaciones dadas por la mudanza. Dice una de las entrevistadas: *"Porque estudiar en una universidad implica un montón de cosas más que nada cuando venís del interior, que te tenés que desarraigar de tu casa, de tu familia, de valerte por ti mismo…no creo que todos estén preparados."*

La investigación puede arrojar resultados que alimenten el diseño de políticas de inclusión en el acceso y permanencia en la Universidad propiciando acciones acordes a las demandas específicas, generando diversos mecanismos de integración en el ingreso y durante los estudios universitarios. Como proyección social se pueden enriquecer las intervenciones de la Universidad en relación con la articulación con el nivel secundario creando nuevos proyectos académicos que permitan el acompañamiento a los estudiantes en el pasaje de la escuela secundaria a la universidad, favoreciendo la permanencia y evitando la deserción. Por otra parte, los resultados permitirían objetivar las características que asumen los procesos migratorios impulsando espacios de reflexión, sistematización y difusión de experiencias que favorezcan el acompañamiento inicial en la carrera universitaria como así los procesos de aprendizaje, considerando también las movilizaciones subjetivas y sociales, desde prácticas que tiene como objetivo la inclusión educativa.

Bibliografía

Bertaux, D. 1997. El enfoque biográfico: su validez, sus potencialidades. En *Cahiers Internationaux de Sociologie*, Vol. LXIX:197–225. París

Bourdieu, P. 2007. *Razones Prácticas. Sobre la teoría de la acción.* Barcelona: Anagrama

Gómez, S. 2012. La construcción del lugar de alumno durante el tránsito inicial en el primer año de la vida universitaria. En *Revista Praxis Educativa.* La Pampa: Miño y Dávila. http://www.biblioteca.unlpam.edu.ar/pubpdf/praxis/v16n1a07gomez.pdf

Gómez, S., Azar, E., Medina, S. 2015. Aspectos distintivos y semejantes en poblaciones estudiantiles universitarias de diferentes carreras. Primeras referencias sociodemográficas. En *Educación,* 24(47): 115-133. Perú

Grinberg, L., & Grinberg, R. 1971. *Identidad y cambio.* Buenos Aires: Mauri Hermanos.

Grinberg, L; Grinberg, R.1984. *Psicoanálisis de la migración y el exilio.* Alianza Editorial: Madrid

Laino, D. 2000. *Aspectos psicosociales del Aprendizaje* Homo Sapiens: Rosario.

Capítulo 6

Capitales culturales y escolares puestos en juego durante el primer año de la carrera universitaria

Rosana Carina Enrico

I.- Introducción

El presente escrito se propone compartir alguno de los hallazgos obtenidos en una investigación realizada para obtener el grado de Magister en Investigación Educativa denominada *"El oficio de estudiante y los capitales culturales en jóvenes migrantes que estudian Ciencias Químicas en la Universidad Nacional de Córdoba y en la Universidad Católica de Córdoba".* En esta oportunidad haremos foco particularmente en uno de los interrogantes planteados que aborda con qué capitales culturales y escolares cuenta el estudiante al iniciar una carrera universitaria.

La metodología de investigación fue cualitativa, se seleccionó como instrumento para la recolección de datos la entrevista en profundidad. La población objeto de estudio fueron ingresantes a la Facultad de Ciencias Químicas de la Universidad Católica de Córdoba y de la Universidad Nacional de Córdoba en una franja etaria entre los 18 y los 24 años, que migraron de sus lugares de origen para radicarse en la ciudad a fin de iniciar su proyecto universitario.

II.- Sobre el concepto de campo y los capitales en juego

Partimos de considerar al ingresante universitario como un sujeto aprendiente, que se constituye como tal en el contexto socio-histórico-cultural en el cual nace y crece. En el devenir de su historia de vida incorpora en una relación vincular con otros, disposiciones, recursos y experiencias que integran los capitales culturales y escolares, los que, consolidados como habitus, conforman la modalidad de aprendizaje que será sustento para comenzar a transitar esta nueva etapa educativa.

En este sentido, consideramos pertinente hacer referencias al concepto de capital en tanto el mismo nos permite dar cuenta de los recursos con los que el ingresante inicia su carrera y va construyendo el oficio de estudiante universitario. A saber, entendemos el capital como "una relación social, es decir, una energía social que ni existe ni produce sus efectos si no es en el campo en la que se produce y se reproduce" (Bourdieu, 1988, p.11). Los capitales son bienes, materiales o simbólicos, que se acumulan o se pierden. Las familias apuestan (más o menos, según las posiciones ocupadas) para la obtención de estos. De este modo, concebimos el campo como un espacio social, un campo de fuerzas y luchas, "dentro del cual los agentes se enfrentan, con medios y fines diferenciados según su posición en la estructura del campo de fuerzas, contribuyendo de este modo a conservar o a transformar su estructura". (Bourdieu, 1997, p.49)

Es decir, los agentes se desplazan en el espacio social ocupando determinadas posiciones según los capitales adquiridos en sus trayectorias individuales y colectivas. En relación a capital, expresa Bourdieu "el capital es trabajo acumulado, bien en forma de materia, bien en forma interiorizada o "incorporada" (…) es una fuerza inherente a las estructuras objetivas y subjetivas (…) un principio fundamental de las regularidades del mundo interno social" (2009, p. 131).

En tanto principio que regula las prácticas y las relaciones de los agentes en el mundo social, se distinguen diferentes tipos de capitales: el capital simbólico, el capital económico, el capital cultural y el capital social. El capital simbólico se obtiene por el conocimiento y reconocimiento de los otros agentes de los capitales antes mencionados. "Es decir, capital -en la forma que sea- en la medida en que es representado, esto es, simbólicamente aprehendido, en una relación de conocimiento o, para ser más exactos, de reconocimiento y desconocimiento (…), presupone la intervención del habitus." (Bourdieu, 2009, p.136)

Estos capitales que ponen en juego los agentes en los campos sociales pueden considerarse "como los diferentes recursos que se producen y negocian en el campo, y cuyas especies, por eso mismo, varían en función de las distintas actividades (juegos o luchas) de los diversos campos" (García Inda, 2009, p.17) Esta noción, nos habilita a considerar como capitales a los recursos y bienes de que dispone el estudiante que sirven a la vez de medios y de apuestas para ocupar determinada posición en el campo, en este caso, el nivel universitario.

La universidad posee una lógica de funcionamiento social particular y específica, acceder y permanecer en ese campo requiere que el estudiante ponga en juego recursos o capitales que se consideran relevantes por quienes lo integran. Es decir, el ingresante deberá traducir en función de los recursos que posee cuales son las demandas del campo "universidad". "El capital específico del campo es a la vez la condición de entrada en cada campo social, y el objeto y el arma de la actividad en dicho campo." (Garcia Inda, 2009, p.17) Al respecto, Bourdieu plantea

> En la práctica, esto es, en un campo particular, todas las propiedades incorporadas (disposiciones) u objetivadas (bienes económicos o culturales) vinculadas a los agentes no siempre son simultáneamente eficientes; la lógica específica de cada campo determina aquellas que tienen valor en ese mercado, que son pertinentes y eficientes en el juego considerado, que, en la relación con ese campo, funcionan como capital específico y, en consecuencia, como factor explicativo de las prácticas. (Bourdieu, 1988, p.112)

En otras palabras, los campos sociales se distinguen por los tipos de capitales y los intereses que se ponen en juego en ese campo específico. Los capitales culturales y escolares, en tanto específicos del campo educativo, cobran relevancia cuando pensamos en el proceso de construcción del oficio de estudiante universitario que tiene que llevar a cabo el ingresante para acceder y permanecer en la institución.

III.- Capitales culturales y escolares

Los capitales culturales y escolares incorporados por los ingresantes en su trayectoria de vida se ponen en juego en el transcurso del primer año de la facultad para construir el oficio de estudiante. Es decir, los bienes, las disposiciones y estrategias con las que cuenta el estudiante para organizar sus prácticas, desempeñarse académicamente y adaptarse a los códigos propios de la enseñanza superior.

En relación a los capitales culturales Bourdieu refiere

> El capital cultural puede existir en tres formas o estados: en estado interiorizado o incorporado, esto es, en forma de disposiciones duraderas del organismo; en estado objetivado, en forma de bienes culturales, cuadros, libros, diccionarios, instrumentos o máquinas, que son resultado y muestra de disputas intelectuales, de teorías y de sus críticas; y, finalmente, en estado institucionalizado, una forma de objetivación que debe considerarse aparte porque, como veremos en el caso de los títulos académicos, confiere propiedades enteramente originales al capital cultural que debe garantizar. (2009, p.136)

Para que el capital cultural adquiera el estado de incorporado (habitus) requiere de un proceso de interiorización de parte del sujeto. "La acumulación inicial del capital cultural (…) comienza desde el origen (…) para los miembros de las familias munidas de un sólido capital cultural, ya que en ese caso el tiempo de acumulación engloba la totalidad del tiempo de socialización." (Bourdieu, 2013, p. 217) Podemos decir entonces, que es en el núcleo familiar, en tanto estructura social, donde el recién nacido se constituye en sujeto humano y social al ingresar a una red de relaciones comunicativas, que conforman su mundo de la vida (Habermas, 1989), donde va incorporando valores, actitudes, significados y sentidos, que le permiten ir construyendo modos propios de ver el mundo, el marco desde donde interpreta la realidad.

En el mundo de la vida el sujeto desarrolla su identidad como miembro del grupo social de pertenencia. Desde su nacimiento incorpora los capitales culturales que se transmiten en el seno de la familia, proceso de interiorización en el que el capital incorporado se estructura en disposiciones, que constituye el habitus. (Bourdieu, 2009) En este sentido,

> La incorporación del capital cultural puede realizarse -en diferente grado según la época, la sociedad y la clase social- sin medidas educativas expresamente planeadas y, por lo tanto, de forma completamente inconsciente. El capital cultural corporeizado queda determinado para siempre por las circunstancias de su primera adquisición. Estas circunstancias dejan huellas más o menos visibles, como la forma de hablar propia de una clase o una región, y determinan a su vez el valor concreto de un capital cultural. (Bourdieu, 2009, p.141)

Lo referido da cuenta de la importancia que cobran las condiciones subjetivas y sociales del contexto de origen del sujeto para que todo el proceso de aprendizaje y socialización desde el nacimiento posibilite la acumulación de capital cultural y las disposiciones requeridas para la universidad. A su vez, la institución educativa "tiende a proporcionar el capital escolar, que otorga bajo la forma de títulos (credenciales), al capital cultural que posee la familia y es transmitido por una educación difusa o explícita en el curso de la primera educación." (Bourdieu, 2008, p.95)

Los capitales escolares son aquellas disposiciones, recursos y estrategias aprendidas en la trayectoria educativa del sujeto, por la acción pedagógica ejercida en la escuela, mediante un proceso de enseñanza y aprendizaje en el que se invierte dedicación y tiempo personal, así como "una forma de afán (libido) socialmente constituido, el afán de saber (libido sciendi), con todas las privaciones, renuncias y sacrificios que pueda comportar." (Bourdieu, 2009, p.139)

La posibilidad de acceso y apropiación de los capitales escolares, así como, de los bienes culturales materiales (libros, enciclopedias, diccionarios, etc.) que puedan servir a los fines educativos tiene vinculación con el capital económico y social de la familia de origen. Al respecto, Sidicaro refiere

> El paso por las instancias educativas formales consagraba, mayoritaria si bien no exclusivamente, a los estudiantes cuyas procedencias familiares –culturales, económicas y de vinculaciones sociales– los colocaban en situaciones aventajadas (…) ante la acción escolar "igualitaria", que valoraba positivamente las sensibilidades, predisposiciones y conocimientos que traían de sus hogares y trayectorias previas. (2013, p. XIX)

El ingreso a la facultad demanda en el estudiante los capitales culturales, adquiridos desde el seno de la familia y de trayectos escolares previos, necesarios para adaptarse a las exigencias académicas propias del nivel. Al respecto, Ezcurra (2011) expresa que tanto las expectativas de los docentes como los dispositivos institucionales parten de un capital cultural esperado. "Asimismo, y respecto del capital real del alumnado, sobresale un componente central: un cúmulo de habilidades y conocimientos, socialmente condicionado, que encaja o no con esos parámetros." (Ezcurra, 2011, p.59)

IV.- Capitales culturales interiorizados como habitus

Los capitales culturales, consolidados como habitus, son los recursos que el estudiante fue incorporando en su trayectoria de vida, desde las prácticas sociales en la vida familiar y de itinerarios escolares previos. Entendemos por habitus "sistemas de disposiciones duraderas y transferibles, estructuras estructuradas predispuestas a funcionar como estructuras estructurantes, es decir, como principios generadores y organizadores de prácticas y de representaciones" (Bourdieu, 2007, p. 86)

El habitus incluye factores afectivos y cognitivos registrados en el organismo que se traducen en una disposición corporal incorporada. Es decir, disposiciones subjetivas-sociales para sentir, actuar, pensar, aprender de determinada manera, "esa especie de sentido práctico de lo que hay que hacer en una situación determinada". (Bourdieu, 1997, p.40) Por tanto, aquella matriz que le brinda al sujeto recursos para realizar acciones que considera posibles por su compatibilidad con ciertas regularidades del campo. Al respecto García Inda expresa

> La propia historicidad del habitus es la que no permite hablar en términos de una reproducción estrictamente mecánica o mecanicista, ya que el habitus funciona en relación al campo social y produce o genera prácticas diferentes según lo que acontece en el campo. (2009, p. 33-34)

El habitus que se genera en la trama de relaciones vinculares subjetivo sociales vivenciadas en el núcleo primario, "experiencias pasadas que, registradas en cada organismo bajo la forma de esquemas de percepción, de pensamientos y de acción, tienden, (…) a garantizar la conformidad de las prácticas y su constancia a través del tiempo." (Bourdieu, 2007, p. 88-89) Es decir, aquellas disposiciones que determinan en cada sujeto un modo singular y una predisposición a interactuar con la realidad de determinada manera.

Las instituciones educativas darán lugar a nuevas experiencias que transforman y enriquecen las estructuras internas, no por superposición sino por la adquisición de nuevas disposiciones que posibilitan la reestructuración de la estructura interna del sujeto. El tránsito por la institución educativa, en este caso la universidad, implica desplegar el capital incorporado en trayectos educativos previos para comprender las relaciones sociales y el modo de funcionamiento del nuevo entorno. Coulon refiere que esto depende

> del antiguo hábito, pero constituye esencialmente un nuevo aprendizaje práctico basado en la interpretación de ese nuevo universo (…) una nueva forma de organización social [que] representa una tarea de compilación, un continuo bricolaje de integración de microexperiencias pasadas, una labor incesante de sedimentación, de clasificación de las nuevas experiencias en relación a las antiguas y de incorporación de "nuevos métodos de comprensión" de la vida social. (1995, p.172)

Es decir, las experiencias primarias inciden en las experiencias ulteriores de acuerdo a las condiciones sociales en que han sido engendradas y a las condiciones sociales en las que se ponen práctica. "Puesto que el habitus es una capacidad infinita de engendrar, con total libertad (controlada), unos productos -pensamientos, percepciones, expresiones, acciones- que siempre tienen como límite las condiciones histórica y socialmente situadas de su producción" (Bourdieu, 2007, p. 90)

Los estudiantes al ingresar a la universidad ponen en juego los recursos y disposiciones incorporadas (habitus) en la trayectoria familiar y escolar. Estos son sustento de partida y a la vez posibilidad de despliegue para la construcción del oficio de estudiante universitario. Al respecto Bourdieu expresa

> El habitus, que se constituye en el curso de una historia particular, imponiendo a la incorporación su lógica propia, y por medio del cual los agentes participan de la historia objetivada de las instituciones, es el que permite habitar las instituciones, apropiárselas de manera práctica, y por lo tanto mantenerlas en actividad. (2007, p. 93)

Por tanto, el habitus, en tanto disposiciones interiorizadas e incorporadas, forma parte de la modalidad de aprendizaje del sujeto y "da cuenta de la unidad de estilo que atraviesa a la vez las prácticas y los bienes de un agente singular o de una clase de agentes" (Bourdieu, 2007, p.31) Es decir, los recursos y bienes con los que el estudiante transita las instituciones, la manera singular en que percibe e interpreta las situaciones de aprendizaje que se le presentan.

V.- Acerca de la modalidad de aprendizaje

Creemos pertinente en la línea teórica que se viene desarrollando incorporar el término "modalidad de aprendizaje" (Fernández, 2000, 2012; Quiroga, 1997) en tanto el mismo, al igual que "habitus" (Bourdieu, 1988, 1997, 2007) refieren a las disposiciones, esquemas y recursos internos del sujeto que componen la estructura a partir de la cual interactúa con la realidad. El ingresante universitario, como sujeto aprendiente, en su vinculación con los objetos de conocimiento pone en juego, el organismo, la inteligencia y el deseo mediatizado por el cuerpo (Fernández, 2012), en un contexto socio-histórico-económico-cultural que lo atraviesa constituyendo la dimensión social del sujeto.

Consideramos la familia como "el ámbito primario de emergencia y constitución de la subjetividad, el escenario inmediato de nuestras primeras experiencias, de los protoaprendizajes fundantes de nuestros modelos de aprender" (Quiroga, 1997, p.43). Desde el nacimiento en una relación vincular con quien cumple la función materna el sujeto construye una "modalidad de aprendizaje", es decir, "una forma particular de relacionarse, de buscar y construir conocimiento (…) esquema de operar que se va a ir utilizando en las diferentes situaciones de aprendizaje" (Fernández, 2015, p.10-11)

Esta modalidad o estructura interna de aprendizaje, es la mediadora entre el sujeto y el mundo externo en dos sentidos, a través de esta el sujeto conoce e interactúa con la realidad y esa interacción le permite la adquisición de nuevos aprendizajes. (Quiroga, 1987) El estudiante, al ingresar a la universidad, tiene que poner en juego su modalidad de aprendizaje, sus disposiciones y prácticas para descubrir, internalizar e interpretar las reglas y códigos propios de la comunidad educativa, así como, ponerlos en práctica en su desempeño académico. Este proceso le permite lograr autonomía para ser gestor de su trayectoria estudiantil.

Coulón (2005) expresa que la característica común de cualquier pasaje a la educación superior en todas las universidades y en todos los campos, es el aprendizaje del trabajo autónomo. Esto se torna difícil porque el estudiante, a diferencia del nivel secundario no tiene instrucciones claras que lo guíen en este proceso. En la universidad, nadie le impone un ritmo de trabajo, tienen que aprender a manejar sus tiempos, por lo general la época de exámenes demanda esfuerzos intensos y concentrados, alternados con momentos más relajantes y un ritmo más lento durante el cursado.

En este sentido, consideramos coherente introducir el concepto "autoría de pensamiento" de Alicia Fernández quien la define como "el proceso y el acto de producción de sentidos y el reconocimiento de sí mismo como protagonista o partícipe de tal producción" (2000, p.117) Lo que implica que ante el desafío que presenta una situación inédita, el estudiante tiene que tomar decisiones, pensar estrategias y apelar a la creatividad para abordar la situación y construir posibles soluciones. "Pensar supone entrar en los deseos, viendo lo posible y lo imposible, para después poder trabajar en la dirección de hacer probable algo de lo posible. Y todo este movimiento va recorrido por elegir y decidir." (Fernández, 2000, p. 119)

VI.- Las voces de los estudiantes

En el grupo de ingresantes entrevistados, indagamos sobre algunos aspectos subjetivos, cognitivos y socioculturales construidos en la trayectoria de vida del estudiante. Consideramos que conocer estas características y disposiciones del ingresante nos permite identificar cuáles son los capitales culturales y escolares con los que cuenta al ingresar en el nivel universitario; los que en el transcurso del primer año de la carrera se desplegarán para comprender esta nueva situación vital que se les presenta y comenzar a construir el oficio de estudiante universitario.

En esta oportunidad, presentamos dos de las categorías identificadas a partir del análisis e interpretación de las primeras entrevistas a los estudiantes donde dan cuenta de los capitales culturales y escolares incorporados en su trayectoria de vida. Para ello, se articula la singularidad de las voces de los estudiantes con la generalidad de los conceptos teóricos trabajados.

Características subjetivas y socioculturales del ingresante

El capital cultural interiorizado por el estudiante está conformado por las experiencias vividas de las prácticas sociales en el mundo de la vida familiar y comunitaria en el cual crece y se desarrolla, experiencias que se enriquecen de acuerdo a las posibilidades de acceso a diversos bienes culturales.

A los fines de comenzar a conocer algunos de los bienes culturales a los que tuvieron acceso este grupo de estudiantes, se les preguntó acerca de las actividades recreativas, físicas y deportivas que realizaron en el transcurso de su historia de vida.

En los relatos, todos expresan haber realizado y en algunos casos continuar desarrollando actividades de este tipo en su tiempo libre. Refieren a deportes tales como taekuondo, gimnasia artística, vóley, básquet, patín, hándbol, hockey, rugby, acrobacia aérea, natación; diferentes danzas, entre ellas, flamenco, danza clásica y valet, folklore; ir al gimnasio solos o con amigos, haber aprendido a tocar la guitarra y haber tomado clases de inglés; sólo uno de los estudiantes manifestó ser aficionado a la lectura.

...estudié danza, danza clásica y valet y... eso de chiquita siempre hice como deporte natación (D.1)

...como deporte tenía el Hockey e iba tres días a la semana, a la tarde noche iba a entrenar y los fines de semana, jugaba partidos, competencias (J.1)

Y hacía flamenco y a veces, bueno, gimnasio, pero en momentos sí, en momentos no (N.1)

Se observa una predominancia de actividades físico-deportivas por sobre aquellas relacionadas con la creación artística y cultural. Lo que nos interesa al respecto es que el desarrollo de este tipo de actividades requiere de quienes las practican la adquisición e incorporación de habilidades y actitudes tales como disciplina y esfuerzo, disposición y compromiso para el trabajo en equipo, respeto por el otro, tolerancia a la frustración, planificación estratégica. Disposiciones que al ser integradas en la estructura interna del sujeto pasan a constituir el bagaje a partir del cual comprenden y resuelven las situaciones que se le presentan en la vida cotidiana; por lo que podríamos suponer que la mayoría de los estudiantes que integran este grupo cuenta con recursos internos que los posicionan de manera favorable para afrontar las situaciones novedosas propias del ingreso en este nuevo contexto.

En esta misma línea de análisis entendemos que las actividades generales de esparcimiento y turismo con amigos o familiares aportan al estudiante conocimientos, percepciones e interacciones sociales que lo enriquecen. Al respecto, la mayoría relatan salidas con su familia a cenar, al cine, a visitar otros familiares e irse de vacaciones a poblaciones cercanas, otras provincias o incluso al extranjero.

...nos fuimos a Ushuaia, nos fuimos a Misiones, nos fuimos a Neuquén a verla a mi tía de parte de mi papá (A.1)

A Brasil fuimos y la mayoría de las veces vamos para allá para Brasil (G. 1)

...nos íbamos a la costa argentina y dos o tres veces habremos ido a la costa de Brasil (M. 1)

Sólo dos estudiantes hacen referencia a la situación económica como obstaculizadora para salir con frecuencia.

Sí salíamos de vez en cuando pero no mucho, porque bueno somos cinco y cuesta por ahí... (I.1)

...si pero bueno allá no hay plata para ir al cine. Tenés que juntar, esas cosas y bueno... (B. 1)

En cuanto a las salidas con amigos, la mayoría expresan juntarse generalmente los fines de semana para ir al cine, a cenar, a los boliches o en una casa para compartir un momento.

...salir al cine, a comer con mis amigas esas cosas así (D. 1)

... teníamos salidas de promo, siempre y si no bueno los sábados a los boliches. (F. 1)

Iba al boliche, a la tarde nos juntábamos en alguna casa tomábamos mates, la pileta si hacía calor… (J. 1)

Hasta aquí hemos dado cuenta de las posibilidades de acceso a determinados bienes culturales que han tenido los ingresantes entrevistados en su trayectoria de vida. Encontramos que la mayoría han realizado actividades extraescolares, así como, el empleo del tiempo libre en salidas compartidas con familiares y amigos. Suponemos estas instancias de aprendizaje e intercambio con otros, ha posibilitado la acumulación de cierto capital cultural que consolidado como habitus constituye la matriz a partir de la cual interactúan con el nuevo contexto.

Trayectoria educativa previa

La mayoría de los ingresantes expresan haber transitado su escolaridad primaria y secundaria en escuelas de gestión privada, siendo más de la mitad de estas instituciones católicas.

En cuanto a la trayectoria escolar realizada, nos pareció relevante indagar acerca de la orientación que eligieron cursar en el último tramo del secundario, ya que la formación en asignaturas disciplinares afines a las ciencias químicas les posibilita la incorporación de conocimientos previos, así como una serie de capitales escolares, que al inicio del cursado universitario serán sustento para la construcción significativa de los nuevos aprendizajes.

Sólo cuatro estudiantes expresan haber cursado la orientación en Ciencias Naturales o Biología. El resto, en Ciencias Sociales y Humanidades, y Economía. Algunos expresan que al momento de elegir la orientación tenían pensado realizar otra carrera, otros que el colegio no tenía orientación en ciencias naturales, pero les convenía por la cercanía de sus hogares.

En consonancia con lo que se viene desarrollando al consultarles sobre cómo valoran la enseñanza recibida en los trayectos educativos previos en relación a las demandas educativas actuales, algunos expresan que los aprendizajes construidos en la escolaridad previa no son suficientes para afrontar los contenidos enseñados en el ingreso a la facultad *"allá la escuela no te enseñan bien como para ir a la facultad" (B.1)*, *"no sé acá, pero los colegios no son buena base" (H.1)*, *"lo que pasa es que yo no tengo una buena base de Matemáticas" (D.1)*, aunque reconocen que el haber cursado una orientación diferente puede tener influencia en este sentido; otros refieren haber visto lo temas que les enseñan pero con diferente profundidad en el abordaje *".. o sea lo que yo hice allá es lo que estoy viendo acá" (E.1)*, *"..todo lo que me están dando ya lo vi" (F.1)*

Lo referido en párrafos anteriores nos posibilita reconocer en este grupo de ingresantes cierta carencia en su trayectoria educativa previa en el acceso a contenidos conceptuales vinculados directamente con el campo disciplinar específico. Esto les demanda estudiar por su cuenta conocimientos que se suponen ya adquiridos en trayectos previos y mayor dedicación a la comprensión de los nuevos conceptos.

En otro orden, pero directamente vinculado a la trayectoria educativa previa, se les preguntó cómo habían sido como alumnos. Consideramos esto nos permite dar cuenta de algunos aspectos relacionados con la imagen que tienen de sí como estudiantes a lo largo de su trayectoria escolar y, a partir de allí, inferir modificaciones que pueden reconocer ante el nuevo tránsito en la universidad. En las respuestas dadas se describen, en general, como muy buenos alumnos. Algunos han sido abanderados o escoltas, han obtenido otro tipo de reconocimientos o becas. Aquellos que identifican un rendimiento menor en el secundario, lo hacen como algo episódico que se superó. En ningún caso hay repitencia de grado o curso. En solo dos casos, aparecen algunas expresiones en las cuales se expresan dificultades por aprender y vagancia de hacerlo.

Lo que interesa analizar es la percepción anticipada sobre la necesidad de haber sido "muy buen alumno" para optar por una carrera como la que han elegido. Podríamos pensar que circula en el mundo social un juicio previo acerca de determinadas carreras que requieren de los sujetos una suerte de "inteligencia mayor" o, por el contrario, de "mucha dedicación" que la compense de no ser suficiente. Mejor aún si se encuentran ambas. Esta es una disposición que se ha internalizado a lo largo de la trayectoria escolar. Luego los propios sujetos, en función de sus calificaciones escolares, se van midiendo en términos de mayores o menores posibilidades para unas u otras carreras universitarias.

La imagen sobre lo que representa ser alumno queda, en primera instancia, circunscrita a las calificaciones obtenidas.

Era una de las mejores… (A.1)

… fui abanderada (C.1)

Tengo una beca de mejor promedio (G.1)

…en jardín fui abanderada, en primario fui abanderada y en el secundario fui escolta (J.1)

…básicamente me adelantaron porque ya sabía leer, escribir, sumar, restar y multiplicar… (M.1)

Luego aparecen algunos comentarios justificativos cuando el rendimiento ha disminuido. Aun así, en los casos que lo enuncian, ha sido una situación esporádica sin mayores dificultades de superación.

No era mala alumna, pero no tenía buenas notas, pero no porque no… no porque no, haber, cómo lo explico, porque no estudiaba. (I.1)

No fui muy buena digamos. No era promedio diez. Me he llevado un par de materias, de segundo, tercero. Ahora en quinto no, terminé dentro de todo con un buen promedio, pero bien, o sea… (N.1)

Lo expresado en párrafos anteriores nos permite suponer que la mayoría de los ingresantes ha transitado su escolaridad previa sin dificultades académicas, y en algunos casos, con muy buenos promedios. Consideramos que esto ha posibilitado la construcción de disposiciones y recursos para acceder a los aprendizajes, así como, un vínculo saludable con los objetos de conocimientos y una imagen de sí, que lo posiciona de manera favorable ante las nuevas demandas de la universidad.

A modo de cierre de este apartado, en el que intentamos dar cuenta de los capitales culturales y escolares con los que iniciaron el trayecto superior los ingresantes entrevistados, nos parece pertinente, presentar algunos fragmentos de entrevistas donde expresan qué consideran ellos de su trayectoria de vida previa, les ha sido sustento y aporte para transitar el primer año universitario.

En este sentido, la mayoría de los estudiantes refieren en sus relatos a la familia, ya sea por el apoyo que reciben y la valoración del sacrificio que realizan sus padres para que ellos puedan estudiar *"yo tengo mucho apoyo de parte de mi familia y eso me re fortalece a mí" (G. 4), "ponerme las pilas digamos por el sacrificio de mis papás que hacen para mantenerme aquí" (I. 4)*; o por las enseñas cotidianas recibidas, que una vez internalizadas, les facilitan conducirse de manera autónoma *"eso lo tomé mucho de mis papás, porque yo hacía muchas cosas con mis papás o veía muchas cosas de mis papás que esas cosas al final las terminé aprendiendo. Qué se yo, a preguntar bien las cosas cuando hay que hacer un trámite o cosas así que son medio pavas pero cuando vos estás solo y tenes que hacer un trámite tenes que…" (C. 4), "Me criaron para ser responsable y entonces a los catorce años básicamente ya me valía por mí mismo" (M. 3)*

También aluden a características personales *"yo soy una persona muy perseverante entonces es como que intento, intento un montón de veces hasta que las cosas me salen" (G. 4), "una cierta madurez que está relacionado a lo emocional porque tiene que también, madurar en el sentido de que hay cuestiones que uno va aprendiendo y tiene que ver con el comportamiento…era estudioso y no me costó tampoco adaptarme al ritmo de la universidad" (K. 3), "nunca tuve dificultad para prestar atención con los temas, por ejemplo más en lo académico…eso me sirve porque después quizás qué sé yo anoto muchos cosas y esas muchas cosas me terminan sirviendo, por ejemplo" (C. 4)*

Sólo dos estudiantes mencionan cuestiones vinculadas específicamente a lo aprendido en el trayecto educativo previo *"una organización paso a paso de qué hacer, cada cosa como un plan digamos" (E. 4), "lo que yo le había contado que estudié antes Química. Eso me ayudó en el momento de… pero del ingreso nada más" (H. 3)*

Como podemos observar, la mayoría refieren a disposiciones, recursos, modos de ser y actuar, adquiridas en su mundo de la vida que consolidadas como habitus conforman una modalidad de aprender a partir de la cual ellos sienten que pudieron abordar las situaciones académicas y sociales novedosas, así como, incorporar nuevos aprendizajes.

VII. Vinculación con las trayectorias estudiantiles

Para finalizar este escrito, pondremos en diálogo lo referido en los apartados anteriores en relación a los capitales culturales y escolares incorporados como habitus con los que iniciaron estos jóvenes la universidad y el tránsito por el primer año universitario. En tal sentido, atendiendo a la particularidad de las trayectorias, podríamos diferenciar tres subgrupos.

El primero integrado por ingresantes que refieren haber tenido en su escolaridad previa muy buen rendimiento académico, algunos han sido abanderados o escoltas, han obtenido otro tipo de reconocimientos o becas. Estos estudiantes han realizado un tránsito fluido por el primer año universitario. Es decir, lograron en el primer cuatrimestre, interpretar los códigos y reglas propias de la facultad, así como, utilizar las estrategias necesarias para dar respuesta a las demandas académicas.

En el segundo grupo, ubicamos estudiantes que iniciaron sus estudios con un cúmulo de capitales culturales y escolares interiorizados que nos permite suponer los posicionaba de manera favorable para el ingreso y la permanencia. Sin embargo, en sus trayectorias estudiantiles se encontraron con dificultades para comprender e interpretar las prácticas académicas e institucionales del nivel superior, particularmente, en el caso de los extranjeros, el lenguaje se constituyó en obstaculizante para este logro.

El tercer grupo se encuentra constituido por aquellos estudiantes en los que se visibilizó cierta distancia entre los capitales culturales y escolares incorporados en relación con las disposiciones que se requieren como punto de partida en la universidad, traducidas en: escaso acceso a bienes culturales materiales en su trayectoria de vida, rendimiento regular en estudios previos, padres con nivel de escolarización básico, primera generación en intentar acceder a la universidad. Algunos de estos ingresantes no lograron regularizar, ni aprobar el ciclo de nivelación; otros pudieron regularizarlo para iniciar el primer cuatrimestre, pero no sostuvieron el cursado e interrumpieron su trayecto a mitad de año.

La inviabilidad de continuar el contacto una vez que los estudiantes dejaron la facultad, limita las posibilidades de dar cuenta de los motivos por los que han interrumpido su trayectoria estudiantil en las universidades de referencia. De todos modos, si consideramos sus relatos iniciales y el desempeño académico podemos suponer, en primera instancia, que tuvieron dificultades para responder a las exigencias curriculares. Igualmente, no descartamos que los motivos pudieran estar vinculados a la condición de ser estudiantes migrantes, a la dificultad específica en la construcción del oficio de estudiante o a otros motivos, como pueden ser los vocacionales ocupacionales.

En suma, en la población entrevistada, encontramos que aquellos estudiantes que tuvieron la posibilidad de acumular suficiente capital cultural y escolar en su trayectoria de vida lograron construir el oficio de estudiante universitario con mayor facilidad y en menor tiempo que aquellos con menores recursos culturales incorporados. Este resultado es coincidente con los hallazgos de algunas investigaciones indagadas (Boyer; Coridian & Erlich,

2001), (Pérez-Pulido, 2016), (Vicente, 2014) que dan cuenta de la incidencia que tienen los capitales culturales incorporados en el mundo de la vida del estudiante, para favorecer la integración y la permanencia en el nivel superior.

Bibliografía

Bourdieu, P. (2007). *El sentido práctico*. Buenos Aires: Siglo XXI.

Bourdieu, P. (1988). *La distinción. Criterios y bases sociales del gusto*. Madrid: Taurus.

Bourdieu, P. (2013). *Las estrategias de la reproducción social*. Buenos Aires: Siglo veintiuno.

Bourdieu, P. & Passeron, J. (2013). *Los herederos. Los estudiantes y la cultura*. Buenos Aires: Siglo XXI.

Bourdieu, P. (2009). *Poder, derecho y clases sociales*. Bilbao: Desclée de Brouwer. ProQuest ebrary. Web. 21 June 2016.

Bourdieu, P. (1997). *Razones prácticas. Sobre la teoría de la acción*. Barcelona: Anagrama.

Boyer, R.; Coridian, C. & Erlich, V. (2001). L'entrée dans la vie étudiante. Socialisation et apprentissages. Revue Française de Pédagogie, 136. Recuperado de http://ife.ens-lyon.fr/publications/edition-electronique/revue-francaise-dpedagogie/INRP_RF136_10.pdf

Coulon, A. (1995). *Etnometodología y Educación*. Buenos Aires: Paidós.

Coulon, A. (2005). *Le Métier d'Étudiant. L'entrée dans la vie universitaire*. Paris: Económica.

Ezcurra, A.M. (2011). *Igualdad en educación superior. Un desafío mundial*. Buenos Aires: Instituto de Estudios y Capacitación.

Fernández, A. (2015). El quehacer Psicopedagógico con las modalidades de enseñanza y aprendizaje en contextos actuales. Curso virtual. Buenos Aires: EPsiBA www.epsiba.com

Fernández, A. (2012). *La inteligencia atrapada. Abordaje psicopedagógico clínico del niño y su familia*. Buenos Aires: Nueva Visión.

Fernández, A. (2000). *Poner en juego el saber. Psicopedagogía: propiciando autorías de pensamiento*. Buenos Aires: Nueva Visión.

García Inda, A. (2009). Introducción. La razón del derecho: entre hábitus y campo. En Bourdieu, P. (2016) *Poder, derecho y clases sociales* (pp. 9-60). Bilbao: Desclée de Brouwer. ProQuest ebrary. Web. 21 June 2016.

Habermas, J. (1989). *Teoría de la acción comunicativa: complementos y estudios previos*. Madrid: Cátedra.

Pérez-Pulido, I. (2016). El proceso de adaptación de los estudiantes a la universidad en el Centro Universitario de Los Altos de la Universidad de Guadalajara. Tesis de Doctorado Interinstitucional en Educación. Guadalajara, Jalisco: ITESO. Recuperado de https://rei.iteso.mx/bitstream/handle/11117/3591/DIETesis%20Ignacio%20P%C3%A9rez_copy.pdf?sequence=5

Quiroga, A. (1987). *Enfoques y perspectivas en Psicología Social. Desarrollos a partir del pensamiento de Enrique Pichón Riviere*. Buenos Aires: Cinco.

Quiroga, A. (1997). *Matrices de aprendizaje. Constitución del sujeto en el proceso de conocimiento*. Buenos Aires: Cinco.

Vicente, M. E. (2014). Perfiles y trayectorias de los ingresantes a Ciencias de la Educación en la Universidad Nacional de La Plata. *Ciencia, Docencia y Tecnología*, Nº 48, pp. 49 – 73. Concepción del Uruguay: Universidad Nacional de Entre Ríos. Recuperado de http://www.redalyc.org/articulo.oa?id=14531006003

Capítulo 7

Juventudes doctorales
Una experiencia de abordaje psicopedagógico en trayectorias de posgrado

María Eugenia Marull

I.- Introducción

El propósito de esta instancia de escritura es socializar una experiencia de abordaje psicopedagógico con jóvenes estudiantes de la carrera de Doctorado en Ciencias Químicas de la Facultad de Ciencias Químicas (FCQ) de la Universidad Nacional de Córdoba (UNC).

En pos de la contextualización de la experiencia, el primer apartado refiere al devenir de esta encuadrada en el desempeño profesional desde el Área de Orientación y Asesoramiento Educativo (AOE) de la institución en cuestión, espacio constituido por dos psicopedagogas, un trabajador social y un psicólogo, y del cual formé parte desde su creación y durante diecisiete años; con idéntica pretensión, brindar una descripción general de la población y sus demandas. El siguiente apartado, denominado *Territorio teórico*, explicita los anteojos conceptuales que enmarcaron la lectura situacional y la construcción de la propuesta de abordaje, anteojos que ciertamente responden a una epistemología particular, con sus correlatos político, ético y técnico. El tercer apartado, titulado *Acerca de las modalidades*, profundiza en la concepción de sufrimiento y, particularmente, en algunos sufrimientos que encontramos de manera recurrente en estas subjetividades en trayectoria doctoral. Por último, en el cuarto se expone el dispositivo implementado, logros evidenciados, como así también algunos supuestos de valor surgidos de la experiencia.

II.- Territorio contextual

La FCQ es una unidad académica con más de 50 años de vida relacionada a la química, constituyéndose en referente de esta área del conocimiento para el país y Latinoamérica. En la misma, se cursan actualmente cuatro carreras de grado y veintiuna de posgrado, entre doctorados, maestrías y especialidades. Las actividades se realizan en los diferentes laboratorios instalados en siete departamentos académicos, que integran la estructura organizativa de la institución y desde los cuales se coordinan la investigación, la docencia y las acciones de carácter extensivo. Más de seiscientos cincuenta profesionales, que acreditan formación en el campo disciplinar específico, despliegan su tarea cotidiana de investigar y dictan las carreras de Bioquímica, Farmacia, Licenciatura en Química y Licenciatura en Biotecnología; investigadorxs entre lxs que se encuentra el grupo de doctorandxs conformado por unxs doscientxs becarixs —en su mayoría CONICET[19], SECyT[20] y FONCyT[21]— para y con quienes transité la experiencia foco de este capítulo.

Como mencioné, la propuesta de abordaje que dio lugar a esta experiencia surgió desde el AOE, más conocida al interior de la facultad por su antiguo nombre: gabinete psicopedagógico, área que fuera creada en el año 2001 por una demanda coincidente entre las autoridades decanales y consejerxs del claustro estudiantil, quienes identificaron la necesidad de evaluar la implementación del Plan de estudios 1995 y el impacto del mismo en las trayectorias de lxs estudiantes. En ese momento, y para tal fin, se convocó a una selección de profesionales especialistas, a partir de la cual se constituyó un equipo que me incluyó entre sus miembros. Al asumir funciones, nos abocamos a deconstruir esa demanda y simultáneamente a pergeñar respuestas que habilitaran instituyentes. Se produjo así una etapa iniciática con algo puntual a resolver (los atolladeros del plan y las situaciones de cursadas lentificadas o detenidas) y con casi todo por parir (un vastísimo y complejo campo para crear intervenciones específicas en el marco de un alto grado de desconocimiento de la psicopedagogía por parte de quienes demandaron, considerando en esa coyuntura la inexistencia de antecedentes formales del tipo en la propia institución y en las otras unidades académicas de la UNC). Advertimos entonces la importancia de destinar tiempo, espacio y experticia a la construcción de encuadres posibles (Enrico y Marull, 2017). Así nos mantuvimos dedicadxs durante años, al reconocimiento de las lógicas de la facultad, al fortalecimiento del equipo y, fundamentalmente, a la elaboración y puesta en marcha de diversas acciones con el norte de propiciar trayectorias estudiantiles saludables. Cabe aclarar que, en la actualidad, el AOE cuenta con un

---

[19] Consejo Nacional de Investigaciones Científicas y Técnicas
[20] Secretaría de Ciencia y Técnica
[21] Fondo para la Investigación Científica y Tecnológica

lugar en el organigrama formal de la facultad, un espacio físico propio y se ha instalado en el imaginario institucional con ciertas representaciones acerca de la misma. Las funciones del área fueron reconfigurándose en el tiempo, pulsando en contextos macro y micro políticos diversos, pero podría destacar dos cuestiones que seguramente —por los posicionamientos de lxs profesionales del equipo— se mantuvieron constantes: por un lado, la modalidad de trabajo mediante entrevistas individuales y grupales con distintxs agentes institucionales, la participación de lxs integrantes del equipo en las comisiones de la facultad y el establecimiento de redes con otras instituciones y, por otro, como decía precedentemente, el tributo al objetivo primordial de garantizar condiciones favorecedoras del acceso, la permanencia, el avance y la terminalidad del grado; hasta que, luego de unos diez años, comenzaron a visibilizarse lxs estudiantes de posgrado, en particular, lxs doctorandxs, población con la que habíamos trabajado en lo concerniente a sus funciones docentes, y no desde otras dimensiones. Correos, llamadas y visitas al AOE fueron incrementándose notablemente. El crecimiento de las demandas de estxs consultantes sorprendió y ameritó una dilucidación de su origen. Si bien considero a este fenómeno de orden multifactorial, no puedo dejar de atribuirlo principalmente a dos variables que presumo de alta incidencia: la implementación de políticas públicas de favorecimiento al posgrado en esa época y el nivel de institucionalización que habían adquirido las prácticas psicopedagógicas en la FCQ. Y así empezamos a escuchar cada vez con mayor frecuencia motivos de consulta tales como:

"Vivo presionado, mi directora no me deja respirar."

"Mi director no está nunca, hace dos meses no logro comunicarme con él, me siento solo."

"No tengo vida, mi jefe ni siquiera me deja hacer un curso en otra facultad."

"'No se te ocurra tener otro hijo, estamos mal con los tiempos'; desde que mi jefa me dijo esto, no paro de llorar."

"Estoy bajoneada; las ratas no consumen, no tengo datos y sin resultados, estoy muerta."

"No puedo dormir. Estoy 24/7 pensando en que tengo que escribir la tesis."

"No imaginé que dar clases fuera tan difícil. Me consume la energía."

"Me siento muy sensible y solo. No sé si buscarme otro laburo."

"Tengo insomnio. Si sigo en esta, ¿podré ingresar a carrera y vivir de la ciencia?"

"Tengo que llegar antes que mi jefe e irme después… y dejar todo perfecto. Estoy agotado. Mis compañeros no dicen nada."

"Me siento maltratada. Yo creo que avanzo y mi jefe no lo ve. Se cree que es por mis problemas personales y no deja de repetirme 'las cosas personales dejalas en tu casa'."

"Me di cuenta de que los experimentos no cierran. Mi jefa no quiere escucharlo. Es una mentira para la Ciencia. No sé si me puedo quedar."

Quisiera destacar dos particularidades comunes a estxs jóvenes, que me atrevo a afirmar, toman un carácter performativo en sus subjetividades.

La primera es más territorial y típica de la facultad en la que ejercen y es que, como doctorandxs, se desempeñan simultáneamente y en el mismo ámbito como estudiantes (*"tesis"*, *"director"*, *"directora"*), trabajadorxs de la investigación (*"experimentos"*, *"resultados"*, *"jefe"*, *"jefa"*) y trabajadorxs de la docencia —esta última, obligatoria para cumplir con las exigencias de la carrera— (*"dar clases"*, *"mis alumnos"*). Esta situación de triple vínculo simultáneo, profundamente naturalizada, conlleva implicancias subjetivas distintivas y diferentes a las de una persona que estudia y trabaja al mismo tiempo en diversos lugares o con distintas compañías o que sostiene varios trabajos a la vez. Como psicopedagoga especializada en el vínculo de los sujetos con sus quehaceres, no reconocía antecedentes establecidos y tuve que aprender sobre esta configuración, a la que conceptualicé y le di el nombre de *situaciones de triple condición*.

La segunda particularidad percibida en interacción con estxs jóvenes becarixs de la carrera doctoral, es la de subjetividades moldeadas por una lógica muy característica, con sus peculiares marcas; subjetividades atravesadas por *"la ciencia"* (así en singular), *"la obtención de resultados"* y *"la excelencia como objetivo"*, afirmaciones literalmente enunciadas por lxs protagonistas y ciertamente provenientes de un profundo atravesamiento epistemológico de corte positivo. La evaluación de sus desempeños es individual y generalmente se basa en medidas cuantitativas del tiempo dedicado y de los resultados de la investigación en curso, lo cual determina en gran parte el clima en el que transcurren sus cotidianas. Cabe señalar también, y en este mismo sentido, que para acceder al doctorado son necesarios ciertos requisitos, entre los que se destacan los altos promedios y contar con unx directorx de tesis quien será, al mismo tiempo, su jefx en el trabajo de investigación.

Oportuno enmarcar lo antedicho con palabras de Bourdieu (2008):

El campo universitario reproduce en su estructura el campo del po-
der cuya estructura contribuye a reproducir por su propia acción de
selección e inculcación. En efecto, es en y por su funcionamiento en
tanto espacio de diferencias entre posiciones (y, al mismo tiempo, entre
las disposiciones de sus ocupantes) que se lleva a cabo, fuera de toda
intervención de las conciencias y de las voluntades individuales o co-
lectivas, la reproducción del espacio de las posiciones diferentes que
son constitutivas del campo del poder. (p. 61)

El campo universitario, como todo campo, se constituye en un lugar de luchas por determinar las condiciones y los criterios de pertenencia. Prestigios y privilegios de posiciones intelectuales que deben ser preservadas con "propiedades pertinentes, eficientes, apropiadas para producir, funcionando como capital, los beneficios específicos que el campo provee" (Bourdieu, 2008, p. 23).

Esta es una mirada que, sin dudas, ofrece elementos para vertebrar abordajes adecuados.

Así, los relatos de lxs doctorandxs que tocaban la puerta evidenciaban significativas recurrencias, por lo que decidimos construir una propuesta inicial de intercambio colectivo que apostara a otra posibilidad de acercamiento a estas realidades y permitiera un abordaje psicopedagógico contextualizado, entendiendo la necesidad de generar contención pero, sobre todo, la desnaturalización e interpelación de las lógicas en juego en la búsqueda de condiciones para la prevención de sus padecimientos y la promoción de la salud en los aprendizajes durante estas trayectorias. Claramente, luego, habría que pensar en incorporar a otros agentes e instancias.

Territorio teórico

Como anticipara, en este punto explicitaré los anteojos conceptuales que sustentaron las lecturas situacionales y la construcción del dispositivo de abordaje.

Cabe, en primer lugar, retomar lo que dejé entrever en el apartado anterior respecto del valor para este trabajo de los aportes de la Sociología Crítica, en particular de la mano de Pierre Bourdieu, en la interpretación de la universidad como un campo y en la identificación de las relaciones de poder y de dominación que se dan en el mismo. Siendo este campo el contexto de las vidas laborales y estudiantiles de estas juventudes doctorales, les ofrece su contextura y su análisis se torna, en un ejercicio fundamental. En *Homo Academicus,* una de sus tantas publicaciones, el reconocido referente de la sociología contemporánea plantea:

El capital universitario se obtiene y se mantiene a través de la ocupa-
ción de posiciones que permiten dominar otras posiciones y a sus ocu-
pantes, como todas las instituciones encargadas de controlar el acceso

> *al cuerpo (…) jurados de concursos o del doctorado, comité consultor de las universidades: ese poder sobre las instancias de reproducción del cuerpo universitario asegura a quienes lo detentan una autoridad estatutaria, suerte de atributo de función que está mucho más ligado a la posición jerárquica que a propiedades extraordinarias de la obra o de la persona, y que se ejerce no solamente sobre el público de rotación rápida de los estudiantes sino también sobre la clientela de los candidatos al doctorado, en el interior de la cual se recluta por lo común a los ayudantes, y que está situada en una relación de dependencia difusa y prolongada (p.114)*

Más adelante en el mismo libro, postula:

> *… no se pueden comprender completamente los fenómenos de concentración del poder universitario sin tomar en cuenta también la contribución que aportan los pretendientes, por efecto de las estrategias que los llevan hacia los protectores más poderosos. Estrategias del habitus, y por lo tanto más inconscientes que conscientes. Así como el maestro, según su panegirista, parecía acceder a los puestos dominantes "como por una necesidad natural, sin haber intrigado y sin pretenderlo", del mismo modo los alumnos más sagaces, que son también los mejor provistos, no precisan calcular ni pesar sus posibilidades para llevarles a los maestros más influyentes su reconocimiento, su clientela. He ahí otro de los efectos que hacen que el capital llame al capital. Se verifica, en efecto, que existe una estrecha relación entre el capital de poder universitario poseído por los diferentes "patrocinantes" y el número y la calidad (medida por el capital académico) de sus clientes, que representan una dimensión y una manifestación de su capital simbólico. La mera cantidad de tesis dirigidas basta para distinguir, en las diferentes disciplinas, a los grandes "patrocinantes". (p.123)*[22]

Esta perspectiva nos regala explicaciones sobre los mecanismos que se instalan para garantizar la perpetuidad de lugares asignados y las relaciones de poder, mecanismos simbólicos de la comunicación y del conocimiento, que consiguen que los lugares ocupados sean naturalizados. Así, las biografías se construyen socialmente arraigadas y los sujetos viven, seleccionan aspectos del mundo, se vinculan y deciden según la situación que ocupan en la estructura social.

La perspectiva también nos da elementos valiosos para pensar las condiciones de las relaciones entre lxs doctorandxs y sus directorxs/jefxs y compañerxs.

---

[22] La referencia a "patrocinantes" remitiría a lxs directorxs de tesis/jefxs de investigación y la referencia a "clientes" a lxs doctorandxs.

Por otra parte, la Psicodinámica del Trabajo, cuyas bases se establecen a finales de los años setenta (Dejours, 2013), se convierte en referencia clave para comprender los procesos subjetivos y las estrategias colectivas que se ponen en juego frente a las exigencias laborales. Este enfoque teórico define al trabajo como todo lo que los sujetos nos ingeniamos en inventar para encontrar los mejores compromisos entre lo que se debe hacer, lo que es posible hacer y lo que deseamos hacer. El trabajo jamás es neutral: o nos da placer y contribuye a nuestro equilibrio personal o nos enferma. En palabras de Pujol (2013):

> *La psicodinámica del trabajo (…) se interesa por la problemática del sufrimiento en el trabajo; considera que éste puede ser un componente estructurante de la salud o bien un elemento patógeno o desestructurante, en función de las relaciones que establezca el sujeto con la tarea y con pares y superiores en el ámbito laboral. En el marco de estos aportes, se hace preciso distinguir "tarea", como aquello que los sujetos hacen efectivamente, de "prescripción", en tanto encargos que precisan objetivos de producción cuantitativos y cualitativos y que tienen por función enmarcar la acción de los trabajadores. Entre tarea y prescripción (o entre trabajo real y trabajo prescripto) existe siempre una brecha significativa que se ofrece como resquicio para problematizar las relaciones trabajo/salud. (p.243)*

El enfoque presenta al trabajo como trabajo "vivo" (Dejours, 2013) y confiere alta importancia al análisis del carácter dinámico de esta producción subjetiva y de los sufrimientos o placer que puede generar, como así también de los mecanismos de defensa individuales y colectivos puestos en juego.

> *La actividad de trabajo, debido a los gestos que implica, a los materiales y herramientas que involucra, al estatus social que confiere, etc., comporta una dimensión simbólica y narcisista individual que puede oponerse a las prescripciones de las que es portadora la organización del trabajo. Por otra parte, cualquiera sea la precisión de las consignas, surgen inevitablemente disfuncionalidades, averías, imprevistos, de manera tal que el respeto escrupuloso de las prescripciones no permitiría alcanzar los objetivos si el trabajador no practicara desvíos o transgresiones. Por el contrario, si las prescripciones se respetan al pie de la letra, tal como sucede cuando se "trabaja a reglamento", el proceso de trabajo se paraliza rápidamente. El trabajo, desde el punto de vista clínico, se caracteriza entonces esencialmente por su parte "subjetiva" y "viva", es decir las iniciativas, el ingenio, la capacidad de invención movilizados por aquellos que trabajan (…) como toda producción subjetiva —la autorrepresión, las fantasías o los sueños—, por su invisibilidad y su carácter permanente y dinámico, el lugar del trabajo en el funcionamiento psíquico no puede reducirse a los*

El trabajo es visto como un mediador irreemplazable entre el inconsciente de los sujetos y el campo social, dando a los sujetos la posibilidad de crear o recrear algunos de los determinismos que pesan sobre sus identidades. Sin embargo, "suele suceder que el dominio que pueda ejercer el sujeto respecto de los conflictos irresolubles a los cuales se ve confrontado, se salde por un fracaso" (Dejours y Gernet, 2014, p.10). Un fracaso en el registro identitario podría manifestarse en síntomas psicológicos y/o somáticos.

Cabe subrayar, las lógicas de la eficiencia y de la excelencia que, al decir de Malfé (1999), "se van infiltrando en lo más íntimo de la subjetividad y esclavizándonos a esta exigencia de rendimiento que, por supuesto, las instituciones se encargan de encarnar y reproducir, a veces de una manera muy cruda" (p.31), resultan caldo de cultivo para la aparición de repliegues, evitaciones, sentimientos de soledad, ruptura de lazos solidarios, sobrexigencias, los que a veces terminan cristalizándose en síntomas. Interesa, en este sentido, la invitación a concebir modos de resistencia a estos deterioros en la salud, que ciertamente conllevan deterioros en los aprendizajes. La movilización de astucias, estratagemas, creatividades para realizar las tareas de maneras que no estén reguladas formalmente, propicia aprendizajes y despliegues laborales más saludables.

Desde este marco, se contempla otra dimensión fundamental y necesaria para generar salud en el trabajo: el reconocimiento y Pujol (2013) lo expone en forma clara:

> *...la construcción de la identidad en el campo social requiere como condición excluyente a los otros, los pares, el colectivo de trabajo. (...) En el campo del trabajo, la construcción de la subjetividad está ligada al reconocimiento y es por ello que la naturaleza, la calidad y la dinámica de las relaciones en los colectivos de trabajo tienen una responsabilidad considerable con respecto a los efectos del trabajo/empleo sobre la salud. (...) El trabajador no busca "reconocer su ser" en la actividad de manera directa, sino que busca el "reconocimiento de su hacer" a través del juicio de los otros. La actividad en sí misma, resulta insuficiente.* (p.244)

La experiencia del sufrimiento no es patológica en sí, y puede ser subvertida en placer cuando el sujeto supera algunos obstáculos y encuentra por parte de lxs otrxs un reconocimiento a su resolución.

Sostener vínculos con lxs compañerxs de trabajo, constituir grupos, habilitar espacios de reconocimiento son modos de amortizar las exigencias y ganar salud, aunque a veces no resulta tan fácil en contextos atravesados por las lógicas de las que venimos hablando; no pocas veces nos encontramos con grupos fragmentados, altos niveles de individualismo o competencia, dificultades en la circulación de la palabra y eventualmente, cuando la palabra aparece, no lo hace precisamente para ofrecer comunicación o reconocimiento sino que lo hace en forma de defensa, de queja. Como supone Malfé (1999):

> *Aquí nos encontramos con una ambigüedad: los grupos humanos pueden ser portadores de efectos sumamente positivos y gracias a ellos podemos realizarnos como sujetos, podemos gratificarnos afectivamente, enriquecernos. Digamos que no es sencilla esta idea. Pero también pueden ser espacios donde reine la destructividad, porque se infiltra en ellos -y esto tiene que ver con la lógica eficientista que cuenta casi con esta especie de contrapartida cómplice- la competitividad en los grupos de pares. En cualquier trabajo hay grupos de pares que, en lugar de servir como un espacio de protección mutua, y de cierto reparo también en el sentido de reparación, se convierten en espacios atravesados por la agresividad y la competitividad. (p.38)*

Otras teorías que forman parte del cristal de mis anteojos, ya que también tributan asertivamente a la posibilidad de leer a estas juventudes doctorales en la universidad y "psicopedagogear" con ellas, son tomadas de la perspectiva crítica de la Orientación Vocacional, que entiende a lo vocacional como un campo complejo de problemáticas de entrecruzamiento de lo social con lo singular y explica las elecciones, los vínculos de los sujetos con lo que hacen. Lo vocacional, así pensado, compromete aportes de la Sociología Crítica, del Psicoanálisis y de la Psicología Social. Como bien postula Rascován (2016) desde una posición subjetiva (objetividad de segundo orden, según Bourdieu), lo vocacional funciona estrechamente vinculado a la dialéctica del deseo; las búsquedas de objetos vocacionales, básicamente trabajos y estudios, es incesante y, al mismo tiempo, contingente. No hay un objeto necesario para cada sujeto y los procesos de búsqueda de objetos son, por tanto, interminables e inherentes a la propia constitución subjetiva.

 Desde estos supuestos, se realizan intervenciones tendientes a facilitar las elecciones o eventualmente a revisarlas, modificarlas; siempre enmarcadas en el contexto particular que las moldea; poniendo el eje orientador en operar en las identificaciones de los sujetos con la/s tarea/s como así también en las representaciones sobre unx mismx y los objetos vocacionales.

III.- Acerca de las modalidades

En este apartado, procuro plasmar una disquisición respecto del concepto de sufrimiento en el trabajo y algunas categorías organizadoras de los sufrimientos de lxs jóvenes que consultaron y después participaron de la experiencia en cuestión.

Sabemos que la elección de los términos no es trivial, sino que proviene de un posicionamiento y marca toda una dirección en la identificación de las situaciones y, más aún, en las decisiones sobre las intervenciones profesionales en términos de políticas de salud y educación. Es habitual que en la cotidiana se usen como sinónimos angustia, estrés, sufrimiento; en esta ocasión, creo pertinente diferenciar a este último (sufrimiento) y, en continuidad profundizadora del desarrollo del marco teórico, mostrar posición.

Organismos internacionales como la OMS o la OIT[23] toman a las relaciones entre trabajo y salud desde la capacidad de cada individuo de afrontar las situaciones laborales, y esgrimen el término "estrés" para aludir al eventual desequilibrio de esa necesaria articulación o adaptación.

> *Las situaciones de trabajo se analizan en función de la manera en que el sujeto logra o no regular las tensiones generadas entre el nivel de exigencias y el grado de autonomía, lo que desemboca en una concepción focalizada sobre el comportamiento y la gestión individual del estrés.*
> (Dejours y Gernet, 2014, p.23)

Esta visión implica realizar descripciones de causas y efectos del estrés e identificar factores predictivos, lo que suele traducirse en propuestas de intervención con énfasis en el mejoramiento de las capacidades adaptativas de los individuos. En cambio, desde la Psicodinámica del trabajo, se reconoce al sufrimiento como una vivencia específica originada en la confrontación dinámica de los sujetos con las organizaciones.

Entendemos que las restricciones del trabajo son modeladoras de los sufrimientos e interpretamos así que tomar solo el punto de vista clínico resulta insuficiente y con riesgos de psicologización; por tanto, incorporamos a las lecturas y a las intervenciones profesionales las dimensiones social y política de las situaciones de sufrimiento en el trabajo. El individuo, ya no exclusivo ni objeto de intervención sino sujeto de derechos en un análisis en el que adquiere relevancia lo social como constituyente.

Cabe agregar, en la misma línea, que las investigaciones de Dejours (2013) han contribuido a revelar que, conjuntamente con los mecanismos de defensa clásicamente descritos por el psicoanálisis, existen construcciones defensivas, elaboradas y mantenidas colectivamente por lxs trabajadorxs, cuyo principal objetivo es luchar eficazmente contra el sufrimiento generado por las restricciones reales del trabajo. Otros mecanismos de defensa individuales son también implementados por lxs trabajadorxs, según modalidades muy diversas, sobre todo en función de situaciones caracterizadas por el aislamiento y la individualización, características estas que aparecen con frecuencia en el

---

[23] OMS: Organización Mundial de la Salud. OIT: Oficina Internacional del Trabajo.

contexto de la unidad académica a la que pertenecen lxs jóvenes becarixs.

Atendiendo a los motivos de consulta y relatos de lxs doctorandxs, advertimos de manera recurrente y significativa las restricciones que suponen *las situaciones de triple condición*, principalmente en los sufrimientos provocados por el triple vínculo con quienes son a la vez directorxs de tesis doctoral, jefxs en la tarea de investigar y colegas en la docencia. Bourdieu (2008), en un texto que se mantiene tremendamente vigente a pesar de haber sido escrito en la década de los ochenta, nos entrega una estimable lectura al respecto:

> *Las relaciones de dependencia, y su destino, dependen de las estrategias del "patrocinante", ligadas ellas mismas a su posición y a sus disposiciones, y de las estrategias de los "clientes", esto, desde luego, dentro de los límites de las condiciones en las que unas y otras son ejercidas, y de las cuales la más importante es, sin duda, la tensión del mercado de los puestos en la disciplina considerada, dado que los dominantes tienen un juego tanto más fácil cuanto más fuerte es la tensión del mercado y más fuerte es al mismo tiempo la competencia entre los recién ingresados. (…) Se ve que los "patrocinantes" ajustados a su posición, es decir dotados del sentido del juego necesario para ubicar a sus clientes, asegurarles una carrera y asegurarse así relevos de poder, deben lograr el punto óptimo entre la preocupación de conservar el más largo tiempo posible a sus "pollitos", evitando que accedan demasiado pronto a la independencia, incluso a la competencia activa (especialmente por la clientela), y la necesidad de "empujarlos" lo suficiente como para no decepcionarlos, para ligarlos a sí mismo (evitando, por ejemplo, que no se alíen con competidores) y afirmar a la vez su poder, reforzando de ese modo su prestigio académico y su fuerza de atracción.* (p.122)

El mecanismo descrito se repite, insiste y contiene una fuerza performativa importante en estos vínculos; tal es así, que monopolizan las narrativas y son nombrados, casi sin excepción, *la jefa, el jefe, la directora, el director, la profesora, el profesor, la o el colega*, en muchos casos con nombre y apellido, como parte de la puesta en palabras de los sufrimientos.

Con la necesidad de ordenar la comprensión de estos sufrimientos, nos servimos de tres categorías:

- Sufrimientos vinculados a la soledad: distinguidos por el aislamiento, la desvalorización y la falta de recursos defensivos colectivos. En ocasiones, se evidencian ligados al aburrimiento y las iniciativas restringidas. Las vivencias casi siempre tiene que ver con la distancia entre ellxs y sus directorxs/jefxs/colegas.

    "Mi director no está nunca, hace dos meses no logro comunicarme con él, me siento solo."

"Me siento muy sensible y solo. No sé si buscarme otro laburo."
"Siento que no me registran."

"Ya no sé a quién pedir ayuda, cada uno hace la suya y me da cosa, están a mil."

- Sufrimientos vinculados a la sumisión: estas dependencias se presentan en forma de "compromisos concedidos en nombre de la eficacia del trabajo" (Dejours y Gernet. 2014, p.87). Lxs doctorandxs se encuentran vulnerables, con las defensas frágiles o rigidizadas. Cabe considerar de suma necesidad, trabajar los modos de dominación que, en algunos casos, llegan hasta la explotación o la violencia de género. Observamos también sentimientos de culpabilidad.

    "Vivo presionado, mi directora no me deja respirar."

    "No tengo vida, mi jefe ni siquiera me deja hacer un curso en otra facultad."

    "'No se te ocurra tener otro hijo, estamos mal con los tiempos'; desde que mi jefa me dijo esto, no paro de llorar."

    "Me siento maltratada. Yo creo que avanzo y mi jefe no lo ve. Se cree que es por mis problemas personales y no deja de repetirme 'las cosas personales dejalas en tu casa'."

- Sufrimientos vinculados a la sobrecarga: los sujetos muestran altos niveles de ansiedad, suelen percibirse sobreadaptados bajo las presiones de "la eficacia", y pretenden dar respuesta a todo lo que les es requerido y más. En la mayoría de estas situaciones hallamos compromisos somáticos, tales como trastornos del sueño, musculares y digestivos.

    "No puedo dormir. Estoy 24/7 pensando en que tengo que escribir la tesis."

    "No imaginé que dar clases fuera tan difícil. Me consume la energía."

    "No tengo tiempo de comer ni de ir al baño."

    "No me puedo dar el lujo de tomarme los fines de semana."

    "Cuando llego a la facultad, tengo ganas de vomitar; el doctorado me ocupa todo; me siento empachada."

De un modo u otro, las tres formas anteriores correlacionan con la emoción del miedo que resulta de la confrontación de la situación de trabajo con la realidad; se observa en relación con los riesgos reales, presumidos o imaginados y suele ser una emoción bastante desestabilizante para el psiquismo.

También apreciamos como transversal lo que la Psicodinámica del Trabajo denomina "la confrontación con la injusticia y con el sufrimiento ético":

> *Las causas de la exigencia de trabajar mal son muchas veces difíciles de identificar por los trabajadores mismos y representan una fuente de sufrimiento mayor, cuando se ven obligados a "apurar" su trabajo, o bien mentir sobre la calidad. El temor a la incompetencia y el sentimiento de realizar un trabajo de mala calidad se ven exacerbados El miedo resultante contribuye a la negación del sufrimiento de los demás, al silencio sobre el propio sufrimiento, siendo el individualismo una de sus formas más corrientes de expresión.* (Dejours y Gernet. 2014, p.87)

El otro eje significativo respecto de los sufrimientos de esta población se relaciona con el hecho de que toda evaluación es individual y basada en una medida cuantitativa de obtención de resultados, ya sean de laboratorio o de escritura. Sostenemos que lo esencial del trabajo no es lo visible y bajo estos modos de valoración, queda fuera.

> *Los métodos de evaluación objetiva y cuantitativa del trabajo ostentan un desconocimiento de la dimensión subversiva de la inteligencia en el trabajo, que apunta a zanjar el desfasaje entre lo prescrito y las prácticas reales. Las herramientas de gestión y la evaluación individualizada del trabajo ocultan también toda la dinámica de la cooperación que depende de la formación de una voluntad colectiva para contribuir a construir y estabilizar las condiciones del vivir-juntos.* (Dejours y Gernet. 2014, p.85)

La medida objetivada no tiene entonces ningún vínculo de proporción con el trabajo subjetivo. Esta manera de evaluación de resultados suele generar sufrimientos y, especialmente, sentimientos de injusticia cuando está ligada a gratificaciones o a puniciones.

> *"Me encuentro nuevamente sola frente al tribunal de tesis; ellos tienen mis informes... siento que lo que dicen no tiene nada que ver con mi trabajo."*

> *"G. me retó en el pasillo porque no tengo resultados... ojalá me hubiera ayudado en la semana."*

> *"A la próxima reunión de tesis necesitaría ir acompañada para que alguien vea lo que me dicen."*

Se impone repensar los principios de una evaluación racional, integral y colectiva del trabajo.

IV.- La Experiencia

Y llegamos al corazón del capítulo, el simple y a la vez complejo correlato práctico de lo antedicho: la experiencia. Cuento que la misma ocurrió, les ocurrió, nos ocurrió[24], en encuentros grupales que entre algunxs participantes bautizaron "Aventuras y desventuras de la vida doctoral".

El objetivo principal de la propuesta fue propiciar justamente el encuentro (en medio de un ámbito profundamente individualista); que lxs doctorandxs pudieran identificarse, salir de la soledad o el automatismo y contar con un espacio y un tiempo específicos de circulación de la palabra a favor de mutuos reconocimientos y del compartir saberes, modos de resolución y astucias o creatividades en el trabajo que, bien conocemos, contrarrestan sufrimientos y promueven salud.

Se utilizó la entrevista en círculo, entendiendo que la misma constituye el dispositivo privilegiado para el diálogo y la reflexión crítica en la puesta bajo sospecha de las lógicas imperantes; propuesta que me posiciona como psicopedagoga comprometida técnica, ética y políticamente con las transformaciones sociales y la democratización. La reflexión crítica a la que me refiero se comprende, no como el acto de reflexionar sobre unx mismx o intercambiar vivencias y opiniones sino como la puesta en jaque (¿hackeo?) de representaciones e ideologías.

El ejercicio de interpelación de repeticiones de lógicas únicas, de lugares otorgados y recorridos homogéneos favoreció la construcción de atajos subjetivantes y democratizantes en la posibilidad de dimensionar alternativas, de imaginar otros escenarios de actuación y otras trayectorias operables. También facilitó el establecimiento de nuevos lazos, el reconocimiento entre pares, la visualización de lxs becarixs como colectivo, la elaboración de estrategias de acompañamiento mutuo, de mecanismos defensivos grupales y de acciones cooperativas; todos estos, aprendizajes de significatividad, antídotos contra los sufrimientos laborales, y movimientos tendientes a subvertir modos instituidos de exigencia a los que hemos referido.

En el marco de las entrevistas se utilizaron diversos disparadores: viñetas, fragmentos de películas[25], identificación y/o creación de emojis y elaboración de listados[26]; valiosos para facilitar el alcance los objetivos planteados

---

[24] Comulgo con Larrosa, J (2002) en su concepción de experiencia. "La experiencia es lo que nos pasa, o lo que nos acontece, o lo que nos llega. No lo que pasa, o lo que acontece, o lo que llega, sino lo que nos pasa, o nos acontece, o nos llega". Deseo, en este sentido, los encuentros hayan constituido experiencia para todxs los que participaron. Para mí, como profesional, ciertamente lo fue.

[25] Un recurso particularmente valioso fueron las viñetas y las películas de Jorge Cham, dibujante de cómic y roboticista nacido en Panamá de origen chino, reconocido por su franja de tiras cómicas Piled Higher and Deeper (PhD Comics)

[26] Atendiendo a la propuesta de Larrosa, J (2002) "Actividades como atender a las palabras,

y el tratamiento primordial de los vínculos con lxs directorxs/jefxs/colegas en la docencia, de los vínculos con la/s tarea/s e incluso el tratamiento de las relaciones con lxs compañerxs investigadorxs de laboratorio; también para la problematización de las representaciones sobre trabajo, desempeño, éxito, fracaso, resultados, escritura y tesis; igualmente, para abordar las instrumentalizaciones temporales y la puesta en tensión de estas con las agendas. Todos los enumerados, como núcleos problemáticos principales o bien, como dimensiones prioritarias y desafiantes de la vida de estxs jóvenes estudiantes-trabajadorxs.

Una de las ideas potentes y que lxs protagonistas agradecieron, consistió en que se fueran de cada encuentro con una "espina"; el supuesto es que en el registro (sentir el pinchazo) de cuánta energía y tiempo invierten en tributar a la continuidad mediante la queja o la protesta y al mismo tiempo cumpliendo, comienza la transformación.

Otro punto remarcable fue lograr invertir algunas categorías de percepción y de apreciación de modo tal que como "dominadxs", en lugar de seguir empleando las categorías de "lxs dominadorxs", propusieran nuevas categorías de percepción para nombrar la realidad. Nuevos nombres, nuevas palabras: ¿nuevos lugares?, ¿nuevas acciones?

Consideramos que la consolidación de estos espacios beneficia la construcción de prácticas y políticas de cambio en las condiciones de desempeño laboral-estudiantil (circunstancia particular que vivencian lxs doctorandxs); por tanto, la generación de trayectorias doctorales menos sufrientes y más saludables.

Para finalizar, me gustaría socializar que la experiencia de este abordaje acotado y, asimismo, la elaboración de este escrito que la relata, no fueron sin portar contradicciones. Al pensar en las condiciones favorecedoras de las trayectorias de estas juventudes doctorales en la universidad, surgen las preguntas: ¿nos aventuramos a interpelar y a intentar subvertir lo estructural de las instituciones reproductoras o, entendiendo que no posible transitar estos recorridos fuera de ellas como tales, buscamos crear situaciones más habitables? ¿Son objetivos excluyentes? Quizás el desafío consista en albergar estas preguntas y tensiones como motor para seguir debatiendo entre colegas de la Psicopedagogía y de otras profesiones comprometidas con la salud en espacios educativos y laborales, modos ingeniosos de hacer nuestra tarea.

---

criticar las palabras, elegir las palabras, cuidar las palabras, inventar palabras, jugar con las palabras, imponer palabras, prohibir palabras, transformar palabras, etc. no son actividades hueras o vacías, no son meras palabrarerías. Cuando hacemos cosas con las palabras, de lo que se trata es de cómo damos sentido a lo que somos y a lo que nos pasa, de cómo ponemos juntas las palabras y las cosas, de cómo nombramos lo que vemos o lo que sentimos, y de cómo vemos o sentimos lo que nombramos".

Bibliografía

Berger, P. y Luckmann, T. (1995). *La construcción social de la realidad.* Buenos Aires: Amorrortu.

Boggino, N. (2011). *Los problemas de aprendizaje no existen. Propuestas alternativas desde el pensamiento de la complejidad.* Rosario: Homo Sapiens.

Bleichmar, S. (2008), *Violencia social-violencia escolar.* Buenos Aires: Noveduc.

Bourdieu, P. (2008). *Homo Academicus.* Buenos Aires. Siglo XXI Editores.

Dejours, C. (2013). *Trabajo vivo II: trabajo y emancipación.* Buenos Aires: Topía.

Dejours, C. y Gernet, I. (2014). *Psicopatología del trabajo.* Buenos Aires: Miño y Dávila.

Dessors, D. (1998). *Organización del Trabajo y Salud.* Buenos Aires: Lumen.

Enrico, R. y Marull, E. (2017) La profesión en ámbitos poco caminados. El recorrido psicopedagógico en una universidad en Gómez, S. (comp) *Psicopedagogía. Indagaciones e Intervenciones,* (pp.187-210). Córdoba: Editorial Brujas.

Freud, S. (1994). El Malestar en la Cultura [1930] en *Sigmund Freud Obras Completas XXI, 4ª ed.,* (pp. 59-140). Buenos Aires: Amorrortu.

Grimberg, M. (2013). Relaciones de poder y negociación en la salud de los trabajadores, una mirada desde la antropología social en Garaño, P; Zelaschi, C; Amable, M. (comp). *Trabajo y Salud mental. El trabajo, las instituciones y la subjetividad,* 175-198. Río Cuarto: UniRío editora.

Korinfeld, D. (2003). La intervención de los equipos técnicos en la escuela y el campo de la salud mental en *Discursos y prácticas en orientación educativa* (pp. 6-22). Buenos Aires: Colección Ensayos y Experiencias. Noveduc.

Larrosa, J. (2002). *Experiencia y pasión.* Recuperado de: https://es.scribd.com/document/344181965/Jorge-Larrosa-Experiencia-y-pasion-pdf

Malfé, R. (1999). Apología del Rebusque. *Ensayos y Experiencias, 6(30),* 31-39.

Pujol, A. (2013). Salud ocupacional: Algunas reflexiones desde las clínicas del trabajo en Garaño, P; Zelaschi, C; Amable, M. (comp). *Trabajo y Salud mental. El trabajo, las instituciones y la subjetividad,* 175-198. Río Cuarto: UniRío editora.

Rascován, S. (2016). *La orientación vocacional como experiencia subjetivante.* Buenos Aires: Ediciones Paidós.

Capítulo 8

Estudiantes No Tradicionales
en la Universidad Nacional de Córdoba:
"Soy mamá, soy estudiante, soy trabajadora, soy todo..."

S. Celeste Botta

El presente capítulo expone sintéticamente una investigación realizada durante los años 2017 y 2018 para la elaboración de un trabajo final de grado, el cual aborda como tema a las *Prácticas y estrategias de mujeres- madres – docentes- estudiantes de carrera de grado. Una realidad al interior del Ciclo de la Licenciatura en Ciencias de la Educación de la Facultad de Filosofía y Humanidades de la Universidad Nacional de Córdoba.*

El tema se construye, en principio, a partir del interés epistémico puesto en los estudiantes no tradicionales (E.N.T.) Gonzáles Monteagudo (2010) define a los mismos como aquellos provenientes de "primera generación familiar en la universidad, estudiantes de clase trabajadora o con dificultades socioeconómicas, adultos que trabajan, mujeres con cargas familiares, discapacitados, personas de origen inmigrante" (p.1). También los estudiantes universitarios no tradicionales han sido definidos por "provenir de familias de bajos recursos, ser de una edad más avanzada que la de los típicos estudiantes universitarios (18 a 22 años), y/o provenir de familias en las cuales la lengua materna (o dialecto) no es la lengua oficial con la que los asuntos universitarios se manejan" (Abbate Vaughn. 2008, p. 8).

Parece ser que lo que define la condición de ser estudiante no tradicional es una carga adicional al cursado regular de las clases; una responsabilidad, un "plus", una necesidad paralela al cursado de la carrera universitaria.

El interés específico del trabajo está puesto en lo que podría considerarse un subgrupo de dichos E.N.T., el de mujeres, madres, que trabajan, y que son estudiantes universitarias porque cursan el Ciclo de Licenciatura en Ciencias de la Educación[27].

---

[27] Este Ciclo de Licenciatura está dirigido específicamente a quienes poseen títulos docentes

El trabajo se enfoca específicamente en mujeres (madres) y no en hombres (padres) porque hay también un interés por las particularidades que el género ofrece para el análisis teórico. Se haya en proceso de revisión social el modo en que las prácticas definen posiciones muy diferenciadas entre hombres y mujeres. La sexualidad, entendida como una construcción donde cada género (hombre/ mujer, por ejemplo) se conforma acorde a un medio social y cultural que lo nutre, permite poner en cuestión "lo dado" por el sexo definido biológicamente. Hoy determinadas prácticas, que responden a los estereotipados roles femenino y masculino, comenzarían a subvertirse, pero el hecho es que,

> la incorporación de las mujeres al espacio público ha sido una de las mayores revoluciones del siglo XX, pero es todavía una revolución incompleta. El cambio observado entre las mujeres se ha visto acompañado por una resistencia al cambio, tanto en la organización del espacio público como en la corresponsabilización de los varones en el trabajo doméstico (Nuño Gómez, 2012).

Por otra parte, desde 2012 en la Facultad de Filosofía y Humanidades (F.F. y H.) de la Universidad Nacional de Córdoba (U.N.C.) se implementa el Régimen de Estudiante Trabajador y/o con familiares a cargo (Res. HCD 172/2012). El mismo entendido como "mecanismo de inclusión estudiantil"[28] es percibido como una política universitaria que mejora las condiciones de acceso y permanencia de los/as estudiantes universitarios/as. Es decir, dicha casa de estudios tiene una política expresa que abarca a un conjunto amplio de estudiantes no tradicionales, trabajadores fundamentalmente. El mismo documento otorgado por el Honorable Consejo Directivo, da cuenta de que

> según los datos cuantitativos elaborados por la U.N.C. sobre sus estudiantes, más del 50% sostiene algún tipo de actividad laboral y más del 30% tiene situaciones familiares que complejizan el desarrollo de sus estudios superiores. [Y agrega que] la Encuesta de Calidad de vida Estudiantil realizada por la U.N.C. en el año 2009, refleja que, en la Facultad de Filosofía y Humanidades trabajar o tener una situación familiar determinada, y desarrollar los estudios superiores, representan dos de las situaciones que más estrés les genera a los estudiantes durante el transcurso de su carrera. (EXP-UNC:0027966/20 12)

Al tiempo que se fundamenta en el mismo documento, que, "es responsabilidad de las Universidades Públicas, generar óptimas condiciones de

emitidos por Institutos Superiores de Formación Docente –Profesorados del Nivel Superior No Universitario, según Anexo II. Res. N° 36/11 del Ministerio de Educación de la Nación-.

[28] Textual página web de la F.F. y H.: http://www.ffyh.unc.edu.ar/content/inscripciones-al-r%C3%A9gimen-de-estudiante-trabajador-yo-con-familiares-cargo

acceso y permanencia a la educación superior, para todos los sectores de la sociedad." "La Universidad Pública debe propender a la búsqueda de mecanismos de inclusión estudiantil, para dar respuesta a las coyunturas propias de la sociedad actual, tratando de lograr que los condicionamientos sociales no se conviertan en determinantes y que la Universidad no contribuya a la propagación de roles sociales estáticos, en los que la clase trabajadora no pueda penetrar en el mundo académico, con la riqueza social y política que implica su participación." "Es responsabilidad de la F.F.y.H, detectar las diferentes problemáticas existentes en el seno de la institución, y generar políticas que tiendan a resolverlas." Y que, "las/os estudiantes con deseos y/o necesidad de comenzar a trabajar y también las/os estudiantes con niños/as a cargo, que deben atender las demandas propias de la crianza, requieren un régimen de cursado que le posibilite llevar adelante ambas tareas."

El fenómeno de los estudiantes no tradicionales debe ser puesto sobre relieve, en tanto que, existe un marco institucional, y también legal[29], dispuesto por políticas educativas públicas nacionales e internacionales, que instituyen, declaran y debieran garantizar las adecuadas condiciones de acceso y permanencia de estos.

Reflexionando alrededor de estos ejes temáticos, quedó formulado el problema de investigación de la siguiente manera:

¿Cuáles son las prácticas desplegadas y los sentidos otorgados al proyecto de estudio por parte de las estudiantes-madres del Ciclo de la Licenciatura en Ciencias de la Educación de la Facultad de Filosofía y Humanidades de la Universidad Nacional de Córdoba?

De esta pregunta se derivaron las siguientes:

- ¿Cuáles son las prácticas y qué estrategias ponen en juego las estudiantes- madres para el sostenimiento del proyecto universitario?
- ¿Cuáles son los sentidos que otorgan a dichas prácticas en relación con su proyecto de carrera?
- ¿Cuáles son los condicionamientos de quienes cursan el Ciclo de la Licenciatura en Ciencias de la Educación en la F.F. y H. de la U.N.C. en forma simultánea con el ejercicio de la maternidad?

A las mismas se buscó dar respuesta con una investigación de carácter exploratorio. La metodología empleada fue acorde al enfoque de investigación cualitativo. La técnica utilizada para la recolección de datos empíricos

---

[29] Más específicamente, respecto de las estudiantes universitarias- madres- , el marco legal está dado por: La DECLARACIÓN AMERICANA de DERECHOS y DEBERES DEL HOMBRE, la CONVENCIÓN SOBRE LA ELIMINACIÓN DE TODAS LAS FORMAS DE DISCRIMINACIÓN CONTRA LA MUJER, la CONSTITUCIÓN NACIONAL, la LEY DE EDUCACIÓN NACIONAL 26.206, la LEY DE EDUCACION SUPERIOR Nº 24.52 y la DECLARACIÓN DE DERECHOS ESTUDIANTILES aprobada por el Honorable Consejo Superior de la Universidad de Córdoba.

fue la entrevista semidirigida. Las entrevistas fueron realizadas a diez estudiantes en forma individual, la saturación teórica de las categorías propuestas fue el criterio para conformar dicha cantidad. La selección de las entrevistadas fue no probabilística por conveniencia, y acorde a los siguientes criterios:

- Ser madres.
- Que se encuentren en etapa de crianza de niños/as y/o adolescentes.
- Que estén cursando actualmente[30] el Ciclo de la Licenciatura en Ciencias de la Educación en la F.F y H. de la U.N.C.
- Habiendo cursado y aprobado más de cuatro materias del mismo.

El marco teórico se nutre principalmente del enfoque teórico constructivista estructuralista desarrollado por Pierre Bourdieu. El mismo aporta, siguiendo a Gutiérrez (2012), una perspectiva relacional que permite a partir de los conceptos centrales, campo y habitus, abordar de modo dinámico el análisis de las prácticas sociales que realizan los sujetos; pensar relacionalmente es centrar el análisis en la estructura de las relaciones objetivas que determina las formas que pueden tomar las interacciones y las representaciones que los agentes tienen de la estructura, de su posición en la misma, de sus posibilidades y de sus prácticas.

Se consideró además que el sujeto, en tanto que actor social, es principalmente un sujeto de la práctica, y que

> las prácticas no se dejan deducir ni de las condiciones presentes que parecen haberlas suscitado ni de las condiciones pasadas que han producido el habitus, principio duradero de su producción. No se las puede explicar, pues, sino a condición de vincular las condiciones sociales en las que se ha constituido el habitus que las ha engendrado con las condiciones sociales en las que éste opera, es decir, a condición de realizar mediante el trabajo científico la puesta en relación de esos dos estados del mundo social que el habitus efectúa, ocultándolo, en y por la práctica. El "inconsciente", que permite ahorrarse esa puesta en relación, no es nunca otra cosa que el olvido de la historia que la historia misma produce al realizar las estructuras objetivas que ella engendra en esas cuasi naturalezas que son los habitus. Historia incorporada, naturalizada, y de este modo olvidada en cuanto tal, el habitus es la presencia actuante de todo el pasado del cual es el producto: por lo tanto, es lo que confiere a las prácticas su independencia relativa con referencia a las determinaciones exteriores del presente inmediato. Esa autonomía es la del pasado actuado y actuante que, al funcionar como capital acumulado, produce historia a partir de la historia y asegura así la permanencia en el cambio que hace al

---

30 Las entrevistas fueron realizadas entre los meses de agosto y octubre del año 2017.

agente individual como mundo en el mundo. (Bourdieu, 2015, p. 91, 92)

En el transcurso de la indagación empírica y teórica, teniendo como pregunta de investigación: ¿Cuáles son las prácticas desplegadas y los sentidos otorgados al proyecto de estudio por parte de las estudiantes-madres del Ciclo de la Licenciatura en Ciencias de la Educación de la F.F. y H. de la UNC?

Se concluyó, primero, que ellas califican como *estudiantes no tradicionales* en tanto que cumplen con al menos tres de las siguientes categorías descriptas en los aportes de Gonzáles Monteagudo (2010) y Abbate Vaughn (2008):

1. Estudiantes de clase trabajadora o con dificultades socioeconómicas.
2. Adultos que trabajan.
3. Mujeres con cargas familiares.
4. Primera generación familiar en la universidad.
5. Provienen de familias de bajos recursos.
6. Son de una edad más avanzada que la de los típicos estudiantes universitarios (18 a 22 años)[31].

En segundo lugar, el marco teórico propuesto permitió abordar dicha categoría (E.N.T.) con mayor complejidad. Pensar que la vida cotidiana de las entrevistadas, las *prácticas* que despliegan, suceden prioritariamente en tres ámbitos, a saber:

a. El *campo* de la Universidad Nacional de Córdoba.
b. El *campo* laboral, escuela en la mayoría de los casos.
c. La *unidad doméstica* o *familiar*[32].

Es posible observar en los espacios sociales considerados, todo aquello que define a un *campo*, entendiendo que hay en su interior sistemas de posiciones y de relaciones entre posiciones de los sujetos, cada uno con sus intereses específicos, que atraviesan un determinado momento histórico, lo que representa el capital acumulado por los sujetos en el curso de luchas anteriores (Bourdieu, 2015). Es decir, que cada *campo* posee una estructura propia (hay un estado de relaciones de fuerza entre los agentes que ocupan las distintas posiciones al interior del mismo), por ejemplo, las *posiciones* que ocupan las entrevistadas en dichos campos son: *estudiantes – docentes – madres* (*mujeres* también conforma una posición particularizante pero se considera en forma transversal respecto de las otras en tanto agregaría un valor significativo

---

[31] Sus edades oscilan entre los 27 y los 43 años, siendo el valor promedio de edad (la media) de 37.7, y valor de mediana de 37.

[32] "Grupo de personas que interactúan en forma cotidiana, regular y permanente, a fin de asegurar mancomunadamente el logro de los siguientes objetivos: su reproducción biológica, la preservación de su vida, el cumplimiento de todas aquellas prácticas, económicas y no económicas, indispensables para la optimización de sus condiciones materiales y no materiales de existencia." (Torrado, 1982 cito en Gutiérrez 2015, p.43)

al conjunto de las posiciones en los campos); hay luchas destinadas a conservar y/o subvertir el campo de fuerzas que está permanentemente en juego, donde los actores estudiados aceptan una serie de presupuestos y aceptan tácitamente las reglas de juego aportando sus *capitales e intereses* en juego, su *illusio*. Es decir, es a través de las prácticas que realizan las entrevistadas en estos campos que se observa, en parte, la *dinámica* de estos, y con ello su existencia. Se observa además que estas E.N.T. están verdaderamente dispuestas a realizar la *inversión,* de los recursos que le son propios, en el *juego* dado por la *dinámica* de los *campos* en los que se encuentran desplegando sus prácticas.

En suma, las estudiantes del Ciclo de la Licenciatura en Ciencias de la Educación de la F.F. y H. de la U.N.C., que al mismo tiempo son, madres en la unidad doméstica- familiar, docentes en el ámbito laboral y mujeres en una sociedad patriarcal; ejecutan cotidianamente una notoria cantidad de actividades para llevar adelante no solo sus prácticas educativas, sino todas aquellas prácticas que hacen a su propia existencia.

Cuando se habla de *cuáles son las prácticas,* cuando se les pregunta cómo es un día típico de ellas, aparece una abrumadora cantidad de tareas que hacen parecer, a priori, hasta imposibles las prácticas de estudio, porque:

- En tanto que ellas son *madres-mujeres* en la unidad doméstica-familiar: organizan la dinámica familiar de cada día; brindan los cuidados básicos de los hijos e hijas (proveer alimentos, vestimenta y un hábitat saludable); acompañan la realización de sus actividades escolares y extraescolares; y resuelven un sin fin de emergentes cotidianos (enfermedades/ contratiempos).

Dan cuenta de realizar casi la totalidad de las tareas domésticas, y esto sucede en todos los casos, independientemente del estado civil o la situación de pareja. Se observa el apoyo de "otros": parejas, abuelos, tíos, familiares; se reconoce una red de personas que ayudan a sujetar la estructura familiar para que no "se caiga" mientras ellas les dedican tiempo a sus estudios. Hay algunos casos en los que los padres de sus hijos resuelven conjuntamente con ellas el cuidado de los mismos. Pero, se observa que en el reparto de las cargas de las tareas domésticas y de las prácticas de la maternidad no se inclina la balanza a su favor. Por ejemplo, muchas veces entre sus obligaciones se consideran las de "atender al marido", también en varios casos darle prioridad al trabajo o al estudio de él. Se identifican con "naturalidad" en esa *posición* que les ofrece el rol de la maternidad, es parte de su *habitus,* de lo incorporado. Es decir, se encuentra vigente la *desigual distribución de tareas* en la división sexual de trabajo, producto de la *socialización diferenciada de los modelos femenino y masculino* dentro de una sociedad que aún se considera patriarcal (Jiménez. 2008).

- En tanto que ellas son *docentes*-trabajadoras en el *campo* laboral: asisten a jornadas (laborales) no menores a cuatro horas, más el tiempo destinado a la planificación para los días laborales subsiguientes. Son docentes, e identificarse con este colectivo para ellas es un hecho, se definen por su construcción subjetiva en relación con el campo y no solamente por ocupar un cargo en un establecimiento escolar; es por ello por lo que, al tiempo que buscan reposicionarse al interior del campo docente (ya sea ingresando al sistema educativo, mejorando las condiciones laborales, o cambiando de nivel dentro del sistema educativo, según el caso), realizan prácticas orientadas a profesionalizarse. Actúan atendiendo los condicionamientos del sistema educativo formal, esto se observa predominantemente alrededor de lo que la "carrera" por el puntaje docente permite, eficazmente o no, para el reposicionamiento deseado en el sistema educativo. Pero tienen una posición muy crítica acerca de lo que les significa "acreditar", "certificar" por encima de aprender, saber, conocer, y hacerse verdaderamente más capaz en la tarea docente, ser transformado por lo que se aprende. Los juicios que las entrevistadas realizan respecto del sistema educativo, de las ofertas educativas no universitarias y/o privadas donde las colegas se capacitan con muy bajos niveles de exigencia, importan porque dan cuenta de que también al interior del campo docente se constituyen espacios de lucha, de tensión, de pugna por intereses. Ellas serían las mejores candidatas para ejercer la docencia "de forma correcta", o al menos, más profesionalmente.

- En tanto que ellas son *estudiantes* en la U.N.C., dan cuenta de ser muy exigentes consigo mismas, en general buscan tener altos niveles de rendimiento académico, dan cuenta de un *habitus* muy construido en el oficio de ser estudiantes. No es irrelevante en este sentido que han tenido, mínimamente, más de dieciséis años ejerciendo el alumnado al interior del sistema educativo. La comprensión, la intelección de los contenidos para ellas no es un desafío superlativo[33]; las dificultades aparecen primeramente vinculadas con el desafío de ganarle tiempo al estudio, aprender lo más rápido posible. Osea, el problema más frecuente es la *falta de tiempo* para sentarse a leer los textos, o para asistir a las clases que les ayudan a realizar procesos de aprendizaje más significativos. Además, no siempre disponen de un espacio con condiciones adecuadas para estudiar, muchas veces la propia casa no lo es. No obstante, para que sea eficaz el estudio han conseguido sobreadaptarse a su realidad pudiendo estudiar en cualquier horario del día, en cualquier lugar, y bajo casi cualquier circunstancia. Algunas también perciben la diferencia de edad como una dificultad, o una desventaja, porque tener más edad vendría

---

[33] Lo cual no significa que no haya desafíos de tipo cognoscentes, por ejemplo, se observó alguna dificultad vinculada *a adaptarse a la lógica universitaria, sobre todo en relación con el profesorado; cierta dificultad para memorizar, incorporar el gran volumen de textos que se les presenta;* pero las mismas se consideran de escasa relevancia porque más allá de la manifestación por parte de las entrevistadas, se observa la total integración de las mismas a los requerimientos intelectuales que exige la universidad: todas realizan en forma satisfactoria exámenes (parciales, coloquios y finales), trabajos prácticos y tienen logros académicos muy considerables.

de la mano de mayores responsabilidades, ellas se perciben más ocupadas que el resto de los compañeros y las compañeras; en algunos casos esto también es causal de la sobreexigencia "porque ya estan grandes para no aprobar, no saber...".

De las exigencias que les implica a estas estudiantes la totalidad de las posiciones en los campos, resolver las vinculadas a la maternidad tienen absoluta prioridad para ellas, le continúan las obligaciones del trabajo, y en tercer lugar se prioriza la ejecución de prácticas vinculadas al sostenimiento de los estudios. Tan es así, que si por distintas razones priorizan otras actividades que no son propias de la maternidad y cambian el orden que sostiene la atención de los hijos de manera prioritaria, aunque sólo sea por breves períodos de tiempo, el costo afectivo se vuelve importante, pudiendo sentirse por causa de ello vulnerables, culpables y/o tristes; esto es así porque las estudiantes dan cuenta de sentir que el tiempo dedicado al estudio y a la vida universitaria (que es bastante escaso) tendría un fuerte impacto en desmedro de la calidad de vida de toda la unidad familiar. Se considera muy importante tomar en cuenta aquí el factor psicológico, la carga mental[34], el "peso" que muchas veces significan las obligaciones de la totalidad de los campos y la unidad doméstica- familiar, ya que la carga mental podría ser causal directa no sólo de disminución en el rendimiento académico, sino de deserción.

Será interesante considerar que las *prácticas* que despliegan las estudiantes son complejas, densas y/o difíciles, pero que está en función de sus *disposiciones* tanto el acceder a la U.N.C., como el tener una clara determinación para llevar adelante los estudios. Lógicamente, estas *disposiciones* están en concordancia con las *posibilidades objetivas*, con los condicionamientos propios del campo. Es decir, hay un ajuste entre las *disposiciones del habitus* y los *condicionamientos del campo* que vuelven posibles sus *prácticas* de estudio. Más adelante se expone cuáles son dichos condicionamientos, pero en este primer momento se atiende que, a la luz de la observación de las *prácticas,* aquel ajuste no es acabado, ya que las estudiantes no parecen "nadar como pez en el agua", es más, en la mayoría de los casos pareciera verse un ajuste "precario" entre las *disposiciones* para ejercer las *prácticas* de estudio y los *condicionamientos* que son propios del *campo* universitario, puede encontrarse allí una imagen de *estudiante frágil, inestable, incierto* (Garibotti- Ambroggio. 2012). Realizan una serie de prácticas vinculadas a responsabilidades y necesidades simultáneas al cursado de la carrera universitaria que conflictúa la forma del cursado tradicional, es

---

[34] Se propone el término carga mental para describir un fenómeno ligado a lo que en psicoanálisis se postula como *energía de catexis* "substrato energético postulado como factor cuantitativo de las operaciones del aparato psíquico" (Diccionario de psicoanálisis: Laplanche- Pontalis. 2006. p. 115). Es decir, hay un quantum de energía psíquica que no es infinito, la libido, propuesta como el equivalente psicoanalítico de illusio por Bourdieu (1997, p. 143) tiene una cantidad de energía libidinal, capaz de investir los objetos de los que el sujeto se apropia que no es infinita, se agota.

decir, el modo estandarizado por el plan de estudio de la carrera universitaria.

Esto se considera así, porque, si bien consiguen sostener el proyecto de estudio, lo hacen en mucho más tiempo del estipulado en la trayectoria *teórica* propuesta, y conviven con una sensación de urgencia permanente, de "no llegar", de "estar corriendo" para poder sostenerlo. Es notable que la mayoría, para sostener esta carrera cotidiana, da cuenta de una situación de "equilibrio", de un orden logrado entre las actividades que despliegan en los campos y la unidad doméstica- familiar, que es vivido como "sacrificio", un sobreesfuerzo donde el cansancio, y a veces la angustia, se interponen como dudas acerca de lo que se elige, acerca de la necesidad de seguir sosteniendo el proyecto de estudio. Este equilibrio entre las distintas prácticas que realizan puede ser vivido como sacrificio porque lo que se pierde también es muy significativo, realizar el ejercicio de ser estudiantes tiene, no sólo costos afectivos muy elevados, sino también en varios casos la concurrencia de importantes episodios vinculados al desmedro de la salud por estrés.

Por otra parte, pensar *cuáles son los sentidos otorgados al proyecto de estudio* por parte de las estudiantes, es una clave para entender por qué lo sostienen aún con costos tan elevados. Se toma aquí el concepto de *illusio,* porque ella es la que alimenta el deseo de jugar el juego social , que hace que los sujetos estén *sujetados, interesados* en jugar el juego, *atrapados.* Parafraseando a Bourdieu (1995) sabemos que estar interesado es aceptar que lo que acontece es un juego social determinado, tiene un sentido. Es decir, los *sentidos* de las estudiantes "alimentan" la *illusio,* movilizando el deseo de *invertir* la propia acción en las prácticas de estudio. Se observa que:

- Por un lado, ellas encuentran en la carrera una satisfacción epistémica inmediata, manifiestan expresamente que hacer la carrera es una elección personal (un placer, un "gusto", una pasión, un momento para sí mismas), ellas eligen avanzar con sus estudios y para ello dejan de hacer otras cosas, duermen poco, renuncian en gran parte a reuniones familares y/o con amigos, no disponen de ningún día de la semana "libre". Se localiza el despliegue del *sentido práctico* en concordancia con el deseo propio, con el goce. Las estudiantes manifiestan un *deseo* profundo, un disfrute por la actividad estudiantil que es importante destacar ya que, en tanto sujetos de aprendizaje, parafraseando a Ageno (1997) el deseo del sujeto es condición subjetiva que sostiene los procesos de aprendizaje y de producción de conocimientos (p. 51). Puede hablarse aquí de *pulsión epistemofílica,* "energía que posibilita el desarrollo intelectual, el ejercicio reflexivo, crítico y creativo de la facultad de pensar, aplicado al aprender y al investigar" (Ibidem, p. 59). Es decir que en las estudiantes habría una "estructuración de la subjetividad en relación con una curiosidad y un deseo que buscan su satisfacción en la actividad intelectual y en la adquisición de los conocimientos" (Ibidem, p. 59).

- También forma parte de aquello que nutre su deseo cambiar la realidad en un sentido filosófico /político, la posibilidad de transformar la realidad también impacta a nivel subjetivo y parece ser una nota identitaria en muchas de ellas. Se inscribe en ello un sentido profundo que refuerza la "necesidad" de *invertir* en prácticas de estudio que posibiliten mejores herramientas para el cambio social.

- Ser estudiante también les permite mostrarse frente a sus hijos estudiando, trabajando, sosteniendo luchas políticas, en actividad intelectual constante, esforzándose; es decir, les permite ser "un buen ejemplo materno", "una buena madre", empoderarse, "salir" del ámbito doméstico, "quitarse la vulnerabilidad del desconocimiento"; al tiempo que aumentar el volumen de los capitales individuales y con ello, el de todo el grupo familiar.

- Buscan cumplir con ciertos mandatos familiares. El peso simbólico, aquello que significa la U.N.C., no sólo para las estudiantes sino también para gran parte de la sociedad cordobesa, se refleja en una impronta muy fuerte y condicionante de las fuerzas que operan internalizándose en los sujetos de nuestra cultura acerca de lo que implica acceder a un título universitario. Para muchas estudiantes la universidad siempre fue "un objetivo", "algo pendiente", "un tener que ser universitario", algo que puede ser vivido como "un mandato de clase", una satisfacción que sigue vigente también para los padres de estas estudiantes, a pesar de que ellas ya poseen una titulación. Es decir, aparecen intereses familiares operando en la construcción del deseo sobre el "ser estudiante universitario", es muy posible pensar en una fuerte influencia de la institución en la constitución de esta necesidad por parte de las familias cordobesas. Como contrapartida, se pone de relieve lo que significa la oferta educativa de los niveles superiores no universitarios, surge de las entrevistadas dar cuenta de conflictos familiares emergentes en la época en la que las mismas vivían con los padres, donde el hecho de haber elegido ser docentes, realizar una carrera de dicho nivel, era desaprobado, "mal visto", "poca cosa", "un desperdicio de inteligencia"; aquello se actualiza con la fuerza del mandato no cumplido, la sensación de que el proceso educativo no se ha concluido, o de que el mismo es insuficiente. Pareciera ser que la inversión[35] familiar en el mercado escolar no estuviera completa sin una titulación de nivel superior universitario. En este sentido, se toman los aportes de Hebe Tizio cuando dice "todos ustedes reconocen en la frase "M´hijo el dotor" F. Sanchez (1903) el peso que tuvo para generaciones de inmigrantes ese acceso al saber. En él hallaban la posibilidad del cambio social ya que el saber permitía la movilidad

---

[35] El sistema de estrategias de reproducción de una unidad doméstica depende de los beneficios diferenciales que puede esperar de las diferentes inversiones en función de los poderes efectivos sobre los diferentes mecanismos institucionalizados (mercado económico, mercado escolar, mercado matrimonial) que le aseguran el volumen y la estructura de su capital. (Bourdieu. 2014, p.39)

social y toda la estructura de la escuela pública y la universidad había sido pensada desde esta perspectiva, pública, gratuita" (2002, p.13). El saber tuvo un gran valor histórico en la sociedad de antaño y permitió colocar a la U.N.C. en un lugar simbólico que parece perdurar con fuerza en la actualidad.

- Desempeñarse mejor en su trabajo; formarse profesionalmente; aprender; hacerse de curriculum, de puntaje; todo ello forma parte del sentido más inmediato, es decir, el apremio, la urgencia por la necesidad de mejorar la posición en el campo laboral, como se advertía anteriormente.

No se incluyen entre los sentidos, pero es importante destacar que los logros también parecieran ayudar a sostener la *illusio*, son como cuotas parciales de aquello que se quiere conseguir, y van nutriendo los sentidos del juego que se está jugando con resultados. Cada materia que rinden y aprueban, lo que aprenden, el hecho de "no abandonar", resistir, sentir que "a pesar de todo, siguen" es parte de lo que sostiene aquel deseo primario.

Tanto los sentidos otorgados al proyecto de estudio en forma directa por el goce que producen o indirecta por ser producto de sentidos construidos a lo largo de la propia historia, en el marco de la propia subjetividad, como los logros que van adquiriendo, conforman un universo de sentido totalitario del proyecto de vida que vuelve muy sólida la decisión de permanecer y resistir a los embates del juego que propone el campo de la U.N.C. En este sentido, inclusive las renuncias (aquello que se "pierden" por estar estudiando) tienen sentido, porque sostener el proyecto de estudio resulta muy prometedor para mejorar sus condiciones de existencia. Cada uno de los *sentidos* expuestos, forma parte de una "lógica de sentido" que le es propia a cada una de las estudiantes y que les hace parecer coherente y eficiente[36] la *economía de las prácticas* que realizan. La propia subjetividad está operando. Cuando se construye una decisión, hay *capital cultural, material y simbólico* que lo permite, que permite la emergencia de la decisión. Hay una convicción acerca de la elección porque las lógicas propias que hacen a la acción, poniendo en la balanza los objetivos y lo que se deja de lado, los "costos" de la *inversión* de ese *capital* que se realiza, resultan coherentes desde esa *posición*.

Las *prácticas* que realizan las estudiantes y los *sentidos* otorgados a las mismas permitieron observar también, *qué estrategias ponen en juego las estudiantes-madres para el sostenimiento del proyecto universitario.*

Por un lado, se observa una fuerte *inversión* en *estrategias de reproducción* que son principalmente de tipo: *educativas, simbólicas y sociales.* Es decir, se observa un *sistema de estrategias de reproducción social* que toma en cuenta, la realidad del ejercicio docente (posición simbólica y económica al interior del campo), la posición social en tanto mujeres, y la transmisión cultural que

---

[36] Desde esta perspectiva no se toma un valor absoluto de racionalidad para la consideración del criterio de eficiencia, sino que se tiene en cuenta que el mismo es subjetivo, y forma parte de la construcción histórica del *habitus* de cada sujeto.

realizan al interior de la unidad *doméstico- familiar*. Ellas *invierten* en *prácticas* con altos costos físicos y afectivos, porque en definitiva buscan, desean, aumentar el volumen y la estructura de su capital. Las *estrategias* que realizan para sostener sus condiciones de existencia (requisito previo y necesario a su vez para sostener el proyecto de estudio), implican, como estrategia principal, enfocarse/ ordenarse/ organizarse de la forma más estricta que les es posible para planificar un equilibrio "viable y sostenible" entre las demandas propias de los distintos campos a los que se hayan sujetadas. Esto, generalmente, implica:

- Alternar prioridades: atender más o menos intensivamente a los hijos, al trabajo o darle distintos tiempos y ritmos al estudio, siempre es según el análisis parcial de la totalidad de las prioridades en un momento dado. Acostumbran por ello, ir alternando la cantidad de materias que realizan y más aún, el tipo de asignatura que se elige en función de la carga horaria de la misma (alternan materia- seminario- taller, según el "estado" de las demás cargas), hacen cambios temporales en la rutina cuando hace falta priorizar el estudio: durmiendo menos, dejando de lado actividades recreativas, o tiempo con los hijos e hijas. En algunos casos, inclusive, se considera disminuir el rendimiento académico a drede.

- Inscribirse para cursar pocos días, pocas materias: por un lado, estas estudiantes no realizan más de dos materias por cuatrimestre; y por otro, lo que van haciendo, lo hacen concentrando los horarios en la menor cantidad de días posible, no más de uno o dos días a la semana.

- Asistir a clases: en general reconocen el valor educativo de las clases, entonces, si bien cursan pocas materias, asisten a la mayor cantidad de clases que les es posible.

- Apoyarse en la familia y en los compañeros y compañeras: todas buscan apoyarse en otros y otras que les ayuden a sostener su proyecto, pero como estudiantes consideran, además, como parte de esta estrategia, formar grupos con compañeras que estén en situación similar. Otras, pero en mucho menor medida, han aprendido a sacar provecho de la heterogeneidad que hay entre ellos. Algunas veces realizar actividades en forma individual también puede ser muy útil por la imposibilidad de coordinar acciones con otros por falta de tiempo, lo cual no significa que, aún en esos mismos casos, el apoyo en los compañeros y compañeras no sea una realidad.

- Servirse de las nuevas Tecnologías de la Información y la Comunicación: sobre todo, para la organización de grupos, para la coordinación de tareas y para mantenerse informados y comunicados entre sí a través de las redes sociales.

Finalmente, se buscó comprender *¿cuáles son los condicionamientos* de quienes cursan el Ciclo de la Licenciatura en Ciencias de la Educación en la F.F. y H. de la U.N.C. en forma simultánea con el ejercicio de la maternidad?

Sucede que los condicionamientos, para bien o para mal, son, están, a veces se imponen, porque se van construyendo en el *juego social* que propone el *campo*, y actúan determinando no solo las *prácticas*, sino el *habitus*, dándole al sujeto un "marco" para la construcción de un universo de "lo posible", de oportunidad o no para el hacer del sujeto. Así, en las entrevistadas:

- Dentro de la unidad doméstico- familiar: la cotidianeidad varía según la edad de los hijos e hijas, si se tiene quién cuide de ellos y ellas, si hay familiares que apoyen el proyecto de estudio, estar en pareja o no, que haya padres que se corresponsabilizan de las tareas domésticas o no, tener espacios propios para estudiar, vivir cerca o lejos de la facultad.

- Respecto del ámbito laboral: no es lo mismo tener trabajo, ser titular o suplente en el cargo, trabajar en uno o más trabajos, que los mismos sean afines a la actividad docente o no, hacer jornada ampliada o común (o las dos), tener o no que planificar para clases subsiguientes, tener más o menos grado de exigencia en la tarea docente diaria.

- En tanto son estudiantes: es muy relevante que la Universidad es pública, gratuita, brinda educación de calidad y prestigio; que contempla para estos casos condiciones que permiten su ingreso y permanencia (Régimen de Estudiante Trabajador, becas de apuntes, programas de apoyo). La E.C.E., es reconocida por su carácter inclusivo, la amplia participación de las y los estudiantes, la fortaleza de su acción pedagógica, el fuerte aporte de sus docentes al pensamiento crítico y reflexivo; además, permite el acceso al plan de estudio del Ciclo de la Licenciatura a quienes ya son docentes, es decir, que reconoce sus trayectorias anteriores. Por ejemplo, se encontró que el plan de estudio, *trayectoria teórica*, sería lo suficientemente flexible como para permitir el ritmo posible de cursado manifestado por las estudiantes, *trayectoria real*, y que la *gratuidad* es lo que permite sostener el tiempo que no contempla el plan teórico[37].

Cada estudiante configura su realidad en función de las particularidades que ofrecen estas variantes, son los *condicionamientos* los que conforman las reglas del *juego*. De esta manera, por ejemplo, asistir al trabajo les resta mucho de su tiempo para el sostenimiento del proyecto de estudio, pero les da, al mismo tiempo, parte del *capital material* necesario para llevar adelante dicho proyecto, además de otorgarle sentido a través del sistema de puntaje docente y el deseo de comprometerse con una sólida formación profesional. Otro ejemplo, los hijos le restan mucho tiempo del necesario para llevar adelante los estudios, pero son al mismo tiempo una de las principales razones por las cuales ellas invierten en los mismos. En cada uno de los campos y/o la unidad

---

[37] Cuando se habla de las *trayectorias reales* de las entrevistadas, y de que la realidad de sus prácticas se encuentra totalmente *desacopladas* (Miller y Arvizu. 2016) de la trayectoria teórica propuesta por el plan, es porque se observa en todos los casos que el promedio de cursado es de dos o menos materias por cuatrimestre, lo cual dista mucho del modelo normativo propuesto por la E.C.E. de la F.F. y H.

doméstico- familiar analizados actúan dichos condicionamientos, operando cada uno de ellos como una variable diferente, haciendo que haya más o menos oportunidad, mejores o peores condiciones para sostener el proyecto educativo.

Como pedagogos es importante observar todo aquel condicionamiento pasible de ser puesto en cuestión, principalmente a través de las instituciones educativas. Es posible preguntarse, a modo de cierre, ¿qué puede hacer la Universidad Nacional de Córdoba para mejorar las condiciones de las estudiantes, de modo tal que su situación educativa sea lo menos frágil posible? Al respecto, se considera fundamental tener presente algunos *espacios de lucha* que suceden al interior de la institución:

- Los hijos/as en las aulas: Las estudiantes- madres, en muchas oportunidades, llevan a sus hijos a la universidad, asisten a clases con ellos. Si bien en los relatos se pone de relieve la buena predisposición tanto de los docentes, como de los compañeros y compañeras, la situación no es óptima para las estudiantes-madres, porque realizan la clase atendiendo al temor (en todo momento) de que se vea interrumpida la misma por las acciones de sus hijos; al tiempo que sienten que los hijos no están en un ambiente adecuado para su desarrollo. Las estudiantes necesitan espacios de guardería para los hijos e hijas. Un espacio de guardería que este preparado para responder a la emergencia de los imprevistos cotidianos, flexible en sus horarios de ingreso y egreso. Se impone la necesidad de un lugar así, que funcione tanto en horario de cursado de clases (en tanto que ellas manifiestan el deseo y la necesidad de asistir a todas las clases para un óptimo rendimiento académico, al mismo tiempo que resuelven asistir lo menos posible); como fuera del horario de cursado para poder dedicarle más tiempo a la lectura.

En este sentido, no es irrelevante al género que las mujeres han asistido a esta casa de estudios a partir de 1884,[38] pero, recién *"empieza a ser una realidad en los 50, son los 70 los años de la gran masificación de la UNC, y esto tiene que ver con una mayor democratización de la educación superior, en la que empiezan a ingresar distintos sectores sociales"*[39]. Es decir, *"en una universidad de cuatro siglos, hace solo 70 años que las mujeres ganaron un lugar"*[40]. Son este tipo de reclamos lo que se necesita considerar, por aquello de que aún hoy en la corresponsabilidad de las tareas domésticas con el hombre, la mujer se halla en desventaja y generalmente es quien termina siendo la principal responsable del cuidado de los hijos e hijas.

- La obligatoriedad de la asistencia a clases: Para este grupo de trabaja-

---

[38] Según datos aportados en: http://www.unciencia.unc.edu.ar/2016/septiembre/las-universitarias-invisibilizadas-de-fines-de-siglo-xix

[39] Extraído de: http://www.unciencia.unc.edu.ar/2018/marzo/en-una-universidad-de-cuatro-siglos-hace-solo-70-anhos-que-las-mujeres-ganaron-un-lugar

[40] Ibidem.

doras la prioridad no está puesta en la asistencia clases. Por más que el deseo sea el de asistir, muchas veces se dificulta cumplir hasta con el 60% propuesto en el Régimen de Alumno Trabajador y/o con Familiares a Cargo. Ellas son docentes, y manifiestan tener criterio pedagógico para reconocer el valor de una clase, ya sea teórica, práctica, o teórico- práctica. Se agrava la problemática cuando por inasistencia se pierde la condición de estudiante promocional.

- Los horarios: Al no haber desdoblamiento de las cátedras en la E.C.E los horarios en cada materia son únicos. Esto dificulta fuertemente el cursado de aquellas materias que están por fuera de la franja horaria de dieciocho a veintidós, que es el horario al que pueden asistir las estudiantes-docentes que trabajan en el turno tarde. Por otra parte, existe un tiempo extra necesario para la realización de los trabajos de campo que en algunos casos no está contemplado y dificulta notablemente el frágil equilibrio organizado.

- Discurso académico: Las estudiantes se permiten cuestionar fuertemente el discurso académico, entendido éste como una dificultad que tendrían los agentes institucionales (docentes y estudiantes no docentes) para observar la realidad áulica general, y sobre todo al interior del propio campo (la E.C.E.) Por otro lado, existe en algunos casos la creencia de que hay una valoración por parte de los docentes universitarios y compañeros que subestima la tarea de la maestra de grado o de nivel inicial; es decir, las estudiantes, en tanto actores involucrados en primera persona con la función docente suelen sentirse afectadas negativamente. No parece fácil salir del aula donde se es la autoridad pedagógica e ingresar a un ámbito donde se está en una posición de "alumna". Las estudiantes-docentes desarrollan posiciones muy críticas respecto de cómo se articula la teoría con la práctica porque ellas lo están ejercitando en forma permanente.

- Participación en la vida universitaria: Tanto en los ámbitos políticos como en los académicos (Asambleas - Centro de Estudiantes - Ayudantías), se ve disminuida la participación de las estudiantes- madres- trabajadoras, no por falta de interés, sino por la falta de tiempo para el desarrollo de las mismas. Esto importa ser tenido muy en cuenta cuando se piensa en cuál es la voz del colectivo, el escaso tiempo que las estudiantes permanecen en la facultad podría estar invisibilizando su realidad y necesidades.

Finalmente, será clave tener presente, que este es un desarrollo teórico-explicativo en función de la posición de un grupo específico de estudiantes, un análisis más acabado para el mejoramiento de los condicionamientos que afectan a la totalidad de los E.N.T., debería comprender la posición del profesorado, las autoridades, y demás actores de la comunidad educativa de la U.N.C, es decir, la totalidad de las posiciones al interior de la institución, así como las posibilidades económicas y políticas de la misma; si es que se trata de llevar a fondo el tratamiento de las prescripciones legales, para que no tengan una expresión meramente declarativa, sino también ejecutiva.

Bibliografía

Abbate Vaughn, J. (2008) *Admisión, Apoyo y Retención de Estudiantes No tradicionales en Carreras Universitarias*. REICE. Revista Iberoamericana sobre Calidad, Eficacia y Cambio en Educación, 6 (3) 2008. Recuperado de http://www.redalyc.org/articulo.oa?id=55160302.

Bourdieu, P. (1995) *Respuestas por una antropología reflexiva*. México D.F. Grijalbo.

Bourdieu, P. (2015) *La nobleza de estado*. Buenos Aires. Argentina. Siglo Veintiuno Editores.

Bourdieu, P. (2015) *El sentido práctico*. Buenos Aires. Argentina. Siglo Veintiuno Editores.

Garibotti, F., Ambroggio, G. (2012). *Tomando perfil: ¿quién ingresa a Ciencias de la Educación?* Praxis Educativa, 16(1), 55-62. Recuperado de https: //cerac.unlpam.edu.ar/index.php/praxis/article/view/394

Gonzáles Monteagudo, J., (2010). *Biografía, identidad y aprendizaje en estudiantes universitarios no tradicionales. Estudio de caso de una mujer trabajadora*. Revista de currículum y formación del profesorado. VOL. 14, Nº 3 (2010) ISSN 1138-414X (edición papel). ISSN 1989-639X (edición electrónica). Recuperado de http://www.dsw.edu.pl/fileadmin/www-ranlhe/files/Profesorado_Granada_vol14_no3_2010.pdf

Gutiérrez, A. B., (2012) *Las prácticas sociales: una introducción a Pierre Bourdieu*. -1° Ed.- Villa María. Argentina. Ed. Eduvim.

Gutiérrez, A. B., (2015) *Pobre´... como siempre: estrategias de reproducción social en la pobreza*. -1° Ed.- Villa María. Argentina. Ed. Eduvim.

Jiménez, C.; (2008). EDITORIAL. Revista de Investigación Educativa, Sin mes, 275-282. Recuperado de http://2011.redalyc.org/articulo.oa?id=283321909001> ISSN 0212-4068

Miller, D.; Arvizu, V. (2016) *Ser madre y estudiante. Una exploración de las características de las universitarias con hijos y breves notas para su estudio*. Revista de la Educación Superior Vol. XLV (1); No. 177, enero-marzo del 2016. ISSN: 0185-2760. (p. 17-42). Recuperado de http://www.elsevier.es/es-revista-revista-educacion-superior-216-articulo-ser-madre-estudiante-una-exploracion-S0185276016300085?redirectNew=true

Scribano, A. O. (2008) *El proceso de investigación social cualitativo*. Buenos Aires. Prometeo Libros.

<u>Documentos/Leyes:</u>

Constitución Nacional de la Nación Argentina (1994).

Convención Sobre la Eliminación de Todas las Formas de Discriminación Contra la Mujer (1981)

Declaración Americana de Derechos y Deberes del Hombre (1948).

Declaración de Derechos Estudiantiles. Aprobada por el Honorable Consejo Superior de la Universidad de Córdoba. EXP-UNC:0027966/20 12.

Ley de Educación Nacional (LEN) N° 26.206

Ley de Educación Superior (LES) N° 24.521

Reglamentación Anexa al Régimen de Alumnos de la F.F.y.H. Resolución Nro. 363/99 del H.C.D (Modificada por las resoluciones N°462/99 y N°248/02 del H.C.D) aprobada por Res. Nro. 408/02 H.C.S.

Capítulo 9

Reflexiones en torno al concepto de Juventudes

Claudia Pereyra
Leonor Tulián
Liliana Rian

I.- Introducción

Nuestro interés por los planteos y atributos en torno a lo que se entiende por juventudes surge a partir de estudios realizados en el marco de distintos proyectos de investigación educativa que se relacionan con categorías de análisis concernientes a los cambios en el tránsito inicial de los alumnos en la vida universitaria, la construcción del oficio del estudiante, los procesos de arraigo, desarraigo y re-arraigo vinculados a la sustentabilidad o abandono de su proyecto educativo en la universidad, entre otros aspectos del trayecto estudiantil.

La consideración de la diversidad de características y dimensiones examinadas al respecto, nos condujeron a interrogarnos sobre los jóvenes como condición necesaria para una mayor comprensión de las categorías mencionadas. Por esta razón intentaremos aproximarnos a algunos rasgos distintivos que posibiliten ahondar en el concepto de juventudes y poder desentrañar el sentido, aunque más no sea aproximado de aquello que entendemos por juventudes.

El abordaje de la idea de juventud, en sus inicios fue desde un enfoque biológico, dentro del campo de la psicología, aportando sólo algunos aspectos parciales a la definición de dicho concepto, motivo por el cual el enfoque socio- histórico, es insoslayable a la hora de comprender las miradas y abordajes actuales.

Nuestro objetivo, por tanto, es acercarnos al concepto de juventudes desde un análisis sociohistórico, que nos permita identificar y reflexionar sobre este concepto, con la pretensión de acercar herramientas conceptuales, para comprenderlo desde la complejidad del entramado interdisciplinario.

Es por ello, que además del análisis *diacrónico,* es necesario considerar la *perspectiva sincrónica,* teniendo en cuenta los múltiples factores que intervienen en ella. Dicha *perspectiva* incluiría aspectos fundamentales como las *crecientes transformaciones tecnológicas* (los cambios en la evolución electrónica e informática, las TICs, los medios de transporte, entre otros), *la obsolescencia de los objetos* (como resultado del creciente consumismo e individualismo), *la crisis de la certeza y el abandono de los grandes relatos* que se reflejan en los paradigmas científicos y en la ausencia de compromisos ideológicos, así como *la sustitución del modelo familiar tradicional,* vinculada a las *nuevas concepciones relativas a la sexualidad, y a la construcción de géneros* producidos en las últimas décadas. Todos ellos, impactaron e impactan profundamente en los jóvenes dejando huellas en su identidad.

Con el fin de reconocer cómo algunos cambios e innovaciones van configurando el mundo de la vida de los jóvenes (personalidad, cultura, sociedad) en el escenario presente , en primer lugar historizaremos a modo general, los diferentes conceptos y perspectivas de análisis acerca del sentido que se le ha atribuido a la noción de juventud, para luego hacer foco en los "plazos sociales" y los "signos propios de lo juvenil" que consideramos puntos nodales que nos permitirían aproximar una interpretación que refleje la condición actual, desde ambos aspectos o variables.

Se pretende contribuir, a la comprensión de las nuevas formas juveniles con la intención de promover la discusión de ideas que posibiliten la apertura a nuevos interrogantes.

II.- Conceptos de juventud-es. Perspectivas Teóricas.

El origen de la idea de juventud estuvo latente desde la antigüedad, con los albores de la civilización, ya presente en la Academia de Platón y otros centros de formación para varones que alcanzaban la pubertad.

Etimológicamente *Juventud* es un término que deriva del vocablo latino *Juventus,* que identifica al período que se ubica entre la infancia y la adultez, tal como la define la ONU[41].

Asimismo entre los intentos de periodización de la vida humana, buscando regularidades que permitan comprenderla y facilitarla podemos hacer referencia a dos sistemas del medioevo: uno de ellos establecía una similitud entre las estaciones del año (primavera, verano, otoño e invierno) que a su vez estaban en relación con las actividades realizadas por los varones; mientras que el otro sistema, establecía varias etapas, la adolescencia se aplicaba a personas entre 14 a 21 o 28 años, y la de juventud correspondía a los individuos de 21 a 28 o 35 años.

---

41 Consultar http://www.unesco.org/new/es/popular-topics/youth/

En la Europa Occidental, preindustrial y rural, ser joven se refería a personas de edad joven en condición de dependencia familiar, y sólo se superaba cercano a los 30 años, cuando era capaz de adquirir tierras, dándole la posibilidad de contraer matrimonio.

Sin embargo, la constitución del concepto juventud se corresponde con paulatina emergencia histórica de un sector social, a partir del siglo XIX, como producto de la Revolución industrial y de la Revolución francesa.

La participación social de la clase obrera impactó en la cultura de la época e impulsó la construcción de discursos científicos- sociales que dieron cuenta de esa nueva realidad. Este sector social naciente, a través de huelgas y movilizaciones, fue quien enfrentó las deplorables condiciones laborales frente a un orden social caracterizado por la desigualdad. A través de estas conquistas que limitan la jornada de trabajo, y el empleo infantil, comienza a democratizarse la juventud haciéndola accesible para todos los niños aún los desprovistos de privilegios propios de su condición socioeconómica o su linaje.

A menudo ser joven se asocia al *anarquismo* y al *desorden social,* pues es innegable el protagonismo de los jóvenes en los movimientos emancipatorios y reformistas, tanto estudiantiles como obreros, así como en las revueltas sesentistas y setentistas del siglo XX y las que han tenido lugar en el primer tramo del siglo XXI. Como contrapartida, para otros, son notas esenciales que caracterizan a la juventud, *la utopía, el inconformismo, la creatividad, y el arrojo* (Biagini, 2012).

En el caso de América Latina, Feixa (2006) señala que el nacimiento de teorías sobre la juventud, de carácter ensayístico-especulativo, se puede remitir a las primeras décadas del siglo XX, con pensadores como José Enrique Rodó, José Ingenieros o Juan Carlos Mariátegui, en cuyas obras se entendía a la juventud "… como un reservorio moral tanto para la construcción de un 'nuevo' y 'joven' proyecto civilizatorio en la refundación de la nación y la identidad latinoamericana, como para la encarnación de la modernidad 'civil'" (Feixa, 2006, p. 14).

A partir de lo expuesto el concepto de juventud se construye como una categoría sociocultural, identificándose como un segmento de la sociedad con determinadas características y a partir de cierta edad, dando lugar a diferentes inclinaciones epistémicas a partir de los estudios que las Ciencias sociales realizaron sobre este sector.

En nuestro país se comenzó a tratar la idea de juventud a partir de fines del siglo XIX (en los años 80-90) particularmente desde la Sociología acorde a las marcas de la época, coincidente con los conflictos sociales y las problemáticas políticas del momento.

Emprender la conceptualización de la juventud, desde lo sincrónico tampoco es tarea fácil; sobre todo porque se trata de un término que ha sido utilizado de manera cotidiana, dotándolo de múltiples significados. Sirve tanto para designar un estado de ánimo, como para calificar lo novedoso y lo actual, incluso se le ha considerado como un valor en sí misma, y muy frecuentemente (Biagini, 2012)se le confunde con jovialidad.

Cabe aclarar que también se ha construido el sentido del término, desde aproximaciones demográficas, sociales, psicológicas, culturales, entre otras, que dificultan una mejor comprensión desde una perspectiva interdisciplinaria.

Asimismo, para aproximarnos a la comprensión del concepto de juventudes es necesario posicionarnos previamente desde qué perspectiva o enfoque teórico realizaremos el análisis.

Con respecto a las distintas perspectivas teóricas tradicionales que abordan el tema de juventud se han enfatizado diversos aspectos, entre ellos lo biológico, lo sociohistórico, lo cultural y la condición de ciudadano.

Desde la *perspectiva biológica* se establece la diferenciación con el niño, a partir de la maduración de los órganos sexuales, posibilitando las condiciones fisiológicamente óptimas para la procreación. A partir de esta postura se define a la juventud, tal sostiene la Organización de las Naciones Unidas (ONU), como la etapa que comienza a los 15 y se prolonga hasta los 25 años de vida de todo ser humano.

El criterio de edad universal, aplicado al conjunto de las juventudes, no es admitido para todos los sectores sociales y en todas las épocas históricas. En realidad, la edad solo serviría, en sí misma, para delimitar un espacio demográfico.

Esta posición constituyó la base y el punto de partida para la reflexión sociológica sobre la juventud durante muchos años. Se centraron en el concepto de "adolescencia" considerado por Stanley Hall (Psicología evolutiva de EE. UU.) inspirando las teorías Psicológicas organicistas.

Desde la *perspectiva cultural*, las distintas obras de la tradición culturalista proponen el análisis de la influencia de las instituciones -principalmente los medios- en la construcción de culturas juveniles, en sus diferentes estilos y en los problemas sociales que acontecen. La noción de clase social ocupa un lugar preponderante en la definición de la juventud cuando es considerada como problema.

La juventud no es sólo una condición natural, sino es también una construcción histórica, que se articula sobre recursos materiales y simbólicos de los distintos campos de la estructura social. Se es joven de diferentes maneras, en función de la diferenciación social, de parámetros como el trabajo, la educación, el género, el barrio, el tiempo libre y el dinero, entre otros.

Es así que el concepto de juventud es considerado como una categoría arbitraria y relacional que depende del universo simbólico instituido en un contexto histórico y social.

Desde la *perspectiva social,* con el auge del funcionalismo de Durkheim, alrededor de los años 50, comenzó a surgir el análisis de la categoría de "juventud" de carácter individual para tratarlo como hecho social, o sea como parte de los procesos de reproducción de la sociedad.

Tal como señalan Bendit y Miranda (2017) las obras de autores como Parsons y Eisenstad fueron muy importantes porque tuvieron en cuenta la incidencia de la juventud como actor social en los cambios de la sociedad contemporánea. Al respecto manifiestan:

Argumentaron sobre los grupos familiares, los cambios y la importancia de los grupos de pares, la expansión de la educación secundaria y superior, la autonomía emocional, las modificaciones del marco valorativo, la mayor libertad en la elección de parejas, en el debate sobre la maternidad/paternidad representaron hitos en la vida de quienes transitaron sus años de juventud en el período de la segunda post-guerra, hoydenominados "babyboomers"[42](p.13)

Asimismo, el interés de relacionar la juventud con la teoría del cambio social desde una perspectiva etnográfica más subjetiva tuvo sus seguidores tanto en Alemania, como en Francia y otros países europeos.

De acuerdo con la perspectiva sociológica de Pierre Bourdieu, los "sujetos" en general son agentes que ocupan posiciones dentro de un determinado campo social y cuyo lugar corresponde a la posesión de un capital que permite la distribución diferenciada de unos puestos ante otros.

Por lo tanto, la juventud como categoría social sólo es reflejo de la manera en que los poderes se dividen en una estructura social y se impone el orden en el que cada uno debe mantenerse.

Al respecto el sociólogo sostiene que "Los jóvenes como una unidad social, como de un grupo constituido, dotado de intereses comunes y referido dichos intereses a una edad definida biológicamente, constituye una manipulación evidente" (Bourdieu, 1990, p.165) por lo que sugiere la necesidad de analizar las diferencias entre los jóvenes, o más esquemáticamente, entre las dos juventudes, la estudiantil y la obrera.

Asimismo, el autor francés expresa que –"*La "juventud" no es más que una palabra*". Nos hace saber que "*detrás de la designación "juventud" se esconde una multiplicidad de condiciones marcadas por la clase o la escolarización. El dato biológico es manipulado socialmente, la juventud y la vejez no están dadas*". (Bourdieu,1991, p.164-165)

La juventud sería un conjunto social heterogéneo, en el cual cada subgrupo desearía diferenciarse del resto de sus pares y de los adultos. No es algo

---

[42] Jóvenes nacidos entre 1945 y 1964(que incluye dos cohortes) quienes trataron temas como igualdad para homosexuales y afrodescendientes, así como los derechos de las mujeres

establecido, sino que se construye en las luchas entre jóvenes y viejos, cuya cualidad biográfica resulta de las atribuciones que dan sentido a su desplazamiento a través de un campo social.

Este posicionamiento dentro del campo social no significa la ocupación rígida y permanente de un lugar. Más bien se trata de una lógica de tránsito, de trayectoria, en tanto constante movimiento de un lugar a otro dentro de la dinámica misma del espacio social. La idea de trayectorias de vida juveniles permite analizar las "jugadas", es decir, los movimientos que configuran la biografía del agente o grupo juvenil, seguido a lo largo de la estructura de un campo social.

Una generación es posible por la "socialización" en determinado momento histórico-cultural, lo que dota a los sujetos jóvenes de ciertas "marcas epocales" comunes. Este concepto es de una importancia fundamental cuando hablamos de juventudes, ya que se es joven cuando se pertenece a una generación que se distingue de otra que ya no lo es.

No obstante, cabe aclarar que no se puede hablar de una generación si no se parte del análisis previo de la estructura social. Tal como señala el autor es necesario "…partir de una teorización sobre la estructura social y la producción de sujetos y, a partir de aquí, plantear los conceptos de edad y generaciones" (Pérez Islas, 2000).

Para Margulis y Urresti la generación a la que se pertenece funciona como "memoria social incorporada" y "experiencia de vida diferencial"; se trata de los estímulos de una época que cruzan transversalmente todos los espacios sociales.

Por otro lado, la consideración de la juventud desde la *perspectiva de la ciudadanía*, en las sociedades occidentales contemporáneas, es el momento en el que se adquiere potestad para realizar demandas, en esa relación con la sociedad, con el Estado, con lo público y lo político.

Este enfoque de derechos considera a los jóvenes como actores estratégicos y les reconoce su valor como sector flexible y abierto a los cambios, con capacidades y derechos para intervenir protagónicamente en su presente, construir democrática y participativamente su calidad de vida y aportar al desarrollo colectivo (Krauskopf, 2000).

Tal como señala Alberto Fernández (2013) quizás el motor de cambio más eficaz para las sociedades es institucionalizar a la juventud incorporándola en los diferentes espacios sociales. De este modo la juventud, en tanto liberada de las necesidades económicas más inmediatas, se encuentra en posición ventajosa para realizar críticas al orden establecido, que en muchos casos no dependen de su condición socioeconómica, sino de la exención económica misma que se le otorga. Esta exención económica nos lleva a considerar un doble aspecto. Por un lado, le permite criticar el *statu quo* pero al mismo tiempo puede opacar la percepción de los excesos producto de su acción transformadora.

Lo juvenil o las juventudes suponen un presente simbólico, que reinterpreta la historia y posibilita formas de percepción del futuro. Reconocer a las juventudes inmersas en lo social, en el terreno donde se juegan fuerzas materiales y simbólicas, significa verlas en su calidad de sujetos completos y de actores políticos.

De lo expuesto se deduce que no tendrán una posición predeterminada por lo que el concepto de juventudes como categoría arbitraria y relacional depende del universo simbólico instituido en un contexto histórico y social.

Antonio Pérez Islas (2000), nos ofrece algunos criterios básicos para definir lo juvenil como *un concepto relacional* pues sólo adquiere sentido en un contexto social más amplio y en su relación con lo no juvenil: "de ahí que 'lo juvenil' no sólo supone la definición positiva acerca de que es y cómo puede ser definido un 'joven', sino además contemplar las disputas sociales en torno a la conceptualización misma de las juventudes. Así podemos reconocer lo 'juvenil' como producto de una tensión que pone en juego tanto las formas de autodefinición, como la resistencia a las formas en que son definidos por 'otros sociales' -sean los adultos, las instituciones sociales, otros jóvenes, entre otros- (Vommaro, 2010)

Es además un concepto *históricamente construido* ya que, por un lado, se trata de una categoría histórica (edificada, no siempre existió), pero, además, el contexto social, político, económico y cultural va variando las formas de vivir y percibir lo joven (Reguillo, 2000);

Por su parte también Bolis (2015) sostiene ese carácter *situacional y relacional, de* la categoría ya que ser joven responde a un determinado contexto, por lo que hacer generalizaciones conduce a errores y al mismo tiempo, se trata de un concepto que debe interpretarse junto a otras categorías como la clase social, la etnia y el género entre otras.

Además, Pérez Islas (2000) también se refiere a su carácter representado, cambiante, transitorio y a su producción en los campos de lo cotidiano y lo imaginado. El gran aporte de este autor es dejar de pensar las juventudes de manera aislada, sin los conflictos, tensiones, relaciones de poder; al fin y al cabo, sin el enfoque social.

La variedad de aproximaciones interpretativas en torno a los jóvenes no admite la aparición en estado puro de estas tendencias, y es posible hallar matices de una y otra en las construcciones discursivas que se producen desde el campo científico pero situarlos en un vacío social puede considerarse como una estrategia para perpetuar la hegemonía adulta, impidiendo a los jóvenes la legitimidad simbólica para su actuación activa en la sociedad.

Con este recorrido socio histórico sobre *juventudes* se pretende contribuir a interpretarla, sin ser definitivos, pues nuestro interés se centra en continuar con la discusión de ideas que enriquecerían las diferentes perspectivas desde las que se las aborda.

III.- La moratoria social como rasgo distintivo de las juventudes: ¿aspecto facilitador u obstaculizador en la construcción de la autonomía?

La consideración de los jóvenes como actores sociales comienza a principios del siglo XIX, conforme a los procesos de industrialización que sirvieron de base para la reconfiguración poblacional y a los cambios originados en lo económico, social, político y cultural de los países, en las primeras etapas de la Revolución Industrial, por lo que su existencia se remonta a más de doscientos años, aproximadamente.

Ahora bien, en su recorrido hasta nuestro mundo actual se ha ido construyendo la idea de que el tiempo joven puede ser asumido como un tiempo de transición, de la esfera privada de la familia a la vida adulta. Tanto la familia como las demandas de calificación son requisitos necesarios para la aparición de la juventud, cuya formación es principalmente en el sistema escolar. El mandato social a la juventud consiste en obtener calificaciones que la habiliten en la transición de la vida familiar a la vida productiva correspondiente a su clase social, donde adquiere singular importancia la profesionalización.

A partir de mediados del siglo XX, algunos sectores sociales tienen la posibilidad de ofrecer a sus jóvenes un tiempo para postergar exigencias -sobre todo las que provienen de la propia familia y del trabajo; tiempo para estudiar y capacitarse, postergando el matrimonio mientras alcanzan su madurez social y económica.

Al respecto Margulis y Urresti (1998) sostienen "… para los jóvenes hay un crédito temporal, una moratoria vital. Es un período de permisividad, estado de gracia, de indulgencia en las que no se aplican con rigor las presiones y exigencias que pesan sobre los adultos". (p.13)

Para estos autores las juventudes dependen de una moratoria, como un espacio de posibilidades abierto a ciertos sectores sociales y limitado a determinados períodos históricos. La *moratoria* (capacidad de retraso), facilitaría el desarrollo del yo y la percepción personal de lo que da sentido a su propia vida, y a su vez trae consigo la postergación del matrimonio o de parejas, y los jóvenes lo realizan cuando tienen asegurado sus propios ingresos para formar su hogar.

Tal como referimos, la juventud es un concepto reciente que reduce su alcance a cierta clase de jóvenes, a los que tienen los medios económicos y la herencia cultural que permiten los estudios, demorando la inserción en la actividad económica por lo que esta característica tampoco es universalizable, de allí la necesidad de hablar de *juventudes*.

Este plazo social, no incluye a otros jóvenes pertenecientes a sectores sociales que ingresan a la vida laboral y reproductiva mucho más temprano. Excluye, por tanto, de esta condición a un gran número de jóvenes que no se sostienen económicamente. Es así que los sectores de condición más baja suelen iniciar uniones conyugales con menos edad y son numerosos los casos de maternidad adolescente entre las mujeres que suelen carecer de pareja estable y permanecen en la casa de sus padres.

Desde una mirada tradicional tal como señala Taguenca Belmonte (2009) los jóvenes constituyen generaciones divididas en cohortes, donde se pone énfasis en sus potencialidades, es decir, en sus posibilidades futuras de llegar a ser los adultos que la sociedad prescribe, sin tener en cuenta el tiempo actual en el que transitan y es allí donde se justifica la moratoria que la sociedad les otorga dado que se encontrarían en proceso de formación. Por otro lado, la moratoria cultural, complementaria con la moratoria social, tiene un aspecto empírico relacionado con la edad, el cuerpo y la procreación entre otros.

Hasta aquí la perspectiva que la consideraría como facilitadora, no obstante, otros autores no son tan optimistas ni ven con buenos ojos este plazo social, ya que, para muchos de ellos, se trata de una variable propia de una concepción de juventud construida desde el adultocentrismo[43] que no otorgaría una identidad y protagonismo auténtico a los jóvenes.

Es así como el joven que "mora" es el que espera pasivamente, es el que retrasa la acción para mañana. Es el joven que se define por su distancia con lo social, por su lejanía del lugar donde "realmente" las cosas suceden.

Entre los obstáculos que surgirían de las dilaciones que la sociedad otorga a los jóvenes se encuentra el problema de la independencia, que, si bien antes se conseguía más o menos pronto, hoy se ha vuelto un ideal esquivo. Contribuyen a ello la falta de posibilidades de trabajo, y la formación profesional más larga, estirando considerablemente la adolescencia y las juventudes.

Se trata de mantener a los jóvenes, en ese tiempo muerto donde sólo se ensaya de manera lúdica. Pero a la vez, definirlos por sus moratorias es considerarlos como "seres del futuro": "los jóvenes son presentados como seres de tiempo inexistente".

La siguiente autora describe este aspecto o variable que se les atribuye a los jóvenes:

"… El pasado no le pertenece porque no estaba, el presente no le pertenece porque no está listo, y el futuro es un tiempo que no se vive, sólo se sueña, es un tiempo utópico. Ahí son puestos los jóvenes, y así quedan eliminados del hoy…" (Chávez, 2006 p.28).

Los jóvenes de la moratoria retrasan su ingreso pleno a la sociedad: el discurso de "todavía no está listo" en realidad configura un sujeto que "no es", que está deslegitimado desde el inicio para formar parte de las relaciones de fuerza y sentido "adultas" que se impone como modelo hegemónico.

---

[43] El adultocentrismo es una visión del mundo en la cual sólo los adultos, están preparados para dirigir la sociedad, constituyendo el modelo de desarrollo social, que se manifiesta en la experiencia, en la madurez, y en toda una cosmovisión.

A veces, se sugiere que están cómodos en esas moratorias, que los jóvenes no quieren actuar, que aceptan con agrado que "todavía no es su turno". Es frecuente en nuestros estudiantes, sobre todos los que finalizan el secundario, la expresión "me tomo un año sabático" como fiel manifestación de la permisividad social que avala poner entre paréntesis o *stand by* la continuación de los estudios.

Es necesario recalcar que la moratoria social se otorga a los jóvenes desde la perspectiva de los adultos, quienes tienen una visión de la realidad distinta a la de los jóvenes. En efecto, se trata de la consideración de la potencialidad, como un valor que encierra un futuro promisorio, en contraste con la idea de actualidad de quienes les interesa vivir el hoy, tener experiencias hedonistas, y satisfacciones inmediatas (muchas veces promovidas también por adultos), generando los diversos cambios y transformaciones sociales, pero en realidad, se estaría dando crédito a alguien que no lo necesita y que no daría cuenta legítimamente del deseo por ese tiempo y espacio concedido, dando lugar y naturalizándose una necesidad proyectada por y desde los adultos.

En este sentido consideramos que sería acertado dejar de lado las moratorias y pensar los jóvenes a través de sus "trayectorias".

En primer lugar, una moratoria es un tiempo estático, mientras que una trayectoria es un "proceso".

Se trata de un tiempo que transcurre a medida que los sujetos van convirtiéndose en ciudadanos plenos, van tomando "la voz y el voto" en la sociedad, se van posicionado, identificando, construyendo proyectos. En la trayectoria, el joven es un "sujeto potencial" —proyectándose, constituyéndose, institucionalizándose, pero también un "sujeto posicionado", ubicado en el campo social a través de relaciones de fuerza y sentido, es decir, es potencia y es poder (Bolis, 2014)

Esta autora también sostiene que la gran diferencia entre pensar "moratorias" y "trayectorias" es que la moratoria es una ligadura a "lo social" sedimentado, estático, del que los jóvenes aún no podrían despegarse; en cambio, la trayectoria los impulsa al terreno de "lo político", de lo emergente, de la decisión.

La moratoria es la negación de los jóvenes, es su inscripción en un "período preparatorio" en el cual adolecen de algo. Es posible invisibilizarlos a través de miradas que los niegan: negatividades como sujetos —en su moratoria, en su incompletitud— y negados en su agencia —o en nuestros términos, en su demanda y su decisión—.

En el camino de espera, de moratoria para insertarse en la sociedad se puede avanzar o retroceder, y muchos jóvenes establecen relaciones instrumentales, viviendo esta experiencia sólo como un refugio afectivo, buscando ser queridos, retrotrayéndose a etapas primordiales. A menudo se observa falta de autoestima, desconfianza, violencia o desestructuración interna.

Pero afortunadamente existen hoy discursos sobre juventudes que no quieren esperar en eternas moratorias, ni permanecer en una burbuja construida especialmente para ellos donde todo sea relativo, ni ser desperdigados a través de una pluralidad atenuante. Surgen voces que señalan juventudes con proyectos, que se afirman y se apoyan en esas identidades comunes.

IV.- Signos de las Juventudes. ¿Quién no quiere ser joven en la sociedad actual?

Vivimos en un tiempo en el que los chicos-jóvenes pareciera que no quieren crecer y los adultos quieren parecer jóvenes. Nos encontramos en un momento donde la adolescencia como tránsito vital es sustituida por el ideal de esta como un estado permanente, así la adultez se identificaría con lo obsoleto mientras que subsecuentemente, existe una exaltación de lo juvenil.

Pero nos surge inmediatamente como interrogante: ¿Cuáles serían los signos de lo juvenil? Buscar el real empírico, para dar cuenta de las juventudes es pensar cómo la dimensión fáctica interactúa con la simbólica y nos posibilita significar esa categoría.

La juventud es una condición social con cualidades específicas que se manifiestan de diferentes maneras según las características histórico-sociales de cada sujeto, por ello, reiteramos, la necesidad de referirnos a *juventudes*.

Tal como señalan los siguientes autores:

"...la condición histórico-cultural de juventud no se ofrece de igual forma para todos los integrantes de la categoría estadística "joven". (Margulis y Urresti,1996, p.2)

Respecto de esta concepción se ha llegado a considerar a la juventud como mero signo, como una construcción cultural, sin considerar condiciones materiales e históricas, que condicionan a su significante.

Con respecto a este aspecto de los signos, los mismos autores expresan:

"...Se trata de signos que tienden a estatizarse, a construir un conjunto de características vinculadas con el cuerpo, con la vestimenta, con el arreglo, y suelen ser presentados ante la sociedad como paradigma de todo lo deseable".

Y más adelante "... La juventud-signo se transforma en mercancía, se compra y se vende, interviene en el mercado del deseo como vehículo de distinción y de legitimidad" (Margulis y Urresti, 2008 p.17).

El cuerpo suele ser el primer plano para la apreciación de la condición de juventud. A menudo suele confundirse juventud con jovialidad, lo joven con lo juvenil, y considerar jóvenes solo a los que portan las actitudes y las características estéticas propias de los sectores medios y altos.

La estética dominante publicita el cuerpo del joven como modelo para todas las edades: la esbeltez, la blancura, la aptitud atlética y los patrones de belleza en lo que predomina lo blanco y europeo: "el compuesto resultante es el cuerpo del joven (cronología sin cultura es ciega —bruta materialidad, estadística—, cultura sin cronología es vacía, simbolismo autóctono, culturalismo)" (Margulis y Urresti, 2008 p.22).

Esta dimensión "física" se hace "visible" con los signos.

Las juventudes como signos se manifiestan a partir de recursos materiales y simbólicos que se articulan por medio de consumos diferenciales en el que la moda connota posibilidades de distinción para quienes poseen recursos económicos y culturales adecuados a cada sector social.

Las juventudes en la sociedad posmoderna se caracterizan por la ausencia de referentes identitarios y la crisis de sus instituciones, se "reorienta" en el sentido de un abierto rechazo al substancialismo occidental y sus implicaciones morales.

El surgimiento de *estilos culturales juveniles* comenzó a aparecer de manera diferenciada en el período posterior a la segunda guerra mundial. Desconectados medianamente de las responsabilidades de una vida familiar adulta, los jóvenes se transformaron en un importante mercado de consumo, ya generalizado en occidente y acrecentado además por la ampliación de la escolarización.

Las tribus y neo-tribus juveniles, en las condiciones sociales actuales, se refieren a micro agrupaciones poseedoras de normas éticas (modos de vida, redes de significados) y estéticas (condiciones materiales: discos, películas, ropa deportiva, estilos de vestir) diferenciadas, en las cuales los jóvenes desempeñan papeles establecidos. La ligazón entre los miembros de la tribu está dada por los lazos afectivos, emocionales y el vaivén entre la masificación y el desarrollo de los microgrupos.

De esta forma, los estilos culturales juveniles resisten la anulación individual propia de las sociedades en crisis, en las cuales los referentes culturales se han diluido. Éste enfoque sobre investigaciones juveniles es una perspectiva sociológica más flexible y posmoderna, diferenciándose del enfoque tradicional que habla de subculturas o contraculturas juveniles que sonarían demasiado uniformes y fijas.

Las tribus urbanas se constituyen sobre afinidades de diferente índole – musicales, deportivas, o estéticas- son de poca duración y se identifican a partir de los consumos que le son económicamente accesibles: tatuajes, peinados, lenguaje y vestimentas. El desarrollo de las comunicaciones más mediáticas contribuye a la variedad en el ámbito de las tribus juveniles, pero también a cierta afinidad y similitud entre ellas en el plano internacional dado que en ciudades distanciadas con marcos culturales e historias diferentes hay grupos juveniles que se parecen entre sí (códigos corporales, ejes estéticos).

El *rock* suele constituirse en el lenguaje universal de los colectivos jóvenes urbanos resaltando valores simbólicos globales. La asistencia a recitales tiene que ver con una forma de interacción particular entre iguales. En general ser joven es girar en torno a la música en sus diversos estilos.

También otra forma de significar lo juvenil es la *tendencia al protagonismo* de los sujetos que comparten intereses puntuales e inmediatos que los afecta en su vida cotidiana.

Las presencias de referentes significativos generalmente están asociadas a ídolos del deporte, y artísticos, siendo de existencia efímera. A su vez se destaca la *ausencia de referentes normativos generales* por la crisis del mundo adulto y de un horizonte utópico. El compromiso político y la militancia han perdido trascendencia en el ámbito de su cultura.

La construcción de ídolos es producto también de pasiones efímeras, pero estas elecciones temporales son típicamente individualistas y contribuyen a afirmar una identidad de los jóvenes en oposición al medio familiar.

Personalizan las relaciones con las cosas, ya que, dada la oferta de los objetos de consumo, son estos y no otros, los que generan la adhesión de los jóvenes, no admiten variaciones y esa fidelidad dura hasta que otro bien lo reemplaza. Las industrias culturales significan a las juventudes a través de la diversidad: "hay un producto especial para cada uno". En el discurso mercantil, la pluralidad se festeja.

En la actualidad, la juventud es también el momento en el que se va *confrontando el poder tutelar,* especialmente el familiar. Es una relación desigual que es factible de leerse en términos de "soberano/súbdito" —como insinúa Foucault en su analogía con el binomio amo/esclavo—: el adulto determina la norma —incluso arbitrariamente y manejando la excepción— y el niño se somete a ellas y las obedece.

Pero esta relación de poder y de sentido es cuestionada —y quizá subvertida— por los jóvenes: van realizando demandas hacia otros que no son los padres, comienzan a decidir sobre sus trayectorias, identificaciones/diferenciaciones y posiciones, con una relativa autonomía estructurada.

En síntesis, los jóvenes se van desatando de la sujeción tutelar familiar y comienzan a transitar por posiciones de poder decisional-soberano

Independientemente de la condición socioeconómica hay integrantes de las clases populares que son jóvenes porque ocupan en la familia ese lugar, ya que en ella son hijos, aunque tengan niños y tienen un tiempo de vida prolongado para la realización de sus expectativas, su juventud es ratificada en la vida cotidiana por la mirada de los otros.

La relación entre juventudes y *género* se ha manifestado en la condición social de la mujer en relación a limitaciones y restricciones en el plano de la sexualidad, la apertura al mundo laboral e intelectual marcando las diferencias generacionales. Asimismo, en las últimas décadas ha tenido lugar el cuestionamiento de la presunción de la heterosexualidad, así como la promoción de la diversidad sexual, donde la orientación sexual y la identidad sexual forman parte de las diferencias que buscarían valorar y reconocer.

Históricamente lo joven construido desde lo joven, siempre ha sido considerado como marginal y estigmatizado. La racionalidad instrumental institucionalizada construye a los jóvenes como modelos de adultos en tránsito. Hay ciertas juventudes, que se adhieren a comunidades de pertenencia excluyentes, que no se integran en una reproducción de las estructuras de la cultura, de la sociedad y de la personalidad, que garantizan y posibilitan el entendimiento entre los sujetos que habitan el mundo de la vida.

Por su parte el discurso estatal, a través de políticas públicas e instituciones públicas con el precepto de la igualdad pretenden garantizar el cumplimiento de los derechos universales, que contengan al conjunto de los jóvenes.

No obstante, la mirada adultocéntrica sobre las juventudes sigue vigente, incluso para los nuevos paradigmas militantes, sobre los cuales se depositan un conjunto de mandatos y exigencias. Pero, además, "la juventud se convierte en una causa militante que promueve identificaciones, reconocimiento y adhesión, a la vez que consagra la juventud como un valor por el que vale la pena luchar" (Vázquez, 2013 p.22).

Pocos años y un abismo separan a la generación del puro presente y la generación de los proyectos. Al respecto ciertamente, la célebre frase: *carpe diem quam minimum crédula postero* (trad. Del latín: Vive el momento, aprovecha el día, no confíes en el mañana) tomada del poeta latino Horacio y leit-motiv del clásico Filme *La Sociedad de los Poetas Muertos*[44], hace referencia a los cambios que comienzan a experimentarse en la sociedad occidental a partir de la segunda mitad del siglo XX donde los jóvenes se rebelan contra una generación que promueve el autoritarismo en sus diversos aspectos y que se traduce por ejemplo en rígidos mandatos parentales. En esta película se describe magistralmente momentos bisagra que representan la transición de la sociedad moderna a la posmoderna impactando en los modos y estilos juveniles.

V.- Consideraciones finales

El único modo de evitar totalizaciones es pensar las juventudes de manera relacional y diferencial, podremos así, dar cuenta de las categorías de juventudes sedimentadas de los relatos hegemónicos sobre la juventud, así como de formas emergentes de identidades juveniles.

El concepto de juventudes presenta varias perspectivas para su análisis; las dimensiones temporales unidas a espacios concretos nos permiten integrar condiciones materiales y culturales que construyen lo identitario de los jóvenes como algo variado, que está en continuo cambio, así como en permanente contradicción y conflicto con las distintas formas que presentan sus identidades plurales de sujetos históricos construidos.

---

[44] Dirigida por Peter Weir- Año 1989. Guión: Tom Schulman

Lo juvenil es un concepto históricamente construido, relacional y a su vez situacional. No significa lo mismo ser joven ahora que hace años atrás ni tampoco es considerado del mismo modo en los diferentes escenarios mundiales, por lo cual no es una categoría social universalizable. Sólo adquiere sentido dentro de un contexto social más amplio y en su relación con lo no juvenil (la interacción con categorías como las de género, étnicas, de clase social, etcétera) y responde a contextos bien definidos.

Es a su vez transitorio, cambiante y cotidiano porque los tiempos biológicos y sociales del joven o la joven en lo individual, los integran o expulsan de esa condición juvenil. Se construye y reconstruye permanentemente en la interacción social. Sus ámbitos de referencia son íntimos, cercanos, familiares: los barrios, la escuela, el trabajo y en las comunidades de referencia (la música, los estilos, internet).

Para el relato hegemónico los adultos temen que los jóvenes los desplacen de sus posiciones de autoridad tanto en la familia, como en la política, o en la economía, y los jóvenes no confían que los adultos les otorguen el poder para disfrutar de las cosas que se les presentan como privilegios de la edad adulta y que se enraíza en la experiencia, por lo que una perspectiva variada se hace necesaria para analizar y posibilitar las formas emergentes de identidades juveniles.

Se trata de una condición social que se construye en relaciones de poder establecidas por condiciones de dominación -subalternidad, donde la relación de desigualdad no implica siempre el conflicto, sino que pueden darse procesos de complementariedad, rechazo, superposición o negación.

La posibilidad de cambio que implica el concepto de juventudes en la actualidad encierra promesas y esperanzas (desde una prospectiva abierta) pero también expectativas poco alentadoras para algunos jóvenes. La emancipación de los jóvenes requiere de un proyecto que favorezca la construcción de sus procesos identitarios dentro de una sociedad democrática.

Bibliografía

Bendit, R., & Miranda , A. (2017*). La Gramática de la Juventud: Un Nuevo Concepto en Construcción. Última Década*(46), pp.4-43.

Biagini, H. E. (2012). *La Contracultura Juvenil: de la emancipación a los indignados.* Buenos Aires: Capital Intelectual.

Bolis, J. (2014). *Jóvenes y Soberanía: hegemonía, discursos y trayectorias hacia la emancipación.* La Plata: Ediciones Periodismo y Comunicación.

Bourdieu, Pierre;. (2002). La juventud no es más que una palabra. En *Sociología y Cultura* (págs. 163-173). Mexico: Grijalb

Chaves, M. (2006). *Investigaciones sobre juventudes en la Argentina: Estado del arte en Ciencias Sociales.* Instituto de Altos Estudios Sociales, La Plata.

Feixa, C. (1998). *De jóvenes, bandas y tribus. Antropología de la juventud.* barcelona: Ariel S.A.

Fernández , A. (22 de junio de 2013). *Letras libres*. Obtenido de Breve Historia de la Juventud: www://letraslibres.com/mexico-espana/breve-historia-la-juventud

Habermas, Jürgen;. (1999). Sistema y mundo de la vida. En J. Habermas, *Teoría de la Acción Comunicativa* (págs. 161-280). Madrid: Taurus.

Krauskopf, D. (2001). Nuevos desafíos de la educación en el desarrollo juvenil. *adolescencia y juventud en América Latina*.

Margulis, M., & Urresti , M. (1996). *La juventud es más que una palabra: Ensayos sobre Cultura y Juventud* . Buenos Aires: Biblos.

Pérez Islas, J. (19 de Octubre de 2015). La Nueva Condición Juvenil. (M. Narváez , Entrevistador) Mérida, Yucatán, México.

Reguillo, R. (2004). La performatividad de las culturas juveniles. *Revista de Estudios de Juventud,* 49-56.

Taguenca Belmonte, J. (enero-marzo de 2009). El concepto de Juventud. *Revista Mexicana de Sociología, 1*(71), 159-190.

Vázquez, M. (2013). En torno a la construcción de la juventud como causa pública durante el kirchnerismo: principios de adhesión, paricipación y reconocimiento. *Conicet*, 25.

Vommaro , P. (2000). *Juventudes y Políticas en la Argentina y América Latina*. Buenos Aires: Grupo Editor Universitario- Clacso.

Capítulo 10

Apreciaciones de los estudiantes en torno a la relación pedagógica en el espacio universitario.

Sandra María Gómez

I.- Contextualización

La relación pedagógica es una construcción vincular donde se conjugan aspectos subjetivos y sociales. Se define como una relación intersubjetiva situada en una estructura institucional que se concretiza en el encuentro con el otro, en un contexto social y normativo. Los alumnos tienen representaciones y formas de valorar la tarea docente, que solo se pueden pensar relacionalmente considerando las apreciaciones que los mismos tienen sobre los profesores en la universidad, las demandas que los alumnos les harían y los aspectos centrales que consideran sustantivos para ser estudiantes universitarios. Se presentan, en esta oportunidad, algunos resultados en el marco de una investigación más amplia que ha indagado sobre las características que toma el proceso de constitución del lugar de alumno en la universidad.

Muchos son las cuestiones que se abordan en el marco de las problemáticas en educación superior, pero hay determinados temas que son el eje estructurante alrededor de los cual se funda el sentido de las prácticas educativas. Uno de ellos es la relación pedagógica entre los docentes y los alumnos.

A partir de investigaciones previas (Laino, Vissani, Gómez, Barrale, 2010; Gómez, 2012) y de prácticas de asesoramiento pedagógico anteriores (Autor, 2013), surge la inquietud de indagar acerca de las representaciones que tienen los alumnos sobre sus profesores en la Universidad. Desde un espacio institucional de asesoramiento pedagógico[45], se realizaron entrevistas a los profesores universitarios y se infirieron dos supuestos sostenidos por algunos

---

[45] El asesoramiento pedagógico se llevó a cabo en la Universidad Siglo 21 - Córdoba, Argentina- entre el año 2009 y el año 2013.

docentes que podían impactar en aspectos de las relaciones intersubjetivas que se jugaban en las prácticas de la enseñanza (Gómez, 2013). Ambos antecedentes alimentan esta investigación.

Por un lado, investigaciones previas, y por el otro, fueron los diálogos entablados con los profesores los que motivaron la necesidad de escuchar a los estudiantes para ver lo que ellos mismos decían respecto de sus profesores. Dichos diálogos llevaron a dos supuestos, los que se supone tiñen las formas de acción y de alguna manera afectan tanto la toma de decisiones (en relación con el diseño de la clase) como así también los intercambios espontáneos que se dan en el aula. Un primer supuesto aludía a la idea, bastante generalizada, de que los estudiantes "eligen" una carrera y dicha elección conlleva necesariamente un total convencimiento de que ello era lo que se deseaba. Esta elección implica entonces, desde las expectativas de los docentes, que el alumno pueda mostrar una actitud de interés constante que pueda ser explicitada en gestos, acciones, palabras, que así lo señalasen. Esta lectura ubica al estudiante en un lugar de elección voluntaria y cabalmente racional, que supone, un interés permanente y certero sobre lo elegido, decisión que garantizaría aprender la "totalidad" de lo ofrecido en las clases. Pero la realidad es más compleja y este supuesto es ilusorio. Si bien podemos partir de la idea de que el alumno se posiciona de manera diferenciada a como lo hacía en el nivel secundario, no podemos afirmar – si reconocemos las diversas trayectorias de vida - que todos los estudiantes llegan de la misma forma. Sabemos que no hay opción completamente racional, ni hay certeza absoluta de su vocación, ni están construidas de antemano todas disposiciones necesarias para manejarse de manera fluida (prácticas naturalizadas) en un espacio que le es novedoso.

El segundo supuesto, concordante con el anterior, remitía a que los estudiantes debían traer consigo las disposiciones necesarias para moverse en el ámbito universitario, competencias que la escuela secundaria debiera haber otorgado. Estas dos presunciones exigirían de un alumno recientemente ingresado, un posicionamiento firme, autónomo y autogestionado que le permitiría captar rápidamente la forma de hacer las cosas en la universidad. En algunos docentes esta posición incidiría en la forma de pensar las propuestas de enseñanza. En la práctica cuando no se alcanzan los logros esperados, los profesores hacían hincapié en la falta de interés o en la escasa formación previa de los estudiantes, siendo los dos obstáculos los que explicarían esta especie de fracaso educativo.

Se torna preciso distinguir que los docentes siempre son, de una forma u otra, referentes significativos para los alumnos. La posición de los profesores en la universidad adquiere otras características si las comparamos con el nivel secundario y es, en el ejercicio de la docencia, en que estas formas adquieren cuerpo y se visibilizan. Los supuestos mencionados sostienen en gran medida las decisiones de los docentes en torno a sus clases, en función de expectativas que marcan lo que se espera que los alumnos hagan y/o alcancen a hacer. Por otra parte, vemos que los alumnos tienen representaciones muy ligadas a un imaginario social que constata estas formas de apreciar la tarea docente, representaciones que solo se pueden pensar relacionalmente, es decir que los estudiantes en alguna forma avalan las demandas de los profesores aun cuando las mismas no puedan ser satisfechas por ellos mismos. La relación de fuerza simbólica es tan eficaz que se acepta, dóxicamente, esa exigencia como la adecuada aun cuando el alumno no tenga competencias para poder responder. Este es un punto central en lo que se viene planteando y que motivará el análisis.

Las interpretaciones que se derivaron del asesoramiento pedagógico, a partir de las enunciaciones de los docentes, fomentaron la inquietud por investigar, proceso de indagación que hoy ya cuenta con resultados. Dicha investigación educativa trató sobre *La construcción del lugar de estudiante universitario durante el tránsito inicial de las carreras de Abogacía, de Contador Público, Licenciatura en Psicología, Licenciatura en Diseño Gráfico e Ingeniería en Sistemas* (Gómez, 2012, 2014), iniciada en el año 2010, sigue en la actualidad. En líneas generales la investigación apuntó a dos objetivos centrales: reconocer las características de la población de distintas carreras universitarias a los fines de señalar particularidades psicosociales de las mismas en relación a las trayectorias personales y escolares e identificar aspectos distintivos de cada población para establecer algunas relaciones entre disposiciones previas, elección de carrera y trayecto universitario. Se abordaron distintas facetas de la vida universitaria, según cómo los alumnos la iban viviendo. Uno de esos focos hizo hincapié en las apreciaciones de los alumnos en relación con lo que ellos entendían por un buen profesor en la universidad. Dicha pregunta se articuló con la autoimagen de alumno y con el ideal de estudiante que ellos mismos expresaban

II.- Referencias teóricas

La relación pedagógica es una relación intersubjetiva situada en una estructura institucional que se define en el encuentro con el otro en un contexto social y normativo. Si bien este tipo de relación adquiere valor por el trabajo en torno al conocimiento, y es ello lo que le otorga su especificidad, van a ser las formas vinculares que asuma la relación lo que le imprimirá determinadas características que tendrán, en función de dicha configuración, determinados efectos. Estamos afirmando que las tramas vinculares que se configuran en el aula favorecen, en mayor o menor medida, las posibilidades constructivas tanto de orden cognoscente como social.

Los docentes, como referentes significativos, han ido cumpliendo distintas funciones, diferenciadas según las edades y posibilidades de aprendizaje de los estudiantes en cada nivel educativo. No es lo mismo la figura del docente en primer grado de la escuela primaria que el lugar otorgado a los profesores en cuarto o quinto año del nivel secundario. Las relaciones entre docentes y alumnos, y lo que se espera de dichas relaciones, están cargadas de significaciones colectivas compartidas. Pero es preciso decir que en cada vínculo pedagógico se particularizan formas de interacción según los rasgos singulares de los sujetos docentes y alumnos que se encuentran en dicha relación. En la universidad esta relación reedita formas previas, en vínculos transferenciales como así también constituye nuevas maneras de intercambio que se conjugan en función de lo esperado en este nivel educativo como así también en las tramas que se van generando en el lazo entre profesores y alumnos (Freud, 2000)

La relación pedagógica se construye en una trama intersubjetiva en la cual se enlazan deseos, saberes, expectativas, representaciones, ideales; en donde el docente está legitimado -a priori- por la institución, pero deberá ser él mismo el que se gane el lugar de autoridad. Dicho reconocimiento se genera a partir de los intercambios que se dan en tres dimensiones (Gómez, 2013).

La primera es la disciplinar y refiere al capital cultural incorporado e institucionalizado[46] del profesor. Esta instancia es lo que lo legitima en el lugar del saber (Bourdieu, 2011).

La dimensión metodológica alude al tratamiento del contenido, en cual debe tornarse accesible y las estrategias didácticas deben procurar construcciones significativas y, por último, la dimensión vincular, que, de ser positiva, genera las mejores condiciones de construcción de aprendizaje y de contención subjetiva y social. Es el mutuo reconocimiento intersubjetivo y el respeto mutuo lo que permite el despliegue armonioso de los procesos de aprendizaje, en un clima placentero y solidario que sostenga el trabajo intelectual (Habermas, 1997; Laino, 2000)

Los estudiantes, en su larga escolaridad han ido construyendo disposiciones[47] lo que les permite moverse como pez en el agua en las instituciones

---

[46] Entiéndase por capital cultural incorporado a las disposiciones durables que han supuesto inversión de tiempo y energía en su incorporación, como propiedad hecha cuerpo (habitus profesoral). El capital cultural en estado institucionalizado se vincula al título o títulos que tiene el docente como certificación que otorga un reconocimiento institucional de aptitudes, competencias, conocimientos.

[47] Para ambos autores las disposiciones sociales se construyen, no son esquemas mentales naturales que se han heredado o esquemas innatos que se actualizan en la experiencia. Lahire, en una concepción cercana a la de Piaget respecto de las estructuras cognitivas, entiende vincula a una que la socialización se "repetición de situaciones estabilizadas y estructurantes (..) es la que produce en cada individuo las anticipaciones prácticas y los esquemas estructurantes, es decir, las disposiciones o los hábitos mentales o comportamentales que le disponen a aprehender en forma específica las futuras interacciones y situaciones a que estaré sometido" (2006, p. 259) La idea de repetición no es la de copia idéntica, Por ello decimos adaptación activa como acciones constructoras de nuevos esquemas.

educativas (Bourdieu, 1995; Lahire, 2006) Moverse de ese modo ha exigido un proceso de adaptación activo que les permite ir asimilando la novedad y comprendiendo las formas de acción particulares del lugar al que concurren durante la escolaridad. Se van dando cambios que requieren de un proceso de transformación de los sujetos que tienen distinto impacto subjetivo, social e intelectual. Entre las novedades que tienen que tramitar, en un proceso de desequilibrios y re-equilibraciones[48] (Piaget, 2000), se encuentran los lazos con los docentes que pueden tener algunas semejanzas en cuanto a los aspectos estructurantes de la relación (conocimiento y autoridad) pero que adquieren otra dramaturgia[49] en cada uno de los niveles educativos, comportando cada vez mayores exigencias, de diversa índole, a los estudiantes: ¿Qué dicen los alumnos al respecto, qué esperan de sus profesores, qué creen que los profesores esperan de ellos?, son algunas de las inquietudes que se analizan en este escrito. Son estas representaciones, re-construidas en el discurso, las que subyacen en las relaciones pedagógicas impregnando de una manera particular las formas de acción e interacción entre docentes y alumnos.

III.- Metodología

Se realizaron 34 entrevistas a alumnos de las distintas carreras. Este instrumento se administró luego de que estos mismos alumnos completaron una encuesta de preguntas cerradas y abiertas. Las encuestas indagaban sobre referencias sociodemográficas, vivencias en las escuela primaria y secundaria, cambios producidos en los cambios de nivel educativo, cambios por el ingreso a la universidad, consumos culturales, entre otras variables. Las entrevistas permitieron triangular datos y alcanzar mayor profundidad en algunos temas. Uno de esos temas fue el lugar otorgado al profesor universitario y la concepción de alumno que los mismos estudiantes expresaban. Las enunciaciones son las unidades de análisis abordadas en este artículo. Los estudiantes entrevistados cursaban, en ese momento, el segundo año de su carrera. Pertenecían a las Licenciaturas en Psicología y en Diseño Gráfico y a las carreras de Abogacía, Contador Público e Ingeniería en Sistemas, en una Universidad privada cordobesa.

A los fines de las interpretaciones de los datos recogidos con este instrumento cualitativo y haciendo foco en el tema que nos convoca, se ha divido

---

[48] Se establece una semejanza en la idea de adaptación activa con los procesos de equilibración de las estructuras cognitivas del que habla Piaget en sus investigaciones. La formación de conocimientos puede explicarse por este proceso en que se dan equilibraciones y reequilibraciones bajo los mecanismos de asimilación y acomodación en la relación sujeto y realidad.

[49] Goffman (2009) cuando refiere a las actuaciones (y podemos pensar aspectos de la docencia que cobran esta forma) hace alusión a la realización dramática en tanto el sujeto en la interacción expresa las capacidades que alega tener y llevar adelante la tarea central que supone la competencia específica del ser profesor.

el análisis en tres partes: las características de un buen profesor en la universidad, lo que le pedirían a los profesores y, por último y como la otra parte de la relación pedagógica, lo que reconocen como preciso de asumir en el lugar de alumno en la universidad.

IV. Apreciaciones de los estudiantes

a- Sobre las características de un buen profesor en la universidad

Los estudiantes tienen expectativas en relación con sus profesores. Los docentes tienen un lugar bastante clave dado que son los mediadores entre la universidad como institución y las necesidades de los alumnos. Es en el aula en donde se producen los primeros encuentros y los profesores traducen aspectos de lo esperado en la universidad, dando sugerencias, haciendo comentarios, contando anécdotas, aludiendo a la normativa, etcétera.

Los primeros discursos docentes son que los que dan bienvenida a los ingresantes ofreciendo elementos, en mayor o menor medida, que pueden fungir como contención ante la incertidumbre.

A medida que los estudiantes van transitando las distintas clases van estableciendo comparaciones entre los estilos docentes, contemplando desde la forma de transmisión hasta el modo de vincularse, pudiendo expresar aspectos con los cuales se sienten más cómodos y gratificados.

La pregunta que se les hizo era sobre qué características para ellos debía tener un buen profesor en la universidad. La pregunta tenía un sesgo valorativo ya debían aludir a una caracterización de los aspectos positivos y negativos en el ejercicio de la docencia.

El dominio disciplinar es una condición sine qua non para el ejercicio de la docencia. Desde la función de profesores universitarios se da una condición indispensable de lugar de sujeto al que se supone saber (Lacan, 2005). La autoridad luego se legitimará si ello es reconocido por los alumnos. En las expresiones de los alumnos esta condición pareciera estar dada de antemano porque, en general, ellos no manifiestan que los profesores haya falta o insuficiente dominio conceptual. Las más valoraciones giran fundamentalmente en torno a lo metodológico y a lo vincular.

En la comunicación educativa, siguiendo a Laino (2000) hay tres componentes: el deseo, la autoridad y el conocimiento estructurado. El deseo es lo que motoriza al sujeto hacia una realización posible; los alumnos reconocen al docente en un lugar de autoridad como enseñante legitimado y, el conocimiento estructurado vinculadas a los procesos constructivos generados en la relación sujeto y realidad y donde cada alumno tendrá posibilidades efectivas en virtud de los y contextos particulares y las trayectorias de vida.

En muchas ocasiones se habla del deseo o del interés de los alumnos y en pocas oportunidades se menciona el deseo del profesor. Hay una inversión de energía que hace el docente, en función de su Illusio (Bourdieu, 2007). La Illusio se define por la inversión de libido en un juego social en el cual el agente quiere participar. El interés lleva a formar parte del juego y sentir que la pena participar y sostener dicho juego social. Los docentes deben encontrar, en el desempeño la profesión, envites (palabra que utiliza este autor) que lo mantengan entusiasmado en el sostenimiento de sus prácticas.

Los estudiantes expresan esta idea ligada a la pasión, a la forma particular en que se expresa el deseo en la transmisión de los contenidos, en el disfrute de enseñar y en los efectos positivos que ello conlleva en la vinculación con los alumnos.

Dos estudiantes de Diseño Gráfico respondían:

"Profesores que a mí me han gustado mucho tener tienen la particularidad de que adoran lo que están haciendo, lo adoran y te trasmiten a través de esa pasión… pero además de eso, les gusta enseñar. Tienen la vocación de enseñar… porque muchas veces está el hecho de que no saben trasmitir los conocimientos… por el hecho de que no te gusta enseñar. Si a uno le gusta enseñar, se motiva, aprende, ve otras formas de explicar." (Entrevista Nº2)

"Para mí los profesores tendrían que estar un poco más motivados ellos, como para poder motivarnos a nosotros" (Entrevista Nº5)

El docente no solo transmite los contenidos de su disciplina, sino que en su modo de enunciación se cuelan aspectos patémicos. Las pasiones se articulan en el discurso y permiten captar estados emocionales, las que no pueden estar aisladas del cuerpo que modula el discurso. Greimas y Fontanille (2002) en su texto sobre semiótica nos dicen que "la sensibilización pasional del discurso y modalización narrativa son concurrentes, no se entienden una sin otra" (p. 21)

Los profesores se exponen cuando ofrecen su clase y es, en esta trama intersubjetiva, en la que los alumnos captan y traducen los estados patémicos que tienen incidencias en las formas que ellos toman la propuesta pedagógica. Los estudiantes lo traducen en la noción de motivación o desmotivación. En las relaciones establecidas entre psicoanálisis y pedagogía, Freud afirma en su texto *El interés pedagógico* (2000) que "sólo puede ser educador quien es capaz de compenetrarse por empatía con el alma infantil…" (p. 191)

Las particularidades en los estilos de enseñar de un docente impregnan la clase y generan una especie de atmósfera en la cual los grupos pueden ir alcanzado distintos grados de involucramiento. Como dice Freud (2001) la educación es una tarea imposible (del mismo modo que gobernar y psicoanalizar) en el sentido de inconclusas, en las cuales la educación no se alcanza a satisfacer totalmente porque no finaliza nunca. Así la idea de educación que se deriva, siguiendo con Freud, es la de un proceso que no termina, que es inacabado, es incompleto. Esta imposibilidad también se vincula a otros dos aspectos. El primero al malestar que genera la educación por efectos de la derivación y postergación de la satisfacción inmediata como consecuencia de los procesos sublimatorios. El segundo a la imposibilidad de domesticación del deseo, a la aceptación de que el docente no domina el deseo del otro. Es un desafío del profesor, en la trama de relaciones educativas, que se vectorice la libido hacia objetos (educativos) que se vayan tornando deseables.

La relación dialógica es un eje esencial que favorece la relación pedagógica. Los estudiantes valoren a los docentes que dan la oportunidad de la palabra en un intercambio genuino y permanente. Se valora positivamente que otorgue el lugar para hablar y que genere condiciones de confianza para que los mismos se autoricen a preguntar y a aportar sus ideas.

"Para a mí un buen profe tiene que tener carisma, poder llegar al alumno, no ser de esos profes de la escuela antigua muy rectos de esto y esto, lo digo yo y es así y no me cuestiones porque no acepto tu opinión. Cosa que no noto mucho que esté acá, o sea lo contrario… (Entrevista Nº 12, alumno de Psicología)

La posesión de conocimiento en el profesor es una condición necesaria, pero, es su forma de transmisión y la particularidad comunicativa, que se configure en este proceso de transmisión, lo que hace que el alumno pueda sentirse invitado o repelido en el desafío de apropiación significativa del objeto de estudio. La aceptación y el rechazo pueden venir de la mano de las maneras en que el docente se posiciona para la transmisión y la manera singular que cada alumno tenga en la lectura de dicha posición.

"Primero que mantenga la atención, porque sobre todo… te puedo dar el ejemplo, justo nosotros tuvimos una materia, Estética, que las primeras clases tuvimos con un profe que era el suplente, pero era un desastre. Yo la veía a la materia y decía "pero qué horror la materia que estamos teniendo" … pero como la daba el tipo, o sea, la pasábamos mal, nos queríamos ir, no llamaba la atención… Y después, cuando vino el profe titular, al revés, nos parecía que estaba muy buena la materia, por cómo la daba, cómo la explicaba, aparte el tipo, como que el profesor, para mí, aparte de saber lo que da tiene que saber un poco más, cosa que pueda explicar y relacionar conceptos. Como hace este profe con nosotros, que para mí sabe muchísimo. (Entrevista Nº3, alumnos de Diseño Gráfico)

Escuchamos en las expresiones de estos alumnos como profesores de una misma asignatura, en un mismo grupo, pueden generar implicaciones disímiles, conllevando disfrute o rechazo por un área disciplinar.

b- Sobre lo que le pedirían a los profesores.

Las propuestas dinámicas, que dan lugar al intercambio, son las más solicitadas. El aburrimiento, como consecuencia de una falta de asignación de sentido, genera un estado de ataraxia, por la cual el alumno "permanece físicamente" sin estar involucrado. La clase funciona como espacio proposicional, en la cual los otros sujetos pueden quedar progresivamente envueltos o desenlazados de la propuesta.

"Que no sea autoritario en el sentido de lo que yo digo es la verdad, eso para a mi es lo más importante diga lo que diga enseñe mal o bien si es una persona abierta o accesible ya es suficiente para a mí, eso es lo mejor y después si se generan diálogos y discusiones está perfecto yo estoy contenta por aquí los profes que tengo son todos así". (Entrevista Nº 11, alumno de Psicología)

Los estudiantes otorgan autoridad a los profesores y entienden que existe una relación asimétrica entre ellos, pero, aun en esa asimetría, esperan una relación de reciprocidad en que el cual tengan espacios legítimos de participación activa en un contexto de respeto mutuo.

"Para mi tiene que ser simpático, tratable, pero hasta un punto… porque por ahí se hacen tan los simpáticos y se hacen tan amigos del alumno que el alumno lo toma para la chacota y te olvidaste de la clase o sea… el tema de los chistes también, hay algunos profes que se van en chistes y vos decís ya está, aprendamos y listo…" (Entrevista Nº 28, alumno de Abogacía)

"Un trabajo no tradicional alumno-profesor, ustedes se sientan, no saben nada, yo sé todo. Uso esta herramienta que tengo como herramienta de poder, el conocimiento, y ustedes se callan todos y escuchan" (Entrevista Nº 23, alumno de Abogacía)

Los espacios de intercambio concebidos como oportunidad dialógica y los recursos diversos que el profesor coloque a disposición para el acceso al conocimiento son dos variables bien valoradas. Las distintas puertas de entrada al objeto en estudio se viven de manera superadora cunado las comparan con la clase meramente expositiva. Es evidente que ese tipo de propuestas alientan a una mayor participación y a un tratamiento alternativo del contenido curricular.

"Como por ahí tratar de estimular a los alumnos, de enseñarles con otras formas, no solamente la típica clase que están todos en filas. Tratar de hacerlos trabajar en grupo o que se yo, con noticias periodísticas. Como bajarlos más a la realidad, son conceptos tan abstractos a los que no llega si no. Entonces por ahí tratar de ir más a lo concreto, a la práctica para después poder llegar a la teoría" (Entrevista Nº 27, alumno de Abogacía)

Por otra parte los alumnos esperan que el tiempo de clase sea realmente un aporte sustantivo, un espacio en el que el profesor pueda ofrecer las explicaciones de los contenidos que luego estudian solos. En este punto les agrada que haya tintes de humor, anécdotas, momentos de distensión; pero alcanzando un equilibrio justo, de modo que la clase sea efectivamente una ocasión enriquecedora desde el punto de vista del tratamiento de los temas. Un estudiante de Ingeniería nos decía:

"Primero, por ejemplo, en algunos casos a veces los profes se explayan en temas que no tienen nada que ver con la materia. Eso no está bueno, a veces cuando se ponen a hablar, se van por las ramas y hablando de otra cosa y eso no está bueno. Y a veces uno se la tiene que fumar porque no podés decir: - che, mirá te

estás yendo, no podés, tenés que quedarte callado…" (Entrevista N° 31, alumno de Ingeniería)

Para los estudiantes la posibilidad de comprensión de los conceptos se articula de manera necesaria con las ejemplificaciones dadas en la clase. Los conceptos requieren para su apropiación de un enlace con referencias concretas que faciliten esa construcción. Aprehender la teoría es un proceso más asequible cuando los profesores ofrecen variedad de ejemplos, alusiones que ayudan a organizar lógicamente dichas nociones que se harían probablemente inabordables de otra forma, o que en algún punto, se podrían incorporar de manera poco significativa.

"…yo aprendo mucho dando ejemplos o relacionándolo con algo que a mí me parece es la forma que yo después voy al libro y tengo leerlo nada más, me parece que tiene que tener eso. ¿Qué más tiene que tener? Muchos ejemplos de la vida cotidiana, me parece que eso hace mucho al profesor, porque no es que abre el libro y dicta, si no que relaciona con su experiencia profesional. (Entrevista N° 11, alumno de Psicología)

Otro aspecto fundamental es que los docentes mantengan y respeten un encuadre de trabajo pautado desde el inicio del dictado de la materia. Ingresar a hora, responder las inquietudes en tiempo y forma, cumplir con los tiempos de entrega de trabajos, identificara los alumnos, establecer los criterios de evaluación claros; son todos éstos los elementos que se deben acordar y comunicaren el marco del desarrollo de la asignatura.

"Vos venís 8:30 y que caigan a las 9:30 o a las 10 y que encima a las 12 te dicen bueno ándate y no te explicaron nada… (Entrevista N° 7, alumno de Contador Público)

"Valoro que sean exigentes, porque a mí me gusta aprender, y después saber qué se me evalúa. (Entrevista N° 2, alumno de Diseño Gráfico)

El estudiante espera que el profesor mantenga este encuadre de trabajo como organización necesaria, anticipando lo esperado y resguardando las acciones que se regulan previa normativa aceptada.

"Lo mínimo, venir en horario, no faltar porque si… y por ahí no solo explicar formulas, conocer más a los alumnos y explicar con más contacto con la realidad… capaz no saberse el nombre pero si "me acuerdo que te fue bien o algo así"… (Entrevista N° 8, alumno de Contador Público)

"Hay muchos profesores que es una entrega de trabajo práctico y… "profe en la próxima clase se la puedo entregar"… y bueno, la pasamos, la pasamos… pero estoy en la universidad no estoy en el secundario. (Entrevista N°4, alumno de Diseño Gráfico)

El paso de la escuela secundaria a la universidad supone un proceso de adaptación activa de los alumnos a las nuevas exigencias institucionales, intelectuales, sociales. Poder ir asumiendo estos cambios requerirá de la construcción de disposiciones que les permitan moverse en este contexto, pudiendo actuar de manera eficaz en este inédito espacio. Los profesores son pieza clave en el acompañamiento durante los dos primeros años de la carrera. Los estudiantes entienden que son ellos los que pueden allanar el camino o convertirlo en un recorrido completo de obstáculos. Una alumna expresa al respecto:

"Por empezar en tener bastante claro que en nuestro país el sistema educativo con respecto a los secundarios no es muy de mucha calidad por decir de una forma. Entonces la mayoría de los alumnos salen si tener conocimientos generales y básicos que debería tener para la universidad y eso es algo que no tienen en cuenta los profesores para empezar, la mayoría. Entonces eh, como que te encontrás con un choque bastante marcado en ese sentido porque te hablan con conceptos que vos con las herramientas que tenés no, no estás en las condiciones para manejarlos. Entonces por ahí, eh, tratar de que se hable, de suavizar ese paso. Eso sería para mí lo que más se falla como profesor" (Entrevista Nº 26, alumno de Abogacía)

Por tanto, para los estudiantes la figura del profesor es sumamente relevante y un factor clave en el proceso de adaptación durante el primer tramo de la carrera.

c- Sobre lo que es preciso asumir como estudiante en la universidad

Los estudiantes ingresan a la universidad con ciertas creencias e ideas sobre lo que se espera de ellos en esta institución. Desde el nivel secundario y desde el entorno familiar se pueden ir prefigurando nociones acerca de lo que les significará "estar en la universidad". Por otra parte, ya tienen un largo recorrido en la escolaridad que ha ido dejando marcas en el proceso de constitución como alumno. Han ido construyendo un concepto sobre sí mismo en relación a la forma de "ser estudiante", producto de una trayectoria en la que, a partir de múltiples interacciones, se ha ido identificando y tomando enunciados que le han sido significativos, en donde las palabras proferidas, los gestos, las acciones de esos referentes han tenido efecto en la construcción identitaria.

Cabe destacar que siempre puede haber una distancia entre que se enuncia (como Ideal del Yo o como lo socialmente esperado) y lo que efectivamente los sujetos hacen luego en la práctica. Sin embargo, la valoración sobre lo escolar, su recorrido por las instituciones educativas, la relevancia que de la familia se dé a los estudios, entre otros, van conformando ese ideal con el que el sujeto se va identificando.

Tres estudiantes de Abogacía, en su escolaridad anterior (nivel primerio y secundario), se describen como:

"Me veía buena alumna, o sea no excelente, ni excelentes promedios, pero bastante bien llevadero… o sea nunca tuve malas notas (…) El secundario también. En el secundario estuve hasta en el orden de mérito no de los mejores pero bueno. Algo es algo" (Entrevista Nº 29)

"Era muy estudiosa. Mucho más que ahora, porque me encantaba, como mi hermana iba a la escuela y yo me entusiasmaba y hacía todo. Me gustaba mucho porque era un colegio de campo y, más que una escuela, era como una familia" (Entrevista N° 30)

La universidad supone nuevas exigencias que son reconocidas desde antes de entrar a esta institución. En el discurso social circulan ideas ligadas a la responsabilidad, dedicación, compromiso, como cualidades que son indispensables para estudiar en la universidad. Asumen que estos atributos deben estar de antemano para que les vaya relativamente bien en sus estudios. Una vez que comienzan a transitar las aulas constatan que le es esforzado sostenerse para lo cual deben desplegar estrategias y construir nuevos esquematismos para poder estar allí y sentirse "como peces en el agua".

"Era súper inquieta, hacía cualquier cosa, pero no, me gustaba mucho ir al colegio. Me gustaba claro porque era mi segunda casa entonces mis compañeros eran como mis hermanos y hacíamos todo juntos. Entonces me encantaba ir al colegio en la primaria. Ya el secundario se empezó a poner un poco más difícil, pero (…) Veía que me costaba, yo por ahí me molestaba un poco ir al colegio secundario pero bueno.

¿En qué sentido?

"En nada, en que no es lo mismo que el primario, la dificultad no es la misma que el secundario, cada etapa no es la misma que la anterior. Siendo un poco más difícil, es como que uno no aguanta que se hagan las cosas un poco más difíciles. Pero bueno, me mantenía, iba porque me mantenía esas ganas de ir por un montón de motivos. Tenía mis amigos, mis profesores que yo los re-quería porque los conocía desde que era re chica entonces eso era como que me daba el empujón para seguir yendo y para bueno, para ponerle pilas y no. Nunca me llevé una materia, por ejemplo, pero siempre me costaba digamos, estaba ahí que tenía una prueba y, los finales y no. Pero bueno. (Entrevista N° 19)

Algunos estudiantes sostienen que como punto de partida debe existir un deseo genuino por estudiar. Sustentan que para estar cursando efectivamente deben querer hacerlo, es decir, si hay motivos que los llevan a hacer esto y no otra cosa. Efectivamente debe moverlos una especie de interés, ilusión, Illusio, como investidura libidinal que hace deseable el estudio y por lo que se invierte energía psíquica, ya que el juego social vale la pena. Alumnos de distintas carreras expresan algo semejante:

"Creo que más que nada es estar cautivado, que le guste lo que está haciendo y que lo haga" (Entrevista N.º 14, alumno de Psicología)

"Que sepa bien lo que quiere, que no, no venga a la universidad por compromiso, porque se le ocurrió, darse cuenta de lo que quiere e ir a eso es lo que veo que sería un buen alumno, si tiene un objetivo y lo va cumpliendo, está bien, cuando vienen aunque hagan las cosas más o menos bien pero parece que fuera de forma desinteresada, me parece que no" (Entrevista N.º 9, alumno de Contador Público)

Querer, deber y poder como requisitos para lograr alcanzar el propósito. El vínculo con el conocimiento es la principal razón de existencia de la universidad. Hay exigencias y desafíos que tienen que encarar y superar positivamente para sostenerse en su proyecto de estudio. El impacto mayor se pone en dos palabras: la cantidad para estudiar y la administración eficaz del tiempo disponible.

"Y un buen alumno se tiene que manejar muy bien los tiempos, tiene que saber qué tiempo tiene. Yo creo, no sé si está bien o está mal, pero creo que vaya al ritmo de la clase, digamos, de lo que va el profesor, porque eso facilitaría muchísimo" (Entrevista N°1, alumno de Diseño Gráfico)

Valoran como necesaria una actitud de apertura ante el conocimiento, es decir una inquietud por saber y por aceptar la necesidad de aprender como condiciones que abren camino a una nueva construcción. Esta idea se articula con la noción de deseo, ¡cuando se valora la clase como un situación de crecimiento, en un involucramiento lejano a una forma de impasibilidad. El desinterés de los pares genera malestar a quienes entienden que es una oportunidad de aprendizaje. En varios casos esa situación se repite. Las distracciones en el grupo son menos tolerables que en la escolaridad anterior, posiblemente porque las exigencias de evaluación también sean mayores y porque el posicionamiento del joven ya no puede ser el mismo que cuando iba a la escuela secundaria.

"Que yo no puedo venir como diciendo, o sea, estar abierto a aprender, o sea. A saber, hay un montón de cosas que no las conocés. Porque yo puedo amar mucho a la abogacía, pero hay un montón de cosas que no las sé. Entonces, estar abierto a eso, a escuchar lo que el profesor te está diciendo y aprenderlo y nada, mantenerte en tu posición de alumno porque si vos sos alumno podés exigir que el profesor te explique cuando vos no entendés, pero tampoco la exageración yo, noto feas actitudes en algunos compañeros como que, si soy alumno vengo y hago lo que quiero, no sé si es tan así. Porque todo bien, vos hacé lo que vos quieras, pero no le faltes el respeto al profesor, en la clase estoy diciendo. Es como que estoy en clase, hago lo que quiero, estoy al fondo hablando, hablando, hablando o jugando con el teléfono bárbaro, pero tratalo de hacer… porque molesta al resto…Si no tenés ganas de estudiar no vengas y si tenés ganas de estudiar, pero te aburre la clase bueno, estudiá y vení a rendir no más. (Entrevista N° 20, alumno de Abogacía)

Para poder aprender hay ciertas cualidades apreciadas positivamente que se deben tener como responsabilidad, compromiso, seriedad, constancia, persistencia, perseverancia, respeto al profesor y a los pares, gusto por lo que se hace - entre otras ya abordados-, a los que se suman prácticas que pueden coadyuvar en un buen rendimiento como alumno. El ser parte de la clase, tomando palabra y acción, pareciera ser una buena estrategia que colabora en la construcción de conocimiento. Dicen al respecto, estudiantes de distintas carreras:

"Yo creo que la participación, la congruencia a las clases, que es muy importante y bueno la responsabilidad" (Entrevista N.º 13, alumno de Psicología)

"Yo tengo un profe este año que creo que lo que valora más es que vos vayas a clase, hagas todos los ejercicios y preguntarle o que se yo estar atento" (Entrevista N.º 10, alumno de Contador Público)

"Tratar de prestar atención en toda la clase, si tiene dudas preguntarlas, para tratar de llevar todo a tiempo los temas, los exámenes, las tareas" (Entrevista N°2, alumno de Diseño Gráfico)

Por último, otro aspecto destacado refirió a las implicancias éticas, en el presente y a futuro, respecto de la formación profesional. Hay una toma de conciencia de las consecuencias que pueden representar en el futuro su posición actual ante los estudios. Es la trascendencia que se le otorgue a la formación durante la carrera la que incidirá en el futuro desempeño profesional respecto del impacto de su ejercicio en los sujetos que son los destinatarios de sus decisiones y acciones, para lo que se espera este que el que es hoy alumno, mañana profesional, esté facultado. Un estudiante manifiesta al respecto:

"Y que sea honesto, que estudie y que este comprometido y que le guste lo que estudia, porque para a mí eso es lo más importante porque si no te gusta lo que estudias, no te comprometes con la carrera a futuro porque yo por ahí no quiero zafar porque yo digo no, el día de mañana cuando sea psicólogo y tenga que hacer esto lo tengo que saber no puede ser que haya zafado, voy a tener al frente a un paciente y voy a decir hay no esto no lo estudie. Me parece que uno tiene que estar comprometido con lo que eligió." (Entrevista N.º 15, alumno de Psicología)

En segundo año de la carrera no es común que ya estén expresando esta proyección, sin embargo, algunos de los alumnos ya lo podían anunciar. Si bien ya piensan en lo posible, la gran parte de la energía se invierte en los aspectos vinculados a estudiar y aprender a los fines de aprobar. Además, para algunos jóvenes estos primeros años son de confirmación o modificación en torno a la elección de carrera.

V.- Hacia el cierre.

La forma en que cobra vida la relación pedagógica en la universidad puede ser comprendida a partir de las maneras particulares en que los sujetos, alumnos y docentes, viven y entienden dicha relación. Poder objetivar aspectos de los discursos, para compartirlos con el equipo docente y con otros investigadores, puede colaborar en la revisión de los presupuestos.

Para ello es indispensable otorgar voz a los destinatarios de las propuestas de enseñanza, es decir, a los estudiantes. Se estima que estas interpretaciones puedan ser presentadas y debatidas con aquellos que encarnan la docencia, a los fines de reflexionar, compartir, revisar y construir un saber compartido sobre la educación universitaria, que pueda dar lugar a nuevas formas de acción docente, encaminadas a la generación de espacios en los que el vínculo discurra en un clima armonioso que colabore en la construcción de procesos formativos sustantivos y genuinos.

Bibliografía

Bourdieu, L.; Wacquant, L. (1995) *Respuestas: por una antropología reflexiva.* México: Editorial Grijalbo

Bourdieu (2007) *Razones prácticas, Sobre la teoría de la acción.* Barcelona: Anagrama

Bourdieu, P. (2011) *Las estrategias de la reproducción social.* Buenos Aires: Siglo veintiuno editores

Freud, S. (2000) *El interés por el psicoanálisis* (1913) en Obras completas Tomo XIII. Buenos Aires: Amorrortu

Freud, S. (2000) *Sobre la Psicología del Colegial* (1914) en Obras completas Tomo XIII. Buenos Aires: Amorrortu

Freud S. (2001) *Análisis terminable e interminable* (1937) en Obras completas Tomo XXIII. Buenos Aires: Amorrortu

Goffman. I. (2009) *La presentación de la persona en la vida cotidiana.* **Buenos Aires: Amorrortu.**

Gómez, S. (2012) La construcción del lugar de alumno durante el tránsito inicial en el primer año de la vida universitaria en Merlino, A; Ayllon, S. (Coord.) *Experiencias en Investigación Educativa.* Córdoba: Editorial Brujas.

Gómez, S. (2013) *Gestión, evaluación y asesoramiento pedagógico en la enseñanza universitaria.* XIII Coloquio de Gestión Universitaria en América del Sur. Recuperado de https://repositorio.ufsc.br/handle/123456789/116177

Gómez, S. (2014) Estudio exploratorio en poblaciones estudiantiles que cursan Contador Público, Licenciatura en Diseño Gráfico y Licenciatura en Psicología. Referencias sociodemográficas y elección de carrera. En *Revista Praxis Educativa.* La Pampa.: Miño y Dávila,

Greimas, A; Fontanille,J. (2002) *Semiótica de las pasiones. De los estados de cosas a los estados de ánimo.* Buenos Aires: Siglo XXI

Habermas, J. (1997) *Teoría de la acción comunicativa: complementos y estudios previos.* Madrid: Cátedra

Lacan, J. (2005) *Los cuatro conceptos fundamentales del Psicoanálisis. Seminario 11.* Buenos Aires: Paidós.

Lahire, B. (2006) *El espíritu sociológico.* Buenos Aires: Manantial.

Laino, D. (2000) *Aspectos psicosociales del aprendizaje.* Rosario: Homo Sapiens

Laino, D; Vissani, L., Gómez, S.; Barrale, S. (2010) *Estudiantes universitarios de Educación en Córdoba: estudio descriptivo.* Ponencia presentada en II Reunión Nacional De Investigadoras/es en Juventudes de Argentina "Líneas Prioritarias de Investigación en el Área Jóvenes /Juventud. La Importancia del Conocimiento Situado" Red de Investigadores/as en Juventudes de Argentina. Universidad Nacional de Salta Publicación en CD.

Piaget. J. (2000) *La equilibración de las estructuras cognitivas. Problema central del desarrollo.* Buenos Aires; Siglo XXI.

Capítulo 11

Los estudiantes tutores. Relatos de trayectoria.

Mónica Alejandra Tello

I.- Introducción. Desde donde se habla, desde donde se piensa y actúa.

Se presentan en estas páginas los relatos sobre las trayectorias de los estudiantes, en el marco de la formación para el ejercicio de tutorías de pares. La experiencia se llevó a cabo en la Facultad de Ciencias Naturales, Universidad Nacional de Salta (U.N.Sa)

Explicitar la posición desde la que se realizan reflexiones, supone un trabajo de enriquecimiento recíproco, tanto para su autor como para sus potenciales lectores. Hacerlo, supone un trabajo de reconocimiento de las múltiples voces, voces que hablan en nosotros, nos hablan; son voces y letras que, oídas y leídas provocan experiencia y diálogo, las cuales confluyen en la práctica profesional misma. Es, en ese diálogo permanente, en el cual ancla y desde el cual se promueve dicha inteligencia en el propio hacer. La inteligencia en la acción es ese modo en el que se logra acomodar un hacer hacia una singularidad, que permite albergar lo singular y lo común, lo singular en lo común, lo plural en ella, en cada uno. De este modo desde donde se habla, entonces , no se reduce a un conjunto más o menos definido de teorías , de conceptos sino de construcciones siempre provisorias, jamás un conjunto estático de teorías o conceptualizaciones que funcionarían como un cerco, casi un obstáculo; más bien esas prácticas se sostienen , se proponen , desde líneas de pensamiento ,que se construyen en las mismas trayectorias , reflejan las historias de pensamientos y de propios recorridos, realizados en contexto, con el otro, en las instituciones y atravesadas por ellas. Por lo tanto, dicha explicitación será, mejor, un intento de dar sentido a la tarea.

A modo de poder dar cuenta de este "desde donde", se comenzará describiendo que la presente escritura se construye en el contexto de una universidad nacional y pública, la cual, además, emplazada en una provincia del norte argentino en la ciudad capital de Salta. "La U.N.Sa" . Esta, es una universidad pública con ingreso irrestricto en cuanto a que no se toma examen de carácter eliminatorio, el incremento de la matrícula en esta y en casi todas las universidades del país la convierten en pública y, además, en masiva.[50]

Como muchas instituciones educativas, ésta se encuentra también plagada de rutinas y también de naturalizaciones construidas sobre fenómenos y acontecimientos que por tal efecto ya son parte del paisaje, afirmaciones docentes realizadas en diversos trabajos de indagación efectuados por el servicio de orientación y tutoría de la Facultad de Ciencias Naturales , tales como las expresiones textuales de algunos docentes: " más o menos regularizan un 25 a 30%, estoy en la media nacional con mi asignatura" Catedra de matemática, "es de esperar como todos los años que queden menos de la mitad de ingresantes en el segundo cuatrimestre" Docente de química ; " tomo el primer parcial y se desagota el aula…", Química. Por otro lado. afirmaciones estudiantiles tales como las que siguen: "esperan que sepamos lo que no sabemos y desde allí arrancan, si no fuera por los auxiliares no podríamos avanzar…" "no me atrevo a preguntar, el profe pregunta "entienden?" (relato extraído de entrevista Estudiante de Agronomía; año 2013), se hace silencio pero además no da tiempo y enseguida continua"…y tantas escuchadas a lo largo de treinta años de servicio, permiten identificar una especie de proceso que compromete, al menos, el encuentro humano como elemento importante en el proceso educativo en el contexto universitario, devolviendo un paisaje que debe interrogarse más y con más profundidad sobre los compromisos y participación existentes en todos los actores sobre los fenómenos de permanencia , abandono y proyecto educativo.

En un intento por recuperar su complejidad, se advierte que en este artículo se ofrece solamente una mirada, sobre miradas otras y sobre relatos, mirada que, como cualquiera, siempre es "una", una posible, una versión más.

Hablar desde ese lugar de la complejidad intentará hacer un poco más visible lo que, en algunos casos, ya no tiene efectos de interrogación, pues no se piensa o no interpela a algunos de sus actores y que, por ello mismo, se interpreta, que sus efectos son aún más profundos y transformadores. Hablar desde la complejidad supone un cierto buceo, ya que se saldrá de la superficie para adentrarse, en las voces de los otros (en este caso de los estudiantes en formación para el ejercicio del rol de Tutores Pares) sobre lo institucional, sin quedar o intentar no quedar entrampados en las urgencias y otros debates, solo en lo institucional y cómo perciben lo institucional, desde los relatos sobre los atravesamientos que dan cuenta en sus trayectorias. Para, finalmente, desde miradas y vivencias, iniciar una reflexión sobre lo público, lo común, lo

---

[50] Nota: el Nivel Secundario obligatorio significó la apertura a una nueva población juvenil en las universidades.

subjetivante de las instituciones, en particular la presente.

Se destacará la importancia, además, en este escrito, sobre los servicios de orientación y tutoría, espacios jóvenes en no tan jóvenes instituciones universitarias, sobre cuyas variadas funciones, está siempre la posibilidad de instalar lo nuevo mediante la apertura que ellas, con sus ofertas de análisis institucional y dimensión clínica, producen.

Los "servicios"[51] representan una presencia diferente en un espacio que así lo habilita, a veces, para otras racionalidades.

Se presentará también esta experiencia de formación, tanto en su propuesta como en su estilo, como cierto modo de resistencia desde el servicio, a la cada vez más clara política de deserción y de selección en el escenario universitario, con las impredecibles consecuencias en las subjetividades de los resignados y de los resistidos a ser desalojados de su proyecto de vida y de formación.

II.- Los servicios de Orientación y Tutoría universitarias

A lo largo de los años, las comunidades universidades han asistido a una creciente matricula, concomitante a ello, un notable aumento de fenómenos tales como: desgranamiento, abandono deserción y sobrepermanencia[52] poniendo en tensión y en duda las posibilidades institucionales de transmisión, de encuentro, de habilitar y recibir a los ingresantes acogiéndolos en una relación de confianza dando lugar para que formen parte y ser parte.

La masividad, por un lado, pero también los cambios sociales y culturales y sus marcas en los actores sociales de la institución universitaria: los estudiantes y los docentes, así como los recientes planes de mejora destinados a algunas facultades y carreras, generaron una dinámica diversificada, conmoviendo a una tradicional institución como la universidad, dinámica que puede representar una oportunidad para quien quiera pueda abrazarla y sostenerla.

Con respecto al fenómeno de la masividad, que es consecuencia, entre otros, de un secundario obligatorio, de la gratuidad del nivel, de cierta incertidumbre sobre los horizontes laborales para los jóvenes y de una clara prolongación socioemocional de la etapa evolutiva de la adolescencia, esta red complejos procesos entonces, modificó la dinámica de la universidad. La mis-

---

[51] Los espacios de Orientación y Tutoría al interior de las universidades con diversas dependencias según los casos en Facultades, Secretarias Académicas, dirigidos por profesionales del campo de la educación y la psicología; etc.

[52] Particularmente éstos dos últimos términos connotan diversas interpretaciones, algunas de las cuales son cuestionadas tal como la primera por su origen militar, un ámbito tan diferente al universitario y por cierto efecto estigmatizante el otro el que además pone un rótulo a aquellos estudiantes de demoran más de la media en concluir sus estudios (siguiendo a Anahí Mastache (2011)

ma se abrumó ante la nutridísima demanda de jóvenes ansiosos por acceder, por ser parte, haciendo uso de su derecho, sin poder ésta sobreponerse adaptándose al nuevo escenario lo cual nos enfrenta a una universidad que no dio ni da bienvenidas en el sentido amplio y que como ya se expresó, se considera que sostiene una política de selección y consecuentemente de reproducción social más que habilitar oportunidades , tan solo en el ejemplo de la falta de espacio suficiente para todos, estaría confirmado que lo elemental o material del acceso y la bienvenida, ya están comprometidos y en un plano académico y simbólico las insuficientes sino inexistentes adecuaciones.

Frente a este contexto, fueron cobrando visibilidad los espacios relativamente novedosos, de los servicios de Orientación y Tutorías que, con diferentes denominaciones, constitución, conformación profesional y estabilidad, en las universidades nacionales, ofrecieron algunas explicaciones, pero sobre todo intentaron construir dispositivos: formas de hacer entrar en relación, para hacer frente y operar ante las circunstancias y procesos antes mencionados.

Nuevos actores, entonces, (pedagogos, psicopedagogos, psicólogos) ofrecieron otras miradas sobre el fenómeno educativo, sobre la permanencia de los jóvenes y también las posibilidades de encuentro de los docentes entre otros procesos en los que intervienen y son invitados intervenir cada vez con mayor aceptación y menor resistencia en el caso particular de la institución universitaria U.N.Sa.

Este advenimiento de profesionales del campo psi, problematizó fenómenos naturalizados por algunos de los actores institucionales, tales como la sobrepermanencia y el abandono de los estudiantes. Dicha aparición en escena Implicó una verdadera reconfiguración del campo intelectual en los últimos años y además en una etapa neoliberal de las instituciones. Problematizarlo, implico destacarlo como fenómenos en los cuales los propios actores tienen especial responsabilidad en su construcción, por ello se entiende que ha impactado su presencia tanto en el funcionamiento como en la dinámica cotidiana de la universidad , especialmente de los claustros de docentes y estudiantes; abriéndose para todos, una oportunidad que pone en tensión formas de estar y devenir, existir en la institución, que invita al diálogo, a la revisión de modelos, a la escucha y al encuentro entre los sujetos desde un lugar de responsabilidad y protagonismo.

Por lo anterior, ya no podría seguir inconmovible una institución que intenta resignificar de modo diferente la accesibilidad educativa que, se supone, debe proponer y sostener. El movimiento; o corrimiento que se menciona es gradual e irregular y se manifiesta empíricamente, en una mayor apertura al debate, a la reflexión y a la escucha y, cabe señalar, en muchas ocasiones encuentra a los "servicios" (espacios de orientación y tutoría) participando fuertemente en esos procesos desde funciones más integradas a la vida universitaria. Obviamente también, esta cierta ruptura de la apatía, así interpretada en este contexto de trabajo, se considera que se ha dado como consecuencia de los fenómenos sociales críticos que hacen irrupción en el espacio universitario y ante los cuales docentes, estudiantes y administrativos son interpelados y afectados.

Momentos difíciles para el trabajo y los "oficios del lazo" (Frigerio, 2003) en bordes cada vez más amplios, mayor exclusión nos atraviesa y enfrenta ante un debate impostergable, del cual tenemos referencias tanto en las redes sociales de servicios nacionales universitarios, como en los encuentros nacionales como congresos, seminarios, etc., que se está dando en todas nuestras universidades en mayor o menor profundidad y con mayor o menor voluntad política.

Al mismo tiempo se asiste a la emergencia de nuevas categorías teóricas que acompañaron los cambios y favorecen una mirada a la institución educativa moderna desde una crítica por ejemplo a la ausencia de "reconocimiento de la diferencia, de la parcialidad de los saberes, del carácter ficcional de la verdad"(Carli, 2012) surgiendo estas preocupaciones en plena emergencia y pronunciación de desigualdades e inequidad social y cultural- Y para finalizar esta contextualización, sin agotarla en absoluto, no se puede dejar de señalar que la revisión y transformación a la que la época llama a hacer , debe reconocer y atender que, en particular en el caso de la U.N.Sa, la universidad es sede de proyección de imaginarios de cambio social para diferentes sectores de nuestra comunidad y comunidades vecinas.

III.- El CAPENAT: Centro de Apoyo Pedagógico Didáctico de la Facultad de Ciencias Naturales

El servicio desde el cual emergen estas reflexiones encuentra algunas de sus bases en esas múltiples voces que construyen una polifonía de fondo en el trabajo artesanal y diario con jóvenes, docentes y autoridades de la Facultad. Desde ellas se define el trabajo, o la forma de operar el oficio como un "encargo", siguiendo a autores como Hanna Arendt, Derrida y otros en esa línea, este encargo genera acciones como un don, porque algo se dona en la acción con otros. También como una "artesanía", en tanto que se despliega una práctica y acción/intervención no premoldeada, jamás devenida de una receta ni tampoco de una transpolación teórica, es siempre un dar que se expresa en acciones y encuentros que interrumpen un modo de ser, estar y hacer de otros y con otros, interrumpe porque supone un "fundar", algo diferente a lo dado. Justamente el valor de la tarea que caracteriza a estos servicios en general está justamente en interrumpir, fundar, iniciar e inaugurar, "invención" dirá Derrida. ¿Y, que se inaugura? Desde una mirada diferente como la que se propone desde los servicios, se inauguran preguntas, se propone un acercamiento, un encuentro diferente, una oportunidad de alteridad, de alojar, albergar, acompañar, dar lugar, ser parte de una relación de confianza que hace disponible el pensamiento, la escucha. Habilitado también, por las disciplinas de base que pueblan estos servicios en líneas generales.

El CAPENAT es el Centro de Apoyo Pedagógico de la Facultad de Ciencias Naturales de la Universidad de Salta el cual comenzó a funcionar desde el año 2010. A partir del 2011 la actividad se vio enriquecida con la incorporación de Tutores Pares, estudiantes avanzados de las carreras de la facultad. Desde entonces y con ellos, desde ellos, se han desarrollado diferentes intervenciones como resultado de estar, en equipo, a la "escucha", esencial gesto de "reconocimiento", orientado especialmente hacia los estudiantes ingresantes, sus fortalezas, competencias, sus temores, imaginarios, sus proyectos, entre otros aspectos.

Una de las demandas que permitieron una acción sostenida en el tiempo y gran oportunidad para estos servicios, en particular el CAPENAT, surgieron con los "programas de mejora" fruto de las evaluaciones de la CONEAU a diversas carreras en su proceso de acreditación. Parte de esos planes de fortalecimiento y mejora fue la aparición en escena de figuras tales como Docentes y Estudiantes Tutores. Oportunidad que se ha tomado teniendo, claramente, en cuenta quien y para qué del apoyo económico, y desde allí fueron aprovechados los recursos para el proyecto institucional y de servicio, cabe aclararse.

A partir de ahora se centrará en el rol del estudiante Tutor o tutor Par y especialmente en su formación, y dentro de ella, la experiencia reveladora de los relatos de trayectorias, vivencias y miradas sobre la universidad.

A modo de definir la concepción de tutoría se dirá que el equipo reconoce los alcances y también los límites de la "Tutoría" concebida como acompañamiento como un accionar tendiente a la interrogación y sostenimiento de un proyecto personal con múltiples atravesamientos, es siempre un acompañamiento no remedial no corrector, que respeta y capta la singularidad intentando ser, un servicio que responde responsablemente a la demanda a lo que se la encomienda, y por ello, su concepción y las estrategias que desarrolla, tienen que ver con el reconocimiento , con un acompañamiento que como se dijo anteriormente, se propone tener efectos positivos habilitando formas de estar y existir en la institución que permitan desarrollo. Es además un modo de estar, de estar con otros sin el voluntarismo de cambiar o de transformar, pero sabiendo que los dispositivos son un modo de hacer que trastorna un orden entre relaciones, especialmente entre lo singular y lo común.

IV.- Sobre El taller. Los relatos

El taller que da lugar a los relatos de trayectorias forma parte de un dispositivo de formación para los estudiantes que ejercerán el rol de Tutores estudiantiles o pares, éstos, surgen por un financiamiento de la SPU en el marco de planes de fortalecimiento para las carreras de la Facultad de Ciencias Naturales y con fondos de Becas Bicentenario bajo la responsabilidad y coordinación del CAPENAT

Una de las primeras tareas que se abordan, es el proceso de formación que habilita para la función en tanto ofrece la oportunidad de construir críticamente algunas herramientas para su ejercicio.

Los estudiantes pertenecen a las carreras de: Ing. Agronómica, Geología, Ing. En Recursos Naturales y Medio Ambiente, y licenciatura y profesorado en Biología.

En ese proceso se ejecuta como dispositivo importante, un taller el cual se lleva adelante ininterrumpidamente desde el año 2011 y suele conmover a todos quienes hacen esta experiencia en términos de ofrecer, según sus participantes: una oportunidad para reflexionar y revalorizar todo lo vivido y lo que en el devenir han rescatado y recuerdan, reconociéndose en ese proceso, cómo fueron cambiando, quiénes ayudaron y acompañaron en el transcurrir y cómo lo hicieron, entre otras vivencias relatadas y compartidas..

La consigna es: "representa gráficamente como si fuera un camino y acompaña con un relato, tu trayectoria por la universidad. La intención es que ese "mapa" represente tu camino recorrido como joven y estudiante universitario y además que puedas señalar en él, los acompañamientos recibidos o necesitados, los obstáculos que encontraste en el trayecto y finalmente señala como indicadores del camino, los procesos, lo que reconocemos, lo que aprendimos, las crisis, recordando quienes y como nos ayudaron a seguir.

A medida que los dibujos y representaciones en mural se iban completando con los relatos de sus autores, se reflexionaba sobre la institución, sus actores las relaciones y los lazos posibles desde las tutorías que se abrían para ellos como una oportunidad de resignificar sus propios caminos y pasos. Algunas guías para pensarnos fueron: como elegí, qué alumno fui siendo, qué experiencias, desafíos siento que atravesé, cómo lo hice, quiénes me apoyaron, cómo hubiera querido que me acompañaran, quiénes, etc.

Este dispositivo, abre una enorme oportunidad de deconstruir. Nos relata/mos, interroga/mos en una verdadera practica de reconocimientos en un viaje de lo singular hasta que se hace común, ya que es alojado por otros quienes escuchando transforman y son transformados por las palabras las experiencias narradas y resignificadas que se inscriben renovadas, en un sentido singular y plural. Pone a disposición, hace disponible, pone en relación con las personas, hace hablar, opera desde los relatos acercando a las personas que participan, representa una verdadera intervención que propicia una mayor implicación, subjetivación al compartir historias y sentires.

Así entendido el dispositivo como acción pensante y pensada con y entre otros, se dispuso este taller en la formación de los que serían tutores pares," la narración y representación gráfica de sus trayectorias en la universidad"

A partir de la descripción de algunos relatos, se expondrán interpretaciones y significados sobre los cambios que atraviesan hoy la sociedad y a nuestras instituciones educativas y cómo hacen resonancia en nuestros estudiantes, en su constitución subjetiva, en sus experiencias de formación y su paso por las carreras.

Fundamentalmente los participantes del taller, el cual se desarrolla durante varios encuentros, se presentan como sujetos en devenir, se muestran al otro, su par, para repensar su identidad como estudiante y su función como acompañante de otros pares, los "estudiantes noveles" siendo de alguna manera todos, "recién llegados" (Arendt, 1993) al mundo del saber académico, como aprendientes. Todos: son Estudiantes universitarios.

V.- Los estudiantes, una mirada posible

Los jóvenes que ingresan a la universidad, destinatarios predilectos de las tutorías estudiantiles, lo hacen desde un bagaje muchas veces insuficiente según los equipos docentes y los mismos estudiantes quienes, sin embargo, traen consigo la esperanza más o menos sospechada de construir un futuro mejor a partir de sus estudios (opinión de los ingresantes y que se describe en los cuestionarios que el servicio aplica durante el curso de ingreso desde el año 2011) y que en general está presente en todos los estudiantes.

La universidad pública, como ya se expresó, no da en general bienvenidas. Se considera, luego de casi 30 años en ella, que la docencia universitaria no va al encuentro del "recién llegado", que se los espera con propuestas ya elaboradas desde lo que "necesitamos" (dicen muchos docentes) sea el punto de partida con ellos, no desde donde están, no a partir de un reconocimiento de lo que traen para construir desde allí; y se entiende que ésta es una de las debilidades estratégicas más fuertes ya que esta falta de reconocimiento desaloja al estudiante ante el desafío de saber y pensar. Esta circunstancia por así llamarla, esta condición o falta de condición, obliga a los estudiantes que lo logran, a construir en base a prácticas y reflexiones, un conjunto de tácticas exitosas que suponen una apropiación de la vida universitaria, algunos destacan este proceso como una resocialización en la que se acomodan a la lógica institucional para operar en ella exitosamente.

Como se puede observar, en este sentido no sólo se trata de capital cultural y bagaje de tipo cognoscitivo esperado, exigido por los decentes; se trata también de no reconocer o adecuarse a una cultura juvenil, sino de ejercer sobre ella, dominación, cierta domesticación mediante regularidades y propuestas basadas posiblemente en una concepción sobre un único modo de ser y estar en la universidad que parecen garantizar la posibilidad de apropiación cultural (Sunkel, 2004) y que fuerzan a quien lo valora, a ciertas pérdidas o reconfiguraciones que hacen a otro "territorio", impactando en su propia subjetivación ya que afecta a su modo de ser y estar, nada menos a su existir con él mismo y con los otros:. -*"Los changos del barrio me cargan, dicen que hasta hablo ya distinto, y casi no me junto, aunque los extraño estoy más con mis compañeros de la UNAS.* (Estudiante de Ingeniería Agronómica de la Capital provincial, 2012).

Se observa un fuerte trabajo de adaptación por parte de los estudiantes y en este proceso es posible evidenciar la insuficiente flexibilidad y crítica por parte de la institución que los acoge ante dicho esfuerzo que en ocasiones los encuentra solos en esa asimilación o aculturación.

Se reconozca o no, la permanencia, es el resultado de un enorme trabajo de reinvención del estudiante que, ingresando sin herramientas suficientes en la mayoría de los casos, debe aprender a leer ciencia, a redactar, a comprender estilos académicos diferentes, y todo ello sin saber muy bien para qué. Y como expresa Sandra Carli (2012) "en pleno despliegue de la denominada sociedad del conocimiento , la universidad pública conservo sistemas de conocimiento de otros ciclos históricos propios de la tradición ilustrada…"(p. 216) Este tratamiento del ingresante indiscriminado cuando el que llega es de diverso capital cultural, lleva a presumir que las instituciones lejos de replantearse estrategias a la luz de un re-conocimiento del estudiante, supone que no hay diversidad, que entre ellos no existen brechas y desigualdades infocomunicacionales (Ford, 1999) que son en alguna medida , responsables de su bagaje y su capital, y al presumirlo, la universidad reproduce prácticas de exclusión(Bourdieu, 2011) toda vez que no recibe, no reconoce y entonces desaloja al presuponer una inexistente igualdad, homogeneidad entre ellos, acercándose desde un único modo de transmisión.

Nada más cerca de una solapada o no tanto política de selección.

Volviendo a los estudiantes que ejercerán la función de tutores y participan del taller, es preciso señalar que la consigna, los enfrenta por primera vez quizá, a una cuestión que los interroga, sobre un proceso, sobre un acompañamiento institucional, o su ausencia, ante la constitución de ser y sentirse un estudiante universitario y lo hacen en el marco de un espacio de escucha en el cual se hacen disponibles las singularidades, hace espacio para lo común.

Mirar hacia atrás abre la posibilidad de verse eligiendo, ingresando, tanteando, intentando, ensayando, superando, aprendiendo y también desaprendiendo. Permite identificar que el camino recorrido tiene abismos, curvas, letreros que anuncian y auguran seguras catástrofes, piedras que están dentro y fuera del camino, pero distraen del sendero abriendo otros espacios y caminos y se retoman luego dejando atrás los desvíos. Señales y graficas que representan simbólicamente los obstáculos sorteados, los procesos interiores, las lógicas institucionales, los clise, la singularidad, la madurez…el devenir.

La palabra performativa en un espacio claramente de alteridad para que vivan la tutoría de ese modo y así la lleven adelante. Es decir, proponer una mirada y un reconocimiento y proyección de sus trayectorias como parte fundamental en su proceso de formación para el ejercicio del rol de tutor par , supuso y supone una experiencia de recuperación de la propia historia que pretende, en todos los casos, sensibilizar y preparar para el trabajo de encuentro con el otro, descripción adecuada del rol de Tutor, tal como se la concibe desde el servicio ya que la existencia del otro es la que da sentido a la construcción de esta función sosteniendo desde Skliar especialmente en su obra "Y si el otro no estuviera ahí" la necesidad de hacer visibles las existencias en las instituciones.

Para los estudiantes tutores, encontrarse con el otro, recién llegado a una institución como la universitaria, implica ponerse en condiciones prepararse para la tarea de acogerlo, sostenerlo y colaborar en los procesos personales que viven los ingresantes para convertirse en estudiantes universitarios. Ponerse en condiciones, entonces, es poder re/conocerse en sus propios procesos de constitución. y de construcción de la identidad de ser estudiante, a través de una mirada sobre su propio recorrido individual y común.

En su práctica tutorial, harán especial foco en el primer año ya que desde los servicios se procura, mediante diversas estrategias, promover la permanencia, acompañando a los estudiantes en el proceso de transición especialmente, ya que es un momento que implica, numerosos cambios y que abarca al primer año de estudios. Durante el primer año en general y en las carreras de esta facultad sobre todo los ingresantes se encuentran con el desafío de asignaturas provenientes de las ciencias básicas que muy frecuentemente le impiden un ingreso realmente sentido así por el estudiante, a la carrera elegida.

Mediante el taller se persigue como propósito también, visibilizar desde los relatos y reflexiones posibles, los fenómenos de la vida cotidiana y los modos de constitución subjetiva estudiantil "especialmente los procesos de identificación en la trama siempre precaria y contingente de la transmisión universitaria (…) los estudiantes que se constituyeron como tales a partir de la persistencia de sus tácticas (De Certeau, 1996, citado por Carli, 2012)

Escuchemos a los estudiantes:

-*"Cuando conocí a los miembros de mi grupo, supe que podría lograrlo"* (Entrevista realizada a una estudiante de la carrera de Lic. En ciencias Biológicas año 2014)

- *"No olvidaré cuando un profesor me felicito delante de mis compañeros por preguntar ya ni me acuerdo qué, eso me marcó en mi seguridad en mí mismo y creo que sentí que me paré distinto ante mis compañeros"* (Entrevista en el marco del taller de formación, a un estudiante de la Carrera de Geología año 2013; hoy docente en colegio rural, finalizando su tesis de grado)

-*"Superar una materia que es una muralla para casi todos, me ayudó a darme cuenta de que yo podía"* (Entrevista en el marco del taller a una estudiante de Agronomía año 2012, hoy docente de la carrera)

-*"Decidí que esa materia a la que le tenía miedo, la cursaría una sola vez así que llegaba antes para sentarme adelante, hacia consultas así me conocía y leía todos los días...lo logre"* (Entrevista a un estudiante de Ciencias Biológicas año 2011, hoy investigador CONICET)

Son claras las incidencias de estas vicisitudes de la cotidianeidad, de sus itinerarios fortaleciendo, impactando claramente en su formación, dejando huella en sus subjetividades y produciendo logros académicos con incidencia en el curso que tomarían los meses y años siguientes.

Ejercer la función de Tutor par, a veces ayuda más a las trayectorias finales que ellos mismos se encuentran viviendo que a los tutorados a quienes va destinada su función, según las propias expresiones de los tutores. Ocurre que en su formación han ordenado, reinventado, reconocido procesos personales de permanencia y superación de dificultades, verse hacia lo que fue siendo, tiene unos profundos efectos preparatorios para vivenciar y atravesar la línea final de sus carreras con mayor protagonismo y una actitud caracterizada por la autogestión y la responsabilidad.

VI.- Los comienzos

Partir de los relatos para ver allí todos los actores en situación, significados, relatados mostrados, y se va haciendo espacio para las historias. Las palabras, ellas resuenan diferente cuando se comparten y son sostenidas y elaboradas en un común en una comunidad.

-*"estos caminos con los que empieza mi trayecto son porque pensaba en muchas carreras y no me acuerdo muy bien cómo es que me fui quedando en esta..."* (Dibuja varias líneas varios caminos y solo uno continúa. Relato realizado al explicar su dibujo sobre la trayectoria personal en la universidad, una estudiante de la Carrera de Ingeniería en Recursos Naturales y Medio Ambiente)

-*"este comienzo del camino es sinuoso porque lo sentía resbaladizo, no me hallaba, me sentía incómodo..."* (Entrevista año 2012, a un estudiante de la carrera de Agronomía oriundo de la Quiaca, hoy Ingeniero Agrónomo se desempeña como tal en su región y además como docente de escuela Rural)

-*"mi camino lleno de piedras y el paisaje de nubes porque todos los días durante el primer año lloré, extrañaba a mi familia..."* (Entrevista a una estudiante de la carrera de Ingeniería en recursos Naturales y medio Ambiente oriunda de un paraje del Departamento Anta. año 2016)

-*"mi camino es angosto porque quiero mostrar que me sentía incómodo, me preguntaba si podría, quede libre en todas las materias, el camino se abre y es más cómodo porque forme un grupo con dos compañeros que me dieron aliento"* (Entrevista a un estudiante de la Carrera de Geología . Año 2018)

-*"me puse en la fila más corta, no sabía qué estudiar, yo lo único que quería es ir a la Armada y nos quedamos en Salta, así que me quedé en Ing. En Recursos*

Naturales hasta tercer año, este nuevo camino que se abre acá fue cuando me di cuenta que Biología era lo que me gustaba, hoy vivo para esto"- (Entrevista a una estudiante de la Carrera de Ciencias Biológicas Año 2013.Hoy ejerce como Profesora en colegios de Nivel Medio y es Licenciada en Ciencias Biológicas).

-"un día, estando en Salta, pase por la universidad con los changos en el colectivo , veníamos de fiesta e íbamos al rio Vaqueros a seguirla, entonces vi cuántos chicos se bajaban en una parada pregunte y me dijeron que iban a estudiar no sabía que era ese edificio, pero pregunte..., al día siguiente vine a averiguar qué había, primero estuve en Ingeniería Civil, después me di cuenta que lo mío era el campo" (Entrevista a un estudiante de Agronomía. Oriundo de la ciudad de Pichanal, interior de Salta durante el taller de formación Año 2015. Hoy es Ingeniero Agrónomo y trabaja como tal en Australia) -

Cuando transcurría los primeros pasos por la orientación vocacional, era frecuente encontrarse con jóvenes esperanzados y omnipotentes algunos, señalaban varias carreras para cursar mostrando ciertas dificultades para renunciar y abrazar y construir en base a una decisión un proyecto posible; paulatinamente la crisis laboral, social y cultural conformó o reconfiguró el perfil de muchos jóvenes que lejos ya de proponerse varias carreras consultaban por aquellas que garantizaran una salida laboral segura y rápida. Pragmatismo, consumismo, desesperanza, falta de reflexión, baja tolerancia a la frustración…. provocan dificultad para aplazar decisiones apresuradas y buscar información, hacer introspección, profundizar en sí mismos y reflexionar.

En numerosos relatos se registra que no saben bien porque eligieron y por qué se quedaron, en algunos casos, recién en tercer año comprendieron un poco más las incumbencias de la carrera que "habían elegido" y entonces para qué y por qué estaría interesante quedarse. Es como si en algunos casos se hubiera puesto a la vida misma, en piloto automático viviendo el día a día sin preguntarse el para qué y el por qué, procesos evolutivos y de maduración sin duda han jugado un papel importante allí.

Desde el servicio de orientación CAPENAT y a partir de la experiencia de los tutores sobre su propia forma de permanecer y transitar su carrera, se ofrecen talleres a los ingresantes quienes también por diferentes motivos y caminos llegan a la facultad y se le proponen encuentros en los cuales se intenta que sientan que se los inscriben desde sus singulares propósitos y que son albergados para vivir, para aprender y que hay lugar para ellos y lo que son y traen.

VII.- El Sendero

En los dibujos realizados sobre sus trayectorias universitarias, en el marco de los talleres de formación para el rol de Tutores Pares, éstos son representados de esta manera: lo surcan letreros, curvas cerradas, abismos, paredes que hay que saltar. Ellas, en general, representan obstáculos académicos (de enseñanza, de aprendizaje, de adaptación al estilo y exigencia universitarios)

Ejemplos:

-*"Este muro fue Genética, pensé que nunca podría aprobarla, la rendí tres veces y la curse dos"* (Relato de una estudiante de Licenciatura en Cs. Biológicas año 2016)

-*"Este abismo fue un antes y un después, cuando aprobé matemática supe que me recibiría, la rendí como siete veces"* (Entrevista a una estudiante de Ing. Agronómica Año 2012)

Tormentas, desvíos, nubes y rayos, con ellos en general los estudiantes expresan dificultades ajenas a lo académico, vitales, circunstanciales, correspondiendo a un orden emocional, generalmente socio familiar que afectaron el trayecto: nacimientos de hijos, trabajo, muerte de familiares cercanos, enfermedades, pero también la relación con determinados docentes, pérdidas de grupos de trabajo y referencia, etc.

Ejemplos:

-*"Estas tormentas las puse porque en ese año murió mi papá y salí a trabajar, me quedaba poco tiempo para la universidad"* (Entrevista a un estudiante de Ing. Agronómica año 2015)

-*"ese año me descubrieron cáncer de mama, tenía mi bebe de un año. La luché y acá estoy por recibirme, mi hija fue mi motor, muchas compañeras y compañeros nunca me olvidaron, yo tenía que volver"* (Relatos de una estudiante en Ciencias Biológicas año 2016)

Tanto las dificultades y logros significativos señalan en ellos un momento de crecimiento y compromiso o revisión de sí y su permanencia en la carrera. Se destacan además las ayudas recibidas y allí generalmente nos detenemos a trabajar cómo y qué resonancias tuvieron o sintieron sobre los apoyos y acompañamientos registrados, el intento por describir las ayudas que resultan significativas permite esbozar un primer perfil del rol del Tutor Par.

Sin embargo, es evidente que la vida misma atraviesa la circunstancia de ser estudiante universitario y que en ocasiones tan difíciles como las compartidas, sobrevivir es lo prioritario y el camino por la universidad y sobre todo el proyecto de vida, sirven de sostén para continuar.

Otros relatos que se comparten ponen en relieve que, generar espacios en los cuales es preciso el pensamiento crítico sobre su paso por la universidad, permite planear desde el lugar de estudiante y de tutor una mirada analítica e intervenciones complejas pero necesarias. En una tarea artesanal que no se separa del entorno que abre puentes, teje lazos, pone en condición, protege la oportunidad de que pasen cosas buenas en la relación tutorial, entre ellos con los otros y consigo mismo pero que además debe involucrar a otros actores: "los Docentes" sin los cuales estos procesos de análisis crítico pierden oportunidad de cambios significativos profundos e integrales.

-"he sentido muchas veces que han tratado de echarme, si aún estoy es porque soy tozuda, pero ya a punto de recibirme, no me siento una ingeniera" (Entrevista – año 2015- a una estudiante aún en proceso de elaboración de su tesis para graduarse, esta estudiante de la ciudad de Belén, Catamarca, hizo contacto y alentó la trayectoria durante dos años a numerosos estudiantes "rezagados" de la su Carrera Ing. en Recursos Naturales y Medio ambiente en el marco del programa PROMFORZ. Años 2015/2017)

-"comparo con otras universidades y veo cómo los docentes inspirar la formación de verdaderos científicos, de ingenieros, acá eso no pasa, por eso también tememos recibirnos" (Entrevista a un estudiante de Ing. En Recursos naturales y medio Ambiente año 2016, hoy en proceso de Tesis)

-"recién con mi tesis me puse a integrar y relacionar con la realidad, muy pocos ayudan en eso" (Entrevista a una estudiante de Ing. Agronómica año 2017)

-"sentimos que no tenemos recursos para hacer frente a un trabajo, faltan prácticas, reactivos, recursos y docentes" (Relato de una estudiante de Lic. En Ciencias Biológicas- Año 2014)

-"en lugar de ver qué sabemos, buscan lo que no y no les interesa por qué, algunos exámenes son verdaderos traumas, te preparan para algo que después ni preguntan" (Entrevista a una estudiante de Ing. Agronómica año 2017)

En verdad, la problemática que comparten los estudiantes avanzados exige ser abordado en el colectivo institucional en el cual los docentes también deben tener su palabra, una, que estos espacios de orientación interpelan y provocan desde estos relatos que representan ni más ni menos que historias que ellos también ayudaron a tejer y hacen a la formación de las personas que pasan, permanecen y transitan las instituciones de nivel superior y que se graduarán.

VIII.- A modo de cierre

Este taller, y lo que se promueve que realicen los estudiantes con sus pares, rompe invisibilidades, nos demuestra que no son las estadísticas y demás mapeos los que nos preparan para ser sostén del otro, pues sostener y acompañar es ir más allá para operar en la situación y en la singular significación. Los clises limitan nuestras percepciones, sin embargo, el operar y el pensar en las situaciones nos posibilitan trabajar en las variantes, en lo escuchado, y cuando esto lo hacemos para sí mismos, entonces hay como otra disposición para ponernos en otros lugares y llevar a otros, nuestros gestos de empatía y reconocimiento, en dialogo con marcos teóricos.

Trabajar en sus relatos como estudiantes avanzados o expertos, para generar otros relatos y saber escuchar y pensar con el otro, estudiante novel, su singular transitar y existir en la institución, representa un verdadero gesto de reconocimiento y allí así, algo se dona también al hacerlo, se restablecen lazos con el proyecto personal y lo institucional en todos ellos tutores y tutorados.

Una institución, que, en las voces de sus destinatarios, se debe, y debe a la comunidad la necesaria transformación y adecuación académica en particular, a partir de una profunda y comprometida revisión de procesos que habilita en los estudiantes y otros actores y que ha dejado en ocasiones de habilitar. Ella se encuentra hoy en un contexto crítico, marcado por nuevos desafíos y escenarios y sigue representando, de modo significativo, ser una sede de proyección de imaginarios de cambio y ascenso social por parte de la comunidad. Los jóvenes que ingresan lo hacen desde una gran variedad de capital cultural y tanto ellos como sus familias depositan en la misma, la esperanza de crecimiento y avance social. Se considera que si bien hay quiebre en los sentidos que fueron fundantes de la educación argentina, se mantienen en cierto sentido vigentes en el nivel universitario en esta provincia; esto es claro en los relatos de los estudiantes cuando reconocen el sacrifico realizado para quedarse, los duelos por desarraigo sufridos por no volverse, las verdaderas resocializaciones producidas para lograrlo, por sus familias, por ellos. Evidentemente en sus trayectorias biográficas, es posible identificar ese valor otorgado a la institución: ella aún sirve de sostén y escenario de despliegue de esos valores con impacto en la subjetividad tanto si lo logran, como si no lo logran.

Repensar el lugar de la Universidad en la formación del sujeto por parte de todos los que hacen la institución, es el potencial que se destaca en este dispositivo institucional para la formación para el ejercicio de la función tutorial entre pares, el "relatos de trayectoria"

Ejercer la Tutoría de par a veces ayuda más a las trayectorias finales que ellos mismos se encuentran atravesando, que a los tutorados a quienes va destinado, según las propias expresiones de los tutores.

Esta práctica formativa de mirar atrás para reconocer aciertos, ayudas y cambios abre un potencial enorme que pasa por reconocerse en un devenir y valorar el camino recorrido.

Cada tutoría es un encuentro con el otro que pone en juego las creencias, que descubre los capitales, los temores de los estudiantes, las propias y ayuda a pensar con el otro, su par, qué entramados subjetivos, institucionales y sociales están definiendo en cada caso los problemas de los ingresantes en particular.

Así mismo construir y reflexionar críticamente sobre la institución que fue ese gran otro en la tarea de tejer el entramado que los sostuvo, procura herramientas para pensar con el ingresante su camino, su elección, su compromiso, sus estrategias y sin duda alguna las propias estrategias, caminos y decisiones tomadas por los tutores pares en un trabajo de revisión de sus propias identidades estudiantiles, en una tarea resonante que los involucra , una experiencia de acompañamiento verdaderamente transformadora, que tumba y en la cual se apuesto esta tarea, este encuentro fuerte y humano.

Bibliografía

Ford, A. (1999) *La marca de la bestia.* Buenos Aires: Norma.

Carli, S. (2012) *La experiencia estudiantil en la universidad pública. El estudiante universitario. Hacia una historia del presente de la educación pública.* Buenos Aires: Siglo Veintiuno Ed.

Arendt, H. (1993) *La condición Humana.* Buenos Aires. Paidós

Mastache A. (2011) "Los Jóvenes estudiantes del siglo XXI desafíos para la enseñanza" en Martínez S. (comp) Democratización de la Universidad investigaciones y experiencias sobre el acceso y la permanencia de los/as estudiantes

Bourdieu, P. (2011) *Las estrategias de la reproducción social.* Buenos Aires: Siglo XXI

Sunkel, G. (coord.) (2002) *El consumo cultural en América Latina.* Bogotá: Convenio Andrés Bello.

Capítulo 12

Trayectorias universitarias y tránsito inicial: un dispositivo psicopedagógico de acompañamiento al estudiante.

María Carolina Caón

I.- Introducción.

El presente apartado tiene como objetivo compartir un breve recorte que se realizó luego de dos años de conformar un equipo de investigación en la Universidad Católica, un desarrollo de los referentes teóricos que permiten dilucidar desde donde se mira y piensa al estudiante y sus trayectorias universitarias, para luego compartir la construcción de un dispositivo que tiene como finalidad acompañar al estudiante que está comenzando a transitar estudios superiores.

Se tomará como antecedente directo la investigación llevada a cabo en la Universidad Católica de Córdoba, entre 2014 y 2015, dirigida por Sandra Gómez, en la misma se trabajó con una población de estudiantes de segundo año de Arquitectura, Ciencias Químicas, Psicopedagogía, Abogacía y Veterinaria.

En dicho trabajo se puso el acento en las características de los jóvenes que ingresan a la vida universitaria con el objeto de reconocer aspectos psicosociales de los mismos vinculados a los cambios que se producen por la incorporación necesaria de nuevas disposiciones propias de un habitus universitario, Además de las características de tipo descriptivo que arrojó la indagación sobre aspectos sociodemográficos, se encontró que los cambios más significativos que han sido identificados por los alumnos a partir del ingreso a la universidad se ligan a las transformaciones en la vida cotidiana, asumir tareas domésticas que con anterioridad no tenían a cargo, este dato se vincula con el alto porcentaje de estudiantes que se han tenido que mudar a la gran urbe. También, se habían generado nuevos vínculos intersubjetivos dando lugar a nuevas relaciones sociales que ofician de redes de contención entre pares y, por otro lado, la mayoría de los estudiantes reconoció que las exigencias académicas les han requerido nuevas formas de organizar el tiempo y otras maneras particulares de estudiar, manifestando preocupación por no poder cumplir con estas exigencias a académicas que demanda la universidad (Gómez, 2012, 2014)

El horizonte de este trabajo es pensar, desde estas conclusiones, la construcción de un dispositivo psicopedagógico que se diseña para dar respuestas a las necesidades que se identifican como prioritarias y tiene como objetivo acompañar al alumnado que está comenzando su trayectoria en la Universidad Católica de Córdoba, para generar estrategias y recursos que posibiliten una pronta adaptación a la vida universitaria.

II.- Juventudes y trayectorias universitarias.

Margulis y Urresti (1998) tratan de superar la consideración de juventud como mera categorización cronológica, ellos plantean que es una construcción social e histórica, ya que, las formas de transitar la juventud varían según las condiciones sociales, culturales y económicas. El ser joven, en la sociedad actual, implica una variedad y diversidad de modos de transitarla, no existe una caracterización que sea universal y que especifique qué es lo esperado para este período, sino que, existen diferencias entre aquellos que, teniendo la misma edad, transitan trayectos diferentes, algunos deciden estudiar, otros trabajar, algunos ya comienzan a proyectar su familia, otros aún viven con sus padres, pero todos ellos están en un proceso de transición hacia la adultez.

Por lo tanto, al hablar de juventud no se considerará como una categoría homogénea, sino por el contrario, se la pensará con características y modos de ser joven que son diversos.

En este proceso, los jóvenes irán ocupando posiciones en diversos campos, entendidos como escenarios sociales; entre ellos muchos casos estará el educativo. Ingresar al campo educativo en el Nivel Superior, se lo considera como un espacio privilegiado para el aprendizaje y ejercicio de la ciudadanía. Este nuevo espacio, cargado de promesas y esperanzas, les posibilitará formarse profesionalmente y a su vez, los preparará en la inserción laboral. Esta formación permitirá el desarrollo integral y con el mismo los jóvenes encontrarán su lugar en la sociedad.

Según Coronado y Gómez Boulin (2015) elegir una carrera no sólo va a implicar inscribirse en ella, sino que requiere "planificar, prever recursos, proponerse metas escalonadas y anticipar posibles obstáculos, es decir, iniciativa, autonomía y auto-dirección" (p.49) pero también, en este contexto que se caracteriza por ser complejo, el ingreso y la permanencia de los estudiantes también dependerá de las orientaciones y ayudas que el sistema le proporcione.

El joven que dentro de este campo educativo que es el de la universidad, se posicionará como estudiante desde su trama vincular y social, con una historia de vida y de aprendizajes particular, modos de acercarse y construir conocimientos, esquemas de acción previos, habitus y modos de vincularse con el otro sea docente o grupo de pares, como así también con expectativas e intereses particulares que lo diferencian del otro y marcan el horizonte hacia el cual se dirige ese sujeto. La experiencia de cada estudiante estará cargada de recuerdos que serán significados por ellos, otorgándoles nuevos sentidos, no es entonces sólo información "acumulada".

Comenzar a transitar la trayectoria en un nuevo nivel como el universitario, le implicarán al estudiante no sólo nuevas exigencias intelectuales sino también en algunos casos mudanzas, nuevos vínculos, la convivencia con otros jóvenes, otras exigencias intelectuales, entre otras cosas en donde todas ellas conllevarán a una transformación y reorganización del sujeto. Desencadena la necesidad de construir una nueva posición en el campo educativo universitario, caracterizado por ser novedoso y desconocido. El estudiante deberá construir un nuevo modo -y más complejo- de vincularse con los objetos de conocimiento, el medio que lo rodea y las disposiciones psíquicas e intelectuales para comenzar a transitar su proyecto de vida

III.- Intervenir: entre las acciones de promoción y prevención

El psicopedagogo tiene como objeto de estudio al sujeto en situación de aprendizaje, por lo tanto, su campo de intervención y las acciones a desplegar son amplias, pero a su vez también específicas, en este artículo no se tiene la intención de realizar un análisis o desarrollo de las mismas, sino contextualizar el posicionamiento profesional desde donde se mira al sujeto que aprende en el ámbito universitario y la construcción de un dispositivo de acompañamiento.

Se considera al aprendizaje como aquel proceso que no está circunscripto a lo escolar y que implica una apropiación del mundo que nos rodea. Es un proceso en el cual el sujeto que conoce y el objeto de conocimiento se influyen mutuamente, provocando cada vez una mayor complejización del objeto, al mismo tiempo que se produce una mayor organización del mundo en el sujeto. Pero no se puede pensar en los sujetos de manera aislada con respecto al aprendizaje, por lo tanto, es necesaria una articulación entre la dimensión intelectual, la social y la subjetiva. Bourdieu, sostiene que hay una génesis social de las estructuras intelectuales, las estructuras cognitivas que cada sujeto pone en juego cuando aprende, y por las cuales construyen el mundo subjetivo y social, son el trasfondo desde el cual se dan los intercambios comunicativos, y así se van constituyendo nuevas formas de acción.

Teniendo en cuenta lo anteriormente desarrollado, el psicopedagogo tendrá como objetivo planificar acciones y estrategias tendientes a optimizar y potenciar las posibilidades de aprendizaje de un sujeto o grupo, teniendo en cuenta las dimensiones y complejidad de dicho proceso ya mencionado.

Cuando hablamos de intervenir hacemos alusión a la acción que ejerce un tercero, ya sea de intercesión, mediación, cooperación, para realizar una modificación o cambio, y así lograr un objetivo. Consideramos entonces, que al intervenir se va a posibilitar y/o generar una nueva versión sobre algo.

Para comenzar a ser más específicos dentro del campo educativo el psicopedagogo intervendrá en cualquier nivel del sistema educativo, mediante acciones de promoción y prevención. La prevención implica anticiparse y detectar aquellos factores que sean riesgosos y que puedan obstaculizar los procesos de enseñanza y aprendizaje. Se considera también que, el psicopedagogo no sólo debe poder anticiparse, sino que tiene el deber de resguardar el derecho a la salud en el aprender del docente, alumno, familia, etc. que conforman y son agentes de las instituciones educativas. Cuando se habla de la salud en el aprender se considera que, el psicopedagogo debe procurar reconocer y trabajar en pos de potenciar las posibilidades de aprendizaje, siendo esto la promoción del aprender.

Estas acciones se pondrán en juego a través de la orientación educativa, en el caso del nivel superior, Coronado y Gómez Boulin (2015) apuntan a trabajar con la cultura interinstitucional, implicar a docentes y hacerles accesible la nueva realidad de los estudiantes que se encuentran en el campo educativo y ubicar al estudiante como un actor protagónico, habilitando el espacio para que se escuchen sus voces, inquietudes, miedos, problemáticas. Este trabajo de orientación deberá realizarse teniendo en cuenta la identidad de la institución, y el contexto político, social y económico en el cual está inmerso, identificando los hilos que conforman la trama educativa. Una forma de realizar la orientación educativa será a través del acompañamiento de las trayectorias educativas. Para Nicastro y Greco (2012) acompañar implica realizar un doble movimiento, en donde miramos desde dentro de la situación miramos frente a la situación, considerando a este espacio como de encuentro y de invitación a pensar con otros.

En cuanto al rol protagónico que desempeña el estudiante en el proceso de orientación y acompañamiento, concluimos que el fin último del psicopedagogo en ambos procesos, es generar los espacios para que, aquellos que ocupan la posición de estudiante en el campo educativo, sean autónomos y puedan apropiarse de las estrategias y recursos necesarios para la toma de decisiones, operando de sostén y andamiaje en las situaciones que aparecen como novedosas.

IV.- Reconociendo la trama: dispositivo de acompañamiento

El proyecto de investigación llevado a cabo en la Universidad Católica de Córdoba, en el período 2014 y 2015 arroja conclusiones interesantes sobre los aspectos psicosociales vinculados a los cambios que se generan en el ingreso a la vida universitaria, y la necesidad de construir nuevas disposiciones para encontrarse con el otro.

Las demandas que han aparecido con mayor recurrencia entre los alumnos de 2 año de las carreras de Abogacía, Psicopedagogía, Veterinaria, Ciencias Químicas y Arquitectura, más allá de la especificidad de cada carrera, están vinculadas con situaciones de desarraigo, demandas y exigencias académicas, cambios en la vida doméstica y vínculos con grupo de pares y docentes. Para acompañar a los estudiantes que están transitando la vida universitaria en sus primeros años y dar respuestas a las demandas anteriormente mencionadas, se pensó el siguiente dispositivo.

Principalmente se propuso como objetivo general la necesidad de generar un espacio físico y simbólico dentro de la Universidad Católica de Córdoba tendiente a acompañar las trayectorias educativas de los estudiantes que ingresan a la vida universitaria, con el fin de poder favorecer la adaptación al campo educativo.

Dicho dispositivo estuvo pensado, en un primer momento, para aquellos estudiantes de las carreras de Abogacía, Arquitectura, Veterinaria, Psicopedagogía y Ciencias Químicas, que estén transitando primer año y quisieran anotarse y participar en las actividades que se propondrían. La propuesta sería coordinada por el equipo de investigación que dirige Mgter Sandra Gómez, investigación perteneciente a la Universidad Católica de Córdoba. A su vez, para llevar a cabo las diversas actividades también se convocaría a diversos docentes de cada carrera, con el fin de poder cumplimentar con los objetivos propuestos, invitando a los estudiantes de los últimos años de cada carrera para participar en algunas de las actividades.

El diseño contempla diferentes momentos propuestos, entre los que se contemplan:

1. *Difusión de las actividades* que detallan desde el punto 3 al 8. Dicha difusión comenzaría en la jornada de puertas abiertas colocando un stand donde se transmita el servicio de acompañamiento para aquellos que están por comenzar. A su vez, se le solicitaría al equipo de Comunicación Institucional de la universidad para que se difunda en la página web y en redes sociales, también se entregaría folletos en la universidad y en los primeros meses de cursado se realizaría la difusión personalizada en cada facultad.

2. *Convocatoria a las actividades,* abierta a todos los alumnos que estén inscriptos en las carreras de Veterinaria, Ciencias Químicas, Arquitectura, Abogacía y Psicopedagogía, que estén cursando primer año de cada carrera.

3. *Actividades lúdicas y de reflexión y autoevaluación*: serían grupales y se trabajaría por carrera. Estaría coordinado por los psicopedagogos y docentes del equipo. Tendrían como objetivo generar y fortalecer los vínculos sociales que se establecen entre grupos de pares, y a su vez, permitir que los estudiantes puedan encontrarse con sus docentes con el fin de que se genere un espacio de confianza. Las actividades grupales se realizarían en el mes de abril, mayo y septiembre. El total de actividades serían 6, posibilitando que se realicen dos actividades por cada mes.

4. *Plan de padrinazgo*: se invitaría a 10 estudiantes más avanzados de cada carrera para participar en este plan. El objetivo es que cada alumno ingresante pueda tener por un mes un padrino, que colabore en el conocimiento de la dinámica de la universidad, cuestiones referidas a aspectos administrativos, horarios, y a su vez, cuestiones que tienen que ver con organización en el hogar para poder tener una mayor disponibilidad horaria para el estudio. El objetivo es que estudiantes que ya han vivenciado esa experiencia puedan orientar a los estudiantes que recién ingresan y operar de sostén y andamiaje por un mes. Se le brindaría a los estudiantes avanzados una agenda anual que incluya aspectos académicos, tareas domésticas y actividades sociales, organizada por mes, en donde deberán trabajar con los estudiantes que recién ingresan por un mes. Se reunirán dos veces a la semana por dos horas, durante el mes de mayo.

5. *Grupos de estudio*: se realizarían un viernes de cada mes, se trabajaría por carrera y estaría coordinado por un licenciado en Ciencias de la Educación, desde mayo a octubre con una duración de 3 horas cada encuentro. Cada viernes se trabajaría sobre una materia, didáctica, o temática que surja de los estudiantes como dificultosa, y se evaluará la posibilidad de invitar a estudiantes avanzados para trabajar alguna temática específica y a docentes interesados en sumarse y colaborar. Los grupos de estudio se centrarían en atender las dificultades e inquietudes que planteen los estudiantes sobre materias o temáticas específicas.

6. *Entrevistas de seguimiento*: las llevaría a cabo los psicólogos del equipo, una vez al mes desde abril a septiembre, se reunirían con cada estudiante que esté participando del programa, con el fin de poder realizar un seguimiento de su proceso, identificando dificultades y logros. Cada profesional completaría una planilla por estudiante registrando lo conversado en cada entrevista.

7. *Entrevistas a docentes*: las realizarían los psicólogos y psicopedagogos del equipo con el fin de poder identificar dificultades que observen los docentes sobre el proceso de adaptación de cada estudiante

implicado en el programa. Cada profesional realizaría un registro de lo conversado en las entrevistas con los docentes que han sido llamados. Se extiende el período de entrevistas desde el mes de abril a septiembre, pero esto dependerá de la apertura y participación de los docentes de cada carrera.

8. *Jornada deportiva y recreativa*: en el mes de octubre se realizaría una jornada organizada por el equipo, estudiantes y docentes implicados. Tendría como objetivo favorecer el trabajo grupal, generar intercambios entre estudiantes de diversas carreras, y posibilitar el encuentro de estudiantes con docentes desde otro lugar. La jornada sería de un día, se la llevaría a cabo en el Campus Universitario, donde se realizarían campeonatos de fútbol y vóley y, a su vez, juegos como el juego de la silla, fútbol con palos, búsqueda del tesoro, carreras, etc.

9. *Evaluación.* Se considera necesario poder instalar momentos de evaluación de manera continua, que pueda estar incluida en cada momento y desarrollo de las diversas actividades. La misma será tanto individual como grupal. Y deberán evaluar y evaluarse los coordinadores de las actividades y los estudiantes. Se utilizará la coevaluación, evaluación y autoevaluación.

V.- A modo de reflexión

Pensar en el psicopedagogo no sólo circunscrito a las paredes de las escuelas, a los consultorios o realizando procesos de inclusión escolar, genera desafíos, preguntas e incertidumbres para la profesión, pero a su vez, permite abrir nuevos caminos. La misma realidad es la que de alguna manera nos interpela.

El antecedente directo presentado, sirvió como diagnóstico previo de la situación real de los estudiantes de la Universidad Católica de las carreras seleccionadas para trabajar y a su vez, identificar demandas y poder dar una respuesta desde el marco epistémico que ofrece la psicopedagogía.

Es desde allí que se pensó en el campo educativo, desde una mirada institucional, y al psicopedagogo con el equipo que acompaña, como un agente que opera de orientador y sostén en un determinado tiempo, que ofrece estrategias y facilita la adaptación a situaciones novedosas para luego correrse y permitir que el sujeto autor de pensamiento pueda surgir.

Las acciones que se pensaron en el diseño del dispositivo se realizaron de manera situada, conociendo la realidad de la Universidad, de los agentes que intervienen y de los estudiantes implicados, y a su vez, con objetivos claros y específicos, en donde principalmente el fin es que la red de actividades pueda favorecer la adaptación y permanencia en el campo universitario, campo que se manifiesta por ser novedoso y desafiante.

Se considera que las acciones anteriormente desarrolladas son un modo de materializar y operativizar la orientación educativa a través del acompañamiento de las trayectorias educativas, a modo de cierre, tomamos el siguiente aporte, que permite reflexionar sobre el rol del psicopedagogo que intervienen dentro del campo educativo:

> Creemos que el trabajo de los orientadores en el ámbito educativo constantemente interpela dicha función, se necesita de un trabajo con otros, de poder ir y venir de lo individual a lo grupal, de poder leer las diversas demandas y darle sentido a las mismas, siempre habilitando los espacios para que aquellos que se presentan con la intención (explícita o implícita) de pensar una situación, puedan posicionarse desde el saber, sin depositar en el profesional la búsqueda de soluciones mágicas y rápidas. Creemos que la función del profesional "psi" está en esta constante búsqueda, interpelación y problematización de lo que se dice y lo que no, desde dónde se interviene y los espacios que habilita (Avaca & Caón, 2017, p. 100)

Bibliografía

Avaca López, F., Caón, M., Gómez, S., & Etchegorry, M. (2016) *Trayectos escolares previos y vida universitaria.* Praxis Educativa. UNLPam

Avaca López, F. & Caón, M. (2017) Intervenciones psi en el ámbito educativo en Psicopedagogía Indagaciones e Intervenciones. Gómez, S.(comp.) *Psicopedagogía. Indagaciones e intervenciones.* Córdoba: Editorial Brujas.

Coronado M., & Gómez Boulin, M. (2015) *Orientación, tutorías y acompañamiento en Educación Superior. Análisis de trayectorias estudiantiles. Los jóvenes ante sus encrucijadas.* Mendoza. Argentina. Ed. Noveduc

Gómez, S. (2012) *La construcción del lugar de alumno durante el tránsito inicial en el primer año de vida universitaria.* Praxis Educativa. UNLPam, XVI (1), 63-71

Gómez, S (2014) *Estudio exploratorio en estudiantes universitarios. Referencias sociodemográficas y elección de carrera.* Praxis Educativa. UNLPam. XVIII (1)

Greco, M., & Nicastro, S. (2012) *Sobre el acompañamiento de las trayectorias.* Rosario: Homo Sapiens Ediciones

Groux, H. (2009). *La universidad secuestrada.* Miranda: Centro Internacional Miranda.

Margulis M. Y Urresti M. (1998). *La construcción social de la condición de juventud.* En H. Cubides; M. Laverde y C. Balderrama (Ed.). *Viviendo a Toda. Jóvenes, territorios culturales y nuevas sensibilidades,* (pp 3-21). Bogotá: Siglo del Hombre.

Nicastro, S. (2008). Asesoramiento pedagógico institucional: Una mirada sobre los encuadres de intervención. *Profesorado: Revista de currículum y formación del profesorado*

Capítulo 13

Departamento de tutorías para estudiantes universitarios del primer año. Aporte a una línea de investigación.

Renata Pons Daghero

Pensar en la creación de un departamento de tutorías con el objetivo de orientar, guiar, acompañar el proceso de desarraigo y re-arraigo a estudiantes del primer año de las carreras universitarias. Para esto fue necesario recurrir a un marco referencial teórico sustentando en los aportes de Jean Piaget desde el constructivismo, Pierre Bourdieu con el desarrollo de los conceptos de campo y habitus, Jürgen Habermas y el mundo de la vida, también se consideró a Lev Vygotsky y su aporte a partir del desarrollo de la teoría Zona de Desarrollo Próximo, como así también Bruner y el abordaje del concepto de andamiaje.

También es importante hacer mención y profundizar acerca de este sujeto, estudiante universitario, en donde se lo entiende situado en un horizonte intersubjetivo, en el cual hay un dialogo entre la persona como substancia individual de naturaleza racional y su contexto sociocultural. Esto significa entender a la persona o a este ser estudiante en una multidimensionalidad, un ser que por su misma naturaleza es social y cultural, es un ser dialogal, donde se reconfigura dinámicamente en una proyección histórico cultural.

Por lo tanto, reflexionar en torno al proceso de enseñanza y aprendizaje en jóvenes universitarios, es tener en cuenta al sujeto que enseña y al sujeto que aprende, enlazados en una relación educativa y en donde cada uno desarrolla su propio proceso de aprendizaje dependiendo de sus trayectorias de vida, rasgos distintivos y su relación con el entorno natural y socio cultural.

Por tal motivo, debemos entender que no existe un único estudiante, un estudiante tipo o modelo, sino que debemos hablar de una multitud de sujetos que atraviesan condiciones muy similares a la hora de emprender su proyecto de vida como estudiante universitario.

El estudiante universitario de primer año es aquel que da sus primeros pasos en el sistema y aborda los primeros retos que tienen que ver con la organización, el interpretar las demandas de estudios con sus exigencias, desarrollar algunas estrategias nuevas de aprendizaje, nuevas redes de vínculos entre docentes y compañeros y con el nuevo universo social del nivel superior.

Las trayectorias universitarias que llevan adelante estos alumnos, consisten en toma de decisiones, llevar ciertas tareas adelantes y afrontar desafíos propios de esta etapa. Es un camino de construcción permanente que implica el andar, el arriesgar y el progresar. Es un camino que también está teñido por su biografía, su formación, sus condiciones de vida las cuales determinan parte del accionar de este estudiante dentro de la vida como estudiante universitario.

Ingresar a la vida universitaria, significa para muchos jóvenes un espacio privilegiado para el ejercicio pleno de su ciudadanía, como ser independiente, como así también es una oportunidad a la inserción social y laboral. Para estos jóvenes, es una oportunidad para la consolidación de la identidad personal y social. Por tal motivo se suele decir que el nivel superior para los estudiantes del primer año significa un contexto de profundas trasformaciones, de ampliación de la cobertura, de apertura, de democratización, de nuevas formaciones dependiendo de sus intereses, aspiraciones, posibilidades, expectativas.

El ser estudiante del Nivel Superior es un oficio, ya que exige una construcción y que a su vez implica poner en juego distintas herramientas, estrategias para lograr una trayectoria exitosa. El estudiante, al incorporarse e iniciar su trayectoria en la vida universitaria, acepta las reglas implícitas del deber ser estudiante, lo que esto implica nuevos tiempos y ritmos de compromiso con el estudio diario. El aceptar estas reglas o contratos universitarios, supone que el joven universitario debe desplegar y poner en práctica acciones, las cuales están invadidas de ingredientes cognitivos y también emocionales. A partir de esto, el sujeto pone en juegos sus posibilidades estructurales de acción constituidas por esquemas sociales y cognoscentes, en la búsqueda de logros que conllevan un reconocimiento a través de sanciones de aprobación o reprobación en esta nueva etapa de su vida.

El ingreso a la vida universitaria o el ser universitario implica un pasaje de transformación en diversos aspectos, desde lo subjetivo de cada uno hasta lo objetivo que rodea el nivel superior. Esta nueva etapa supone abrir un tiempo de socialización sobre nuevas reglas y prácticas, donde el nuevo estudiante de nivel deberá afrontar.

Los cambios típicos en los niveles de enseñanza requieren que los sujetos desarrollen una capacidad de adaptación activa y dinámica en la que se ponen en juego los esquemas subjetivos y sociales. Son claves los dos primeros años de ingreso a la universidad, ya que en estos se puede visualizar la integración y la capacidad de adaptación que desarrollan los estudiantes en el nuevo nivel educativo. También se considera importante las nuevas experiencias, logros y pérdidas que se desencadenan a partir de estos nuevos desafíos, ya que los mismos interfieren en la trayectoria durante su vida como estudiante en el nivel superior.

Para comprender la transformación que se produce en el ser universitario, es necesario conocer al sujeto en el lugar de alumno, lo que esto remite a hacer un recorrido a la trama e historia familiar de cada uno de ellos; como así la trayectoria de estos en su vida escolar. Hacer un estudio de lo mencionado anteriormente, nos permite entender al ser universitario ligado a sus trayectorias previas, esto lo identifica y da identidad a su forma de ser en esta nueva etapa.

Sus trayectorias dejan huellas implícitas en el accionar del joven universitario, hay una historia, una trayectoria escolar que va generando significantes a los que el sujeto queda asido. El grupo familiar, la escuela, los docentes, los pares pueden emitir palabras de tal eficacia simbólica que tienen efectos en la construcción identitaria de ese sujeto universitario. Esto se da de este modo porque los sujetos nos constituimos y socializamos en función de la dependencia con otros (Gómez, 2010)

Considerando al estudiante que ingresa al primer año de su carrera universitaria, con todos sus desafíos, transformaciones ya expuestos en párrafos anteriores, es importante ahora centrarnos en la función del departamento de tutorías en la universidad para estos estudiantes universitarios.

Para esto es importante comprender a que hacemos referencia cuando utilizamos la palabra tutoría, ya que esta palabra está cargada de grandes significaciones. Para esto es pertinente realizar un recorrido por la definición etimológica de la palabra, la Real Academia Española define la palabra tutoría como aquella que refiere al cargo de tutor o tutela. Continuando en esta línea, el término tutor deriva de la forma latina "tutorōris", que significaba protector o persona que ejerce la tutela, entendiéndose a aquel a quien por vía legal se le encargaba la crianza, cuidado y educación de un ser menor. Esta idea de protección o cuidado deriva de la relación con el verbo en latín "tueor", relacionándolo con el sentido del ver, guardar, preservar, proteger y vigilar.

Tomando a (Zabala, 2003) en el capítulo *La enseñanza universitaria*, quien cita a Shela (1992), nos adentramos en el recorrido histórico del tutor:

> (…) la historia de los tutores comienza en tiempos de Ulises. Cuando Ulises se va a la guerra de Troya y encomienda el cuidado de su hijo Telémaco a un tutor, llamado Mentor (por eso los ingleses han adoptado la denominación de mentores para tutores). Desde esos lejanos antecedentes, la idea de los tutores y mentores ha estado siempre ligada a la persona de confianza que pueda actuar de consejero, amigos, maestros o de personas prudentes dispuestas a prestar ayuda.

El recorrido historio y el significado etimológico de la palabra tutor, hace que tengamos como referencia a una palabra de gran carga significativa, sumamente actualizada a nuestros tiempos y de un uso habitual en diversidad de contextos. Por tal motivo, es común relacionar al tutor con la figura de un defensor, guía o protector, estas son algunas de las acepciones que le atribuye nuestro diccionario esta palabra, por lo cual no estaríamos errados en la implementación de tutores o programa de tutorías en el ámbito universitario, porque el tutor en algún punto tiene algo de las tres cosas: profesor que guía desde cerca el desarrollo personal y la formación del estudiante; es la persona fuerte y experimentada que defiende al tutorando de la novedad y las incertidumbres del inicio de cualquier proceso profesional; es el orientador técnicamente competente capaz de guiar por los vericuetos del ejercicio profesional al que el tutorado se incorpora.(Zabala, 2003, pág. 126)

Trabajar a partir de la idea de las tutorías, permite dejar de lado la idea generalizada de que el enseñar es meramente el acto de explicar contenidos de manera jerárquica, docente —alumnos, sino que también podemos pensar en el proceso de formación de nuestros alumnos y en el acompañamiento o guía que podemos brindar a los mismos. Por lo tanto, a través de este proyecto de investigación se considera a la tutoría como una especia de acompañamiento y guía del proceso de formación universitaria de cada uno de los estudiantes. Los tutores serán aquellos profesores especializados encargados de supervisar y acompañar el trabajo de un grupo, una clase o un estudiante en particular.

(Zabala, 2003) afirma que la tutoría es una función que presenta diversas formas de desarrollo, lo que esto significa ciertas exigencias y desarrollo de competencias por parte de estos profesores tutores, es necesario formarse para su ejercicio.

Abordar el concepto de tutorías y la denominación de tutor actualmente está muy extendido, aunque no siempre resulta bien comprendida por la fuerte variedad de usos o valores que encierra. La denominación de tutor puede ser aplicada a diversos niveles y en relación a diversas formas de actuación.

Un tutor puede llegar a desarrollar diversidad de funciones, a continuación, se puntualizarán a cada una de ellas. Como se mencionó anteriormente, la tutoría sirve para llevar a cabo una serie de funciones de diversos tipos. Zabala (2003) destaca en primer lugar una función general y básica de apoyo en los procesos de formación: guía y apoyo a los estudiantes y ayudarlos a resolver los problemas que se vayan a presentar en relación a una disciplina. También son importantes las funciones más estrictamente curriculares como orientar a los estudiantes en cuanto al contenido del programa de trabajo y a la metodología.

La función de las tutorías consiste en orientar a los estudiantes con problemas específicos o en situaciones irregulares sobre todo en aquellas carreras en que el estudiante no acude con frecuencia. También ayuda a romper el anonimato y la soledad que impone la actual masificación de las clases universitarias, sobre todo en el primer año de la carrera.

Además, existen diversos modelos de tutorías, como así también multitud de técnicas aplicables, diversas formas de enfocar la actuación por parte de tutores, diversos recursos utilizables y diversas modalidades organizativas

Es necesario y fundamental distinguir las tareas que le son propias a los tutores, entre ellas encontramos gran multiplicidad, como por ejemplo desarrollar la orientación vocacional, orientación de capacidades, orientación reglamentista, curricular y académica, orientación psicológica, enseñar a aprender y a organizar el tiempo- espacio, evaluar, tramitar y dirigir peticiones legítimas y por último detectar necesidades, carencias, aciertos y transmitirlas al estudiante.

Pensar en una orientación en el nivel superior, es fundamental para el acompañamiento de estos jóvenes universitarios que por diversos motivos sus estudios universitarios se ven interrumpidos hasta llegar a su abandono absoluto. Dentro del ámbito universitario son varias las propuestas para orientar y acompañar a los estudiantes, entre ellas podemos encontrar, programas de becas y apoyo económico para estudiantes, cursos de ingresos, tutorías universitarias, programas de mejora de la docencia universitaria y de equipos administrativos, fortalecimiento de las actividades de participación, programas de reorientación, etc.

A partir de este aporte al trabajo de investigación, se busca centralizar la propuesta en la tutoría universitaria. Las mismas son llevadas a cabo en forma específica por un equipo abocado a esta tarea, por todos los docentes o por algunos que trabajan en forma paralela. Los integrantes del equipo de tutorías suelen abordar las problemáticas típicas de los jóvenes, entre ellas podemos mencionar algunas como afrontamiento de exámenes, manejo de estrés y responsabilidades, organización del tiempo de estudio; como así también lo relacionado a lo extraacadémico (actividades recreativas, organización en la vida de cuidad, salud, etc.)

Para (Nicastro & Grecco, 2012) el acompañamiento hace referencia a un doble movimiento: "mirar desde dentro la situación y mirar de frente a la situación"; como tal es un espacio de encuentro y tiene un carácter permanente de ensayo y puesta en práctica, para pensar con otros y a otros, que opera intermediando entre las condiciones reales de cada organización y las condiciones requeridas. Es un acto de intervención que permite abrir un espacio de intercambio, "no necesariamente ligado en todos los casos a la demanda, al pedido de auxilio, sino el ir al encuentro de las buenas prácticas, de las preguntas que ayudan a seguir pensando, más allá de las aplicaciones o rituales."(Nicastro & Grecco, 2012)

Las tutorías u orientación educativa en el nivel superior es un espacio complejo y polifacético de la acción educativa en el cual se produce ese acompañamiento de cual hablábamos en párrafos anteriores, en el cual se despliegan diversas prácticas de intervención e interacción. En el campo de las tutorías concluyen y se articulan diversas acciones que tienden a acompañar, asesorar, apoyar y guiar a los estudiantes en el complejo camino a transitar y concretar de su proyecto académico.

Otro punto importante para tratar aquí es el reconocimiento que tiene el acompañamiento al estudiante a nivel legal, para esto las autoras (Coronado & M.J, 2016),

> ...se trata de un derecho del estudiante reconocido por las legislaciones de casi todos los países del mundo, vinculado con diversas demandas y necesidades, a menudo contrapuestas, por lo cual su concreción es muy variable y se manifiesta en dispositivos muy diferentes en cuanto a metas, estrategias y marco de referencia (…) Hay un consenso mundial respecto a la necesidad de dispositivos de asesoramiento, acompañamiento y orientación al estudiante. (pág.115)

Las orientaciones y tutorías a estudiantes se desarrollan en muy diversos contextos institucionales a través de dispositivos, formatos y modalidades. Las tutorías consideradas como uno de los tantos dispositivos de acompañamiento y orientación al estudiante tienen un carácter netamente psico socioeducativo, con una intención y a la vez mediado por un marco de referencia teórico que le da consistencia como proyecto de implementación y de compromiso con el propio proyecto académico, laboral, personal y social.

Las tutorías no pueden ser consideradas como una actividad solitaria, sino se la debe encuadrar dentro de su carácter relacional, solidaria, de red y compartida, no se la puede considerar como una práctica aislada, ya que el proyecto de tutorías está atravesado por una red de relaciones sociales enmarcada en un contexto socioeducativo, en donde la interacciones entre los actores es un punto importante.

El espacio de tutorías es considerado como un espacio de compromiso ineludible e inherente a la práctica educativa, en donde hay un acompañamiento pedagógico, que implica la acción de estar al lado del alumno, trabajando a la par y defendiendo sus intereses, buscando fortalecer sus capacidades para que estos jóvenes tengan las herramientas suficientes para afrontar los nuevos desafíos que se le presentan. Ayudar a estos nuevos jóvenes universitarios a pensar, estudiar, comportarse, entre otros.

El proyecto de tutorías en el Nivel Superior apunta a sumar protagonismo al estudiante, como destinatario de todos los esfuerzos del sistema; como así también a darle voz a sus inquietudes y problemáticas, implicando a los miembros del equipo para su análisis, reflexión y una búsqueda cooperativa de respuestas y soluciones posibles.

Como señalan las autoras (Coronado & M.J, 2016)quienes sostienen que las prácticas de orientación ponen foco al destinatario principal de su accionar, identificando las etapas que atraviesa en su trayectoria y a las formas como el estudiante construye, reformula y lleva a cabo su proyecto académico en diversos contextos.

Siguiendo con esta misma línea, (Parrino, 2005)comenta que el estudiante universitario no siempre reúne la formación necesaria, ni tampoco posee todos los conocimientos necesarios para enfrentarse a un estudio universitario y tampoco tiene la madurez necesaria. Con esto, confirmamos que el estudiante universitario, carece de conocimiento acerca de las técnicas de estudio, no sabe cómo organizar su tiempo, no considera el compromiso y responsabilidad hacia el estudio y el esfuerzo para su progreso personal.

La orientación educativa en la universidad asume diversas dimensiones, funciones, tareas y compromisos que tienen que ver con cada una de las trayectorias estudiantiles. El programa de tutorías pensado para el primer año de las carreras ya mencionadas a lo largo del trabajo está enfocado a las siguientes posibilidades de trabajo en acompañamiento:

- Orientación educativa vocacional: enfocada al acompañamiento del ingresante. Para esto el equipo de profesionales trabaja con el autoconocimiento, identificación de intereses, asesoramiento en la elaboración de la identidad vocacional.
- Orientación educativa de carrera: enfocada en el acompañamiento de desarrollo de la carrera, en el cual se aborda las problemáticas de estudio y aprendizaje. Desarrollo de la autonomía y hábitos de estudio. Informar sobre la carrera, su estructura curricular, demandas académicas y apoyo para afrontar diversas modalidades de evaluación. Informar sobre programas de apoyo y promover la cooperación y colaboración entre estudiantes.
- Orientación educativa personal: para acompañar al desarrollo personal de cada joven universitario en promover una óptima salud mental, revisión de proyectos de vida, incitar la integración social y a las competencias sociales.

Pensar en un programa de tutorías para la universidad, significa hacer referencia a un proceso mediante el cual se abordan las problemáticas estudiantiles en forma específica y cooperativa, buscando responder a las necesidades e inquietudes de los alumnos en relación con la vida universitaria y a sus expectativas personales y profesionales. Como así también, el equipo de profesionales acuerda procedimientos y modalidades de trabajo conjunto para asesorar a los alumnos y a los docentes en los procesos de enseñanza- aprendizaje y generar dispositivos para trabajar con las problemáticas socio pedagógicas que surjan en el contexto.

Es fundamental la articulación de acciones tutoriales globales y personalizadas, así pueden combinarse diversas modalidades de trabajo, como, por ejemplo, entre pares, individuales, por disciplinas y académica. El éxito de este programa depende del trabajo cooperativo, de conocer a los sujetos, de las singularidades de sus problemáticas; de trabajar de manera armónica lo individual y lo grupal, buscando fortalece los vínculos sociales y así llegar a la construcción autónoma de su proyecto personal y académico.

La orientación educacional comprende una multitud de procesos institucionales, entre los cuales están los acompañamientos y las tutorías de los estudiantes. En efecto la orientación educativa atraviesa el proceso de gestión académica, curricular, el acompañamiento y la formación en servicio de los docentes.

La tarea que involucra el programa de tutorías en la universidad suele ser coordinada por un área, departamento o servicio, cuya misión es promover el desarrollo cooperativo de estrategias y procedimientos para incidir favorablemente en las trayectorias formativas estudiantiles. Asimismo, para implementar intervenciones puntuales, grupales, individuales, para apuntalar a los alumnos que requieren de orientación, acompañamiento, proporcionándoles hospitalidad, información asesoramiento, asistencia y seguimiento, desde una perspectiva que destaca al estudiante como el principal protagonista de la educación superior.

Sin embargo, también consideramos que es imprescindible comprender el Nivel Superior, como un horizonte y escenario educativo particular, el cual tiene sus promesas, ofertas, cambios y protagonistas. Por lo tanto gracias a las características propias de este nivel, es posible entender el papel fundamental que cumple el programa de tutorías en la universidad.

Por este motivo, el departamento de tutorías aparece como un dispositivo cada vez más relevante para ayudar, orientar y para afrontar tantas incertidumbres y complejidades, propias del nivel universitario.

Bibliografía

Coronado, M., & M.J, G. B. (2016). *Orientación, tutorías y acompañamiento en Educación Superior. Análisis de trayectorias estudiantiles. Los jóvenes ante sus encrucijadas.* Buenos Aires: Noveduc.

Gómez, S. (2010) Procesos de escolarización y nuevas subjetividades *Revista Diálogos Pedagógicos* N° 16. Córdoba: EDUCC

Nicastro, S., & Grecco, M. (2012). *Entre trayectorias. Escenas y pensamientos en espacios de formación.* Rosario: Homo Sapiens.

Parrino, M. d. (2005). Aristas de la problemática de la deserción universitaria. Ponencia en *V Coloquio sobre Gestión Universitaria en América del Sur. Poder, gobierno y estrategias en las universidades de América del Sur.* Mar del Plata.

Zabala, M. A. (2003). *Competencias docentes del profesorado universitario. Calidad y desarrollo profesional.* Madrid: Narcea.

Capítulo 14

Intervenciones psicopedagógicas en el marco de un proyecto de investigación.

Sandra María Gómez
Rosana Enrico
Soledad Aguilar

I.- Introducción

En estas páginas compartimos las experiencias que tuvimos en talleres con estudiantes, los cuales fueron propuestos en el marco de un Proyecto de Bienestar de la Comunidad Interna de la UCC denominado *Procesos de integración a la vida universitaria de estudiantes migrantes de la Universidad Católica de Córdoba (UCC)*[53].

Esta propuesta tuvo como principal objetivo articular, de alguna manera, la investigación con la intervención a los fines de que los resultados puedan echar luz sobre aspectos de la realidad educativa para que luego se puedan llevar a cabo acciones de mejora.

La actividad prevista para estos Talleres; unos destinados a docentes y otros a estudiantes, se vinculó al Proyecto de Investigación inscrito en la Secretaría de Investigación de la UCC. Dicho proyecto tiene como tema de trabajo los *Procesos de desarraigo y de re-arraigo en estudiantes universitarios. Aspectos vinculados a la sustentabilidad o al abandono del proyecto universitario.* Interesaba tematizar con el equipo docente y con los mismos estudiantes, las particularidades de la construcción de la pertenencia de los estudiantes migrantes tanto en lo relativo a la universidad como al contexto social más amplio.

---

[53] Han participado de este proyecto: Sandra Gómez (directora), Rosana Enrico y Soledad Aguilar (docentes integrantes). Han acompañado como ayudantes alumnas: Renata Pons, Alejandra Toloza, Ornella Tosi y Paz Rodríguez de la Torre.

Entendemos como equipo de investigación que dar inicio a la carrera universitaria supone, en muchos casos, un proceso migratorio ineludible. Para muchos jóvenes la posibilidad de estudiar implica el alejamiento de la familia. Ese proceso es uno de los puntos a abordar en el presente taller. El problema de investigación refiere a los efectos subjetivos, sociales e intelectuales que produce el desarraigo y las formas de re-arraigo en el transcurso de la vida universitaria.

Una investigación realizada también en la UCC, en el ciclo 2014-2015 es la que motivó los interrogantes del actual proyecto de investigación. Dicho trabajo abordó el tránsito inicial del alumno en la vida universitaria y las experiencias de cambios en los estudiantes. En esa oportunidad se pudieron identificar las transformaciones vividas y las disposiciones necesarias que debieron construir para permanecer en la universidad.

Cada estudiante que llega a la Universidad desde distintos espacios geográficos y diferentes grupos sociales trae consigo un acervo de saber también diferenciado. Ello significa que ha incorporado disposiciones vinculadas al mundo de la vida en el que ha crecido, tanto en lo referido a la familia como a la escolaridad. Cuando esa cotidianeidad se modifica sustantivamente, el sujeto debe hacer mayores esfuerzos subjetivos y cognoscentes para comprender y participar de manera eficaz ante las novedades. Gran parte de los estudiantes, como se vio en los datos sociodemográficos, deben trasladarse de otras ciudades más pequeñas o pueblos para vivir en una gran urbe. Los modos de hacer, en muchos aspectos, cambian radicalmente. Por otra parte, los estudiantes han generado nuevos vínculos intersubjetivos y se ha dado lugar a nuevas relaciones sociales que ofician de redes de contención entre pares. Finalmente, reconocen que las exigencias académicas les han requerido nuevas formas de organizar el tiempo y otras maneras particulares de estudiar, para sortear exitosamente su plan de carrera

Esto adquiere particular relevancia si nos proponemos analizar la cotidianeidad de un estudiante migrante que tiene que afrontar, además de estas exigencias, el sentimiento de desarraigo. La nueva investigación tiene por objetivos identificar los efectos subjetivos, sociales e intelectuales que produce el desarraigo en los sujetos estudiantiles y dar cuenta de la incidencia de las vivencias de desarraigo y arraigo en los proyectos universitarios.

La llegada de estudiantes migrantes no es un tema visibilizado que haya requerido de un tratamiento particular. Sin embargo, cabe destacar los efectos subjetivos, sociales y cognoscentes que la migración puede traer aparejados. Visibilizar las vicisitudes que vivencian los estudiantes migrantes supone reconocer otras variables o factores que se ponen en juego en la construcción del lugar de estudiante universitario, la integración de la institución y los cambios en su vida cotidiana.

Se propusieron como objetivo general la necesidad de generar un espacio de reflexión sobre las particularidades observadas en los alumnos migrantes a los fines de favorecer un espacio social y académico que ayude a los estudiantes a sostener su proyecto universitario. Como objetivos específicos se pretendió dar a conocer el trabajo realizado y los resultados obtenidos del proyecto "Procesos de desarraigo y de re-arraigo en estudiantes universitarios. Aspectos vinculados a la sustentabilidad o al abandono del proyecto universitario" a los docentes y a los estudiantes de la UCC, con una dinámica específica para cada uno de los destinatarios.

Para los Talleres con Docentes se buscó compartir aspectos distintivos de la población estudiantil de cada carrera con el propósito de identificar temas y – o acciones en las que los docentes pueden participar para favorecer los procesos de integración de los estudiantes en general, y de los migrantes en particular, a la vida universitaria y generar un espacio de reflexión sobre los resultados y una instancia propositiva para pensar como parte del ejercicio docente.

Para los Talleres con Estudiantes las actividades se orientaron a propiciar un espacio de intercambio en el que se socialicen las distintas experiencias de integración a la vida citadina y a la Universidad, compartiendo la palabra entre estudiantes nativos y migrantes y los disparadores pensados en la dinámica del Taller e identificar aspectos que consideren sean favorables en dicho proceso de integración social, académica y afectiva.

En este escrito solo relataremos la experiencia en los talleres con los estudiantes.

En primera instancia consideramos pertinente aclarar que los talleres se llevaron a cabo con estudiantes de las Facultades de Ciencias Químicas y de Ciencias Agropecuarias (carrera de veterinaria) que se encontraban cursando el primer año. Asimismo, en el grupo de estudiantes de ambas unidades académicas había ingresantes nativos de la ciudad, que aún viven con los padres y otros, del interior de la provincia de Córdoba y de otras provincias de la República Argentina.

II.- Intervenciones

II.a- *Primer Momento*

En un primer momento, luego de realizar una breve presentación del proyecto y de las personas que compartimos el espacio, se ofreció la siguiente consigna:

Escuchar la lectura propuesta y los comentarios biográficos[54] y generales acerca de un artista elegido que fue Cristóbal Toral. En una entrevista, respecto de sus obras sobre *maletas y equipajes*, Toral nos decía:

> *La vida es tránsito. El hombre nace en un punto y desaparece en otro: el tránsito que hay en medio es lo que importa. Hay una mudanza constante en lo que hago, figuras que no se sabe si van, si vienen, si esperan.*

A esa frase le agregamos las imágenes de dos de sus obras.

Mientras los estudiantes observaban las imágenes consideramos necesario aclarar que la propuesta presentada podría tener diferente significación para cada uno de ellos, no sólo por la singularidad de su propia historia de vida, sino también porque algunos de ellos tuvieron que migrar de sus lugares de origen para concretar sus estudios y otros no habían tenido que migrar y aun se encontraban conviviendo con su núcleo primario. De igual modo, expresamos que el ingreso a la universidad implicaba para todo un cambio sustancial en los procesos y prácticas implementados en etapas de escolaridad previa, para integrarse luego, progresivamente a la universidad, procesos en los cuales se daban experiencias novedosas, por lo que la consigna podría ser pensada también en relación a estos cambios independientemente de la condición de ser o no migrante.

De este modo, se habilitó la posibilidad de pensar de manera individual las preguntas propuestas en el segundo momento.

---

[54] Cristóbal Toral Ruiz es un pintor español de la provincia de Málaga. Este artista de obras realistas utiliza el equipaje para contar historias. A quién pertenecía, qué llevaba dentro, dónde ha estado, tratando de explicar cómo estos objetos representan "la presencia de la ausencia". Para el artista las maletas, dice, tienen tres vidas: "Les sirvieron a los viajeros, me sirven a mí para convertirlas en obras de arte y les sirven a los que compren mis cuadros o mis esculturas. Quiero convertirla en un icono de nuestro tiempo. Nunca se ha viajado tanto como ahora y ese objeto simboliza ese movimiento, ese ir nómada de un sitio a otro".

II.b.- Segundo Momento.

Preguntas orientadoras.

En el baúl guardaremos lo importante pero que tuvimos que dejar para emprender este viaje. En la valija cargaremos lo indispensable para iniciar el itinerario en la universidad.

Consigna: - Desde tus experiencias… Prepararse para migrar, haber migrado, instalarse, iniciar la carrera: ¿Qué dejarían en el baúl?, ¿Qué pondrían en la valija para este viaje?, ¿Qué se traerían de sus hogares? ¿Qué dejarían allí?

Se aclara con relación a las mismas que pueden pensar en objetos concretos, en personas o en sentimientos, actitudes, emociones.

Una vez que cada uno ha podido pensar al respecto de generó un espacio de puesta en común.

Al principio, conversaban entre ellos, se reían, ninguno se animaba a compartir en voz alta. Una estudiante del sur del país es quien da inicio al intercambio. Las respuestas parecen enfocadas principalmente en "personas y cosas que dejaron" y directamente vinculado a esto refieren a "las personas y cosas que se traerían de sus hogares". En relación a las primeras, comentaron con nostalgia, lo que tuvieron que dejar para venirse a estudiar, la casa, la familia, los amigos, su lugar.

Con respecto a las "cosas que traerían" surge en primera instancia algún integrante de la familia, hermanos, la mamá, una mascota, los amigos de la infancia o de la escuela secundaria; luego refieren a cuestiones vinculadas al contexto social y familiar que dejaron, tales como: alguna comida en particular, el espacio propio (la habitación específicamente), su cama y objetos personales que no pudieron traer, actividades que realizaban.

Podemos observar que en ambas respuestas los relatos giran en torno a los afectos cercanos, a las pertenencias y espacios propios que dejaron para radicarse en la ciudad. El alejamiento de su lugar de origen y la pérdida de contacto cotidiano con vínculos de su núcleo cercano pareciera generar sentimientos de extrañez que podemos asociar al desarraigo.

II.c.- Tercer Momento

Presentación de las referencias de los distintos estudiantes entrevistados. Con la apoyatura visual de un Power Point se presentan tres líneas de análisis: temporalidad, espacialidad y relaciones vinculares. Se explican brevemente. Luego se proyectan dos videos de estudiantes que oficion como testimonio de las vivencias desde la migración, en la nueva ciudad y en la universidad.

Finalmente, esos disparadores se retoman en la siguiente consigna:

- Identificar los aspectos facilitadores u obstaculizadores de la integración a la universidad. Describir anécdotas o situaciones que representen esos aspectos.

Surgen como aspectos facilitadores la posibilidad de tener lugares permitidos y adaptados para descansar entre las horas libre de clase, destacaron principalmente el sector que tiene biblioteca para el ocio, la recreación y el descanso. Por otro lado, hicieron referencia a la predisposición de algunos docentes y "la buena onda" para resolver dudas o situaciones que se generan en las prácticas académicas cotidianas.

En relación con los aspectos que obstaculizan la integración a la universidad mencionan los siguientes: la carga horaria de cursado, el tiempo que demanda la llegada a la facultad por la distancia entre el campus de la universidad y la ciudad de Córdoba, las épocas de prácticos y parciales en la que se superponen instancias evaluativas de varias materias.

Se identifican en las respuestas de los estudiantes cuestiones vinculadas a las prácticas institucionales específicas de cada Facultad y en relación con los procesos que les permiten dar respuesta a las demandas académicas.

Podríamos pensar que estos aspectos explicitados son comunes a todo estudiante universitario, sin embargo, nos parece relevante recordar que los alumnos que participaron del taller se encontraban iniciando su trayectoria universitaria. En este sentido, consideramos que todavía están atravesando un periodo de integración a la vida estudiantil universitaria, incorporando los códigos propios de ese nivel educativo, ya que, el conocimiento, el lenguaje, las reglas y los procedimientos institucionales y académicos están organizados de manera diferente al nivel secundario.

II.d.- Cuarto momento y ya en el cierre.
Se les da la última consigna:
– Escribo o represento gráficamente un mensaje para estudiantes que están pensando mudarse para estudiar en Córdoba.

Lo deben hacer de manera grupal en una cartulina para compartir y dejar en un espacio público como pueden ser los pasillos de las Facultades.

A continuación, hemos colocado algunas de las producciones que realizaron. Podemos apreciar en las mismas, mensajes con consejos y palabras de ánimo e incentivo para los futuros ingresantes. Por otro lado, observamos que los mismos dan cuenta de experiencias, sentimientos, sensaciones que vivenciaron en el transcurso del primer año en la ciudad de Córdoba y en la Universidad, todas referidas a cuestiones vinculadas a la integración al nuevo contexto social y educativo. Algunas con relación a los quehaceres cotidianos que tienen que resolver de manera autónoma como preparar la comida, manejarse en la ciudad, administrar el dinero; otros, refieren a cuestiones vinculadas a las prácticas académicas y cómo sostener el cursado de la carrera en frases tales como "que nada te detenga", "no darse por vencido nunca", "establecer prioridades", "tener valor, dedicación, esfuerzo".

A TENER EN CUENTA:
Hacé lo que mas te
GUSTE

¡QUE NADA NI NADIE
LOS DETENGA!
UN TROPIESO NO ES CAIDA

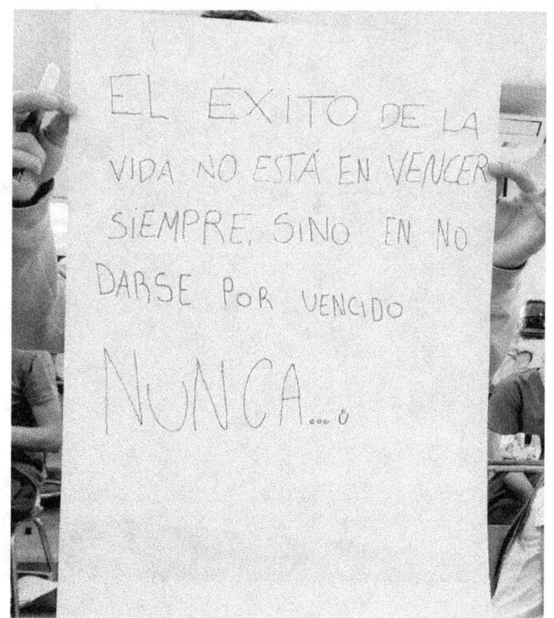
EL ÉXITO DE LA
VIDA NO ESTÁ EN VENCER
SIEMPRE, SINO EN NO
DARSE POR VENCIDO
NUNCA...

Todo es posible, es
cuestión de tener ganas, dedicar
tiempo, esfuerzo y educación
ARRIESGATE...

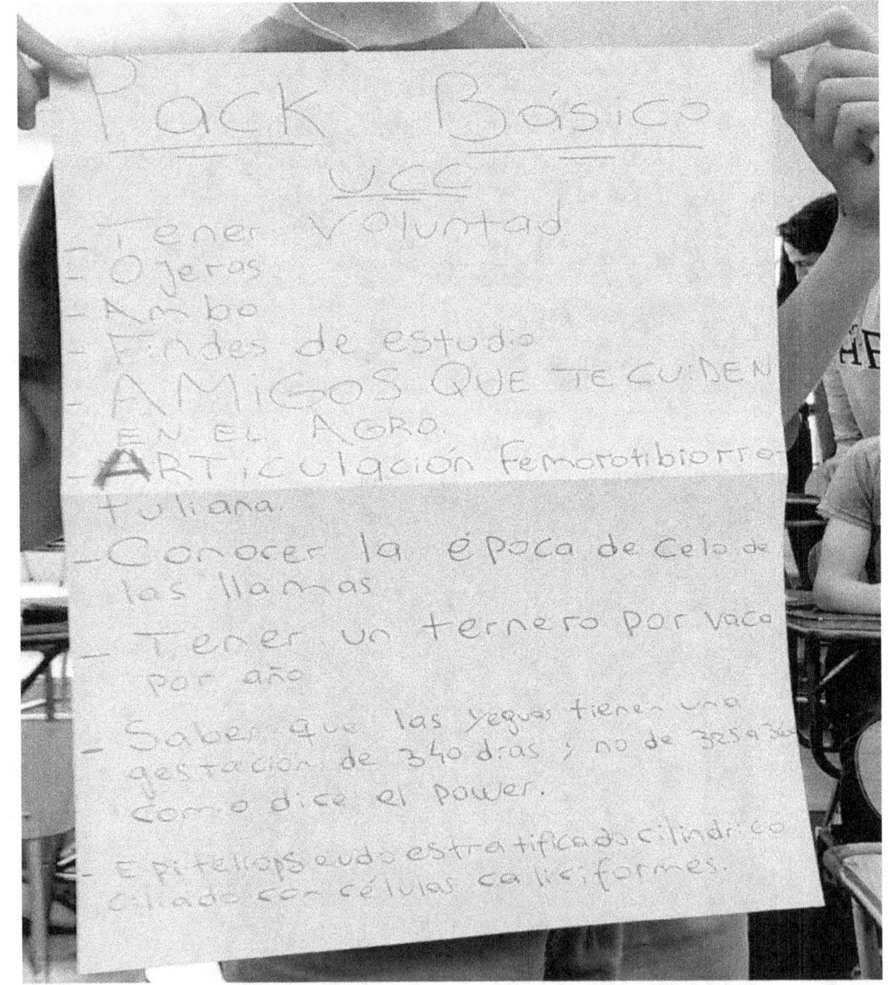

Pack Básico
UCC
- Tener Voluntad
- Ojeras
- Ambo
- Findes de estudio
- AMIGOS QUE TE CUIDEN
EN EL AGRO.
- ARTiculación Femorotibiorro-
tuliana.
- Conocer la época de celo de
las llamas
- Tener un ternero por vaca
por año
- Saber que las yeguas tienen una
gestación de 340 días y no de 325 o 360
como dice el power.
- Epitelio pseudo estratificado cilíndrico
ciliado con células caliciformes.

III.- Breve conclusión

Consideramos que esta instancia se constituyó en un espacio de intercambio de experiencias, de escucha y diálogo entre estudiantes de distintas unidades académicas que comparten situaciones y vivencias similares. Se suma a ello, la diversidad que presenta el grupo en relación con estudiantes que han tenido que migrar y los que no, lo que posibilitó la visibilidad y el reconocimiento de diferentes realidades estudiantiles generando empatía por las experiencias de unos y otros.

Entendemos favoreció también, la resignificación de vivencias propias y en relación con la institución educativa; así como construir de manera colectiva estrategias tendientes a mejorar las condiciones para transitar la vida académica.

Las consideraciones y reflexiones sobre este taller fueron compartidas luego en los talleres que se hicieron con docentes y que no se publican en esta oportunidad.

Impreso por Editorial Brujas • abril de 2019 • Córdoba–Argentina